児童福祉と司法の間の子の福祉

ドイツにみる児童虐待防止のための諸力連携

岩志和一郎 編著
ヨハネス・ミュンダー
バルバラ・ザイデンシュトュッカー
髙橋由紀子
吉田恒雄

尚学社

絵作者・大野詩奈(おおの うたな)、九歳
絵・タイトル「こどものしあわせ」

はしがき

　2013年初に，旧知のヨハネス・ミュンダー教授（ベルリン工科大学）から，連邦家族・高齢者女性及び少年省の資金を得て，「少年援助と司法の間の子の福祉」というテーマで，子の福祉の危険化に対する少年局と家庭裁判所の対応を中心とする全ドイツ規模での実態調査を行うことを計画しているが，日本の実態調査と合わせる形で共同研究をしないかという話が持ち掛けられた。ミュンダー教授は，1996年から1998年にかけて，バルバラ・ムツケ教授（東バイエルン工科大学），ラインホルド・ショーネ教授（ミュンスター工科大学）と共同で同名の実態調査を行っているが，以来15年が経過し，法律状態の活発な整備が進んだことから，その間の変化を比較，検証してみようというのが，研究の目的であった。

　私がミュンダー教授を知り，交流が始まったのも，この実態調査の成果に触れ，その内容について種々のご教示をいただくようになったからであり，その意味で同教授からのお誘いには大いに興味をひかれた。しかし，児童福祉と司法の関係がドイツと大きく異なり，また方法的にも，少年局の職員と家庭裁判所の裁判官に対するアンケートとインタビューによる調査はわが国では極めて困難であることから，その意味での共同研究は断念せざるを得ず，その代わり，ドイツ側の調査に部分的に参加させてもらうとともに，その中で形成された人脈を使って，私たちが独自の視点からドイツの実態について調査を実施することとした。研究資金面では，幸いにも2014年度から2016年度まで科学研究費を取得することができ，また日本側の共同研究体制としては，吉田恒雄駿河台大学法学部教授（学長）と髙橋由紀子帝京大学法学部教授のご協力を得ることができた。

　吉田恒雄教授と髙橋由紀子教授は，大学院時代に3人で同じ研究室の院生として机を並べていた同級生であり，それが45年を経て共同研究を行うという僥倖に恵まれたわけであるが，両教授との研究体制は単に気心の知れた仲間であることから組まれたわけではない。吉田教授は，研究活動と並行して，

オレンジリボン活動で知られるNPO法人,「児童虐待防止全国ネットワーク」の理事長の職にあり，また本研究の当時は厚生労働省の「児童虐待対応における司法関与及び特別養子縁組制度の利用促進の在り方に関する検討会」座長を務められていたし，髙橋教授は，ドイツの少年援助について深い造詣と実績を持ち，私ともドイツの社会法典第8編の翻訳作業や，幾度ものドイツでの調査に当たってこられた。その意味で，研究体制として最適のチーム作りができたのであり，この点，両教授には心より感謝申し上げたい。

　ドイツ側調査は，2014年から2016年にかけて実施された。調査の中心メンバーは前回調査と同じであるが，定年を迎えられたミュンダー教授に代わり，ザイデンシュトゥッカー（旧姓ムツケ）教授が研究リーダーとなった。日本側は，時間的にも，資金的にも制約があることから，研究対象地を，12の行政区の少年局と一つの州少年局，3つの家庭裁判所と一つの上級地方裁判所を有し，活発に児童保護対応策を講じているベルリンに絞り，各種資料や統計を収集するとともに，通算5回のインタビュー調査を行った。これら調査に当たっては，単なる友情という域をこえて，ミュンダー教授にお世話になった。そのご厚意に対し，この場を借りて，満腔の感謝を申し上げる。

　2016年末にドイツ側調査が結果の取りまとめに入り，私たちの科研の終了も2017年3月ということであったことから，ミュンダー教授とザイデンシュトゥッカー教授を東京に招聘し，2017年3月20日に，早稲田大学で成果報告を兼ねたシンポジウムを開催した。多くの方々が聴きに来てくださり，主催者としては大変にありがたかったが，時間の制約がある反面，報告しなければならないことは多く，研究者としては不完全燃焼の感も残った。できれば，今回の研究成果をまとめて公刊したいと考えたが，近時の出版事情もあって躊躇していたところ，尚学社の吉田俊吾氏から出版をお引き受けいただけるとのお話があった。吉田氏には，これまでもいくつかの書籍の出版でご面倒をお掛けし，心苦しい思いはあったが，大変にありがたいお話であり，今回もそのご厚意に甘えることとした。厚く御礼申し上げる次第である。

　本書の研究は，初めから終わりまで，私がこれまで恵まれてきた友情の輪の中で進められてきたものである。その中で，また新たに多くのベルリンの裁判官，少年局の職員，連邦政府や州政府の担当官，手続補佐人，警察や法医

学の専門家，民間の少年援助の団体の職員などと交流し，貴重な知見を得ることができた。そのような，貴重な知見を得ることができたことについて，最後になお，3名のお名前を挙げて感謝を申し上げなければならない。お一人は，少年援助の専門家であるガブリエル・ビンデル＝ケーゲル博士であり，彼女は私たちのインタビューのほとんどに同行し，私たちの質問の足りない部分を補足してくださった。あとのお二人は，私たちのインタビューのほとんどについて，通訳をして下さった三浦なうかさん（ベルリン日独センター），まどかさん（ベルリン日本大使館）ご姉妹である。私たちは，今までに経験した聞き取り調査の反省から，今回はすべてのインタビューについて，事前に詳細な質問書を送るとともに，聴き取り結果を正確に記録として残すことを第1とした。三浦さんご姉妹は，専門用語を熱心に勉強され，お忙しいご勤務の間を縫って，ときに一日複数回，何時間にも及ぶ通訳をして下さった。私の手もとに残る，分厚い録音の反訳原稿は極めて貴重なものであり，まさにお二人無くして本研究は成り立たなかった。私は，インタビューの中で語られる悲惨な事件の話を，嗚咽しながら通訳に当たられた，なうかさんのお姿を忘れることはないであろう。

　日本でも，ドイツでも，なお悲惨な児童虐待の事件は絶えない。本研究に関わった方々一人ひとりからは，この悲惨な事件を少しでも減らしたいという強い思いを感じることができた。本書が，そのような方々の思いをのせ，児童虐待防止対策の検討に少しでも役立つものであることを祈りたい。

政府の児童虐待対策新プランの報道に接しつつ

岩志和一郎

2018年　盛夏

〔付記〕
　本文中に記したとおり本研究は，2014年度〜2016年度科学研究費・基盤研究（B）海外学術調査「日独の児童虐待対応に関する実証的比較研究――責任共同体としての司法と児童福祉」（研究代表者　岩志和一郎）の成果である。

目　次

はしがき

謝辞

第1章　本研究の目的 ……………………………… 岩志和一郎　3
第1節　ドイツにおける児童虐待に向けた法的対応について ………　3
第2節　本研究の作業 ………………………………………………………　8
第3節　用語について ………………………………………………………　11
1. 子, 子ども, 児童, 少年　11
2. 親, 父, 母, 親の配慮, 身上配慮権者, 教育権者　11
3. 家庭裁判所　13
4. 少年局・公的少年援助の主体・民間の少年援助の主体　14

第2章　ドイツにおける子の福祉の危険化回避に関する法的枠組の変遷 ……………………………………………　18
第1節　親子関係法改正法（1997年制定）前の変遷
……………………………………………… 岩志和一郎　18
1. BGBの規定の変遷　18
2. 手続法の規定　23
3. 社会法典第8編の規定　23
4. 基本法と憲法解釈　24

第2節　2000年代における変遷 ………… ヨハネス・ミュンダー
（岩志和一郎・髙橋由紀子 共訳）　28
1. 第一次的概観：様々な法素材　28
2. 関連規定に関する概観　30

3．法律改正の重点　　30
　4．法は子の福祉を確保することができるか？　　52

第3章　少年援助と司法の間の子の福祉
　　　　―ドイツ側調査からの知見　　56

第1節　ドイツにおける少年援助と司法の連携の仕組み
　　　　　　　　　　　　　　　　　　　　岩志和一郎　56
　1．子の福祉の危険化と法的対応の段階　　56
　2．第1フェーズ　　59
　3．第2フェーズ　　60
　4．第3フェーズ　　63
　5．第4フェーズ　　68

第2節　少年局と家庭裁判所の間における子の福祉の確保の
　　　ための判断根拠と手続の発展について―ドイツ側調
　　　査の報告　　　　　　バルバラ・ザイデンシュトゥッカー
　　　　　　　　　　　（岩志和一郎・髙橋由紀子 共訳）　71
　1．調査のテーマと方法について　　71
　2．量的調査結果について　　73
　3．個別アンケートの結果について　　79
　4．インタビューから　　94
　5．まとめ　　95

第4章　ベルリンにおける子の福祉の危険化回避の
　　　　システムの展開　　　　　　　　　　岩志和一郎　97

第1節　ベルリン市州の児童保護対応の経緯　　97
　1．AG-KJHGの制定　　97
　2．児童保護ネットワーク構想の策定と保護法制の整備　　99

第2節　子の福祉の危険化の評価―少年局の活動　　104

1. 調査対象　104
  2. 子の福祉の危険化に関する手掛かりの取得　105
  3. 危険化の度合いの評価の方法　106
 第3節　子の福祉の危険化の回避のための措置
　　　　──家庭裁判所の活動 ……………………………………………………… 109
  1. 調査対象　109
  2. 職権による手続開始と優先・迅速裁判手続　110
  3. 手続補佐人の選任　112
  4. 子の福祉の危険化に関する討議（Erörterung）の意義と運営　112
  5. 措置の内容　114
 第4節　暫定的保護措置（vorläufige Schutznahme）
　　　　── 一時保護 …………………………………………………………………… 116
 第5節　児童保護のための機関連携 ……………………………………………… 119
  1. ベルリン児童保護ネットワーク　119
  2. 医療との連携　122
  3. 警察との連携　125
 第6節　小　　括 …………………………………………………………………………… 127

第5章　児童保護のための少年援助給付の体系
　　　　　　………………………………………………………**髙橋由紀子**　129
 はじめに ……………………………………………………………………………………… 129
 第1節　社会法典第8編（児童並びに少年援助）の概説 ………………… 130
  1. 社会法典第8編成立の背景　130
  2. 社会法典第8編の原則　131
  3. 公的少年援助を担当する行政機関　134
  4. 少年援助サービスの類型　137

第2節　連邦児童保護法 ………………………………………………………… 145
　　1. 成立過程　　146
　　2. 主たる改正内容　　147
　第3節　連邦児童保護法の施行3年後の評価 ……………………………… 163
　　1. 法規定の目標達成度　　164
　　2. 変更もしくは審査の必要　　164
　　3. 総括　　166
　　4. 児童及び少年のより良い保護のための連邦家族省の立法上の
　　　 総合構想　　166
　第4節　児童並びに少年強化法案 …………………………………………… 172
　　1. 本法案提出までの経過　　172
　　2. 主たる改正点　　175
　終わりに ……………………………………………………………………… 185

第6章　2017年改正　児童福祉法について
　　　 ──児童虐待対応における司法関与を中心に ……… 吉田恒雄　187

　はじめに ……………………………………………………………………… 187
　第1節　2017年児童福祉法等改正の経緯 ………………………………… 187
　第2節　児童虐待対応における司法関与の必要性 ……………………… 188
　第3節　児童虐待対応の基本原則 ………………………………………… 189
　第4節　一時保護への司法関与 …………………………………………… 189
　　1. 児童虐待事案における一時保護の現状　　189
　　2. 改正前一時保護制度の問題点　　190
　　3. 一時保護に関する司法関与をめぐる議論　　191
　　4. 改正一時保護制度──家庭裁判所による一時保護の審査の導入
　　　 192
　　5. 改正一時保護制度の評価と課題　　193

第5節　保護者指導に関する司法関与（裁判所命令） ················· 197
　1．法改正の必要性　197
　2．保護者指導制度――改正前の課題と運用状況　198
　3．保護者指導への司法関与導入論　199
　4．司法関与による保護者指導消極論　199
　5．司法関与による保護者指導制度　200
　6．保護者指導における司法関与制度の評価と運用上の課題　201

第6節　面会通信制限，接見禁止命令 ··································· 201
　1．面会通信の制限，接近禁止――改正前の状況と指摘　201
　2．接近禁止命令制度の運用状況　202
　3．接近禁止命令制度――対象範囲拡大案　202
　4．面会通信制限，接近禁止命令――適用範囲拡大慎重論　203
　5．改正法――運用上の課題　203

第7節　附　　則 ··· 203

結びに代えて――改正の成果と今後の課題 ····························· 204

第7章　本研究から学びえたもの　　岩志和一郎　206

はじめに ··· 206

第1節　支援と介入の調和 ·· 206

第2節　介入の必要性に関する適切な評価と介入要件としての
　　　　司法関与 ··· 209
　1．介入の必要性の適切な評価　209
　2．介入要件としての司法関与　211

第3節　児童保護のための多機関連携システムとしての
　　　　ネットワークと情報共有 ·· 215
　1．義務的ネットワークの構築　216
　2．情報の共有　217

第4節　ドイツ法からの日本法へのまなざし ……………………………… 219
　おわりに——子どもの権利という共通視点 ……………………………… 225

資料（岩志和一郎 訳）

1. ベルリン州区役所の少年局及び保健所における児童保護のための
　措置の実施に関する共通施行規程　　231
2. 児童の健康及び児童保護の促進のための法律（ベルリン児童保護
　法）　　237
3. 子の福祉の危険化の可能性の通報に関するベルリン統一第1チェッ
　クシート　　245
4. ベルリン第2チェックシート　児童保護シート／個人票　　251

児童福祉と司法の間の子の福祉
―― ドイツにみる児童虐待防止のための諸力連携 ――

Besonders danken wir Herrn Prof. Dr. Johannes Münder, ohne dessen Freundschaft und Hilfe dieses Buch nicht entstanden wäre.
Unser Dank gilt auch Frau Prof. Dr. Barbara Seidenstücker für die Angebote vieler sinnvoller Kenntnisse.
Schließlich danken wir Frau Dr. Gabriele Bindel-Kögel und den Schwestern Miura, Nauka und Madoka, für ihre Unterstützung bei unseren Untersuchungen.

Waichiro Iwashi
Tsuneo Yoshida
Yukiko Takahashi

第1章　本研究の目的

岩志和一郎

第1節　ドイツにおける児童虐待に向けた法的対応について

　次頁に掲げる**表1**の1, 2は，ドイツにおける毎年の児童虐待による死者数（満16歳未満）を示すものである。2000年代初めに300人近くもの死者を出していたところ，近時はその数が半数以下に減少してきてはいるが，それでも毎年100人以上に上っている[1]。統計の取り方が異なることを考慮しても，毎年50人前後で推移するわが国の状況[2]に比べればかなり多く，そのため，日本以上に児童虐待の問題に関する関心は高く，各界において活発な議論や，対応への取組が行われてきている。

　ドイツで，児童虐待の問題が大きく取り上げられるようになってきたのは，1990年代中頃からである。この頃には，ネグレクトを中心とした悲惨な事件がいくつも表面化し，その中には児童保護を任務とする少年局の職員が，公的に保護を保障する立場（Garantenstellung）にある者の任務懈怠を理由に，刑事訴追されるケースも現れるようになってきていた[3]。当時，ドイツは

---

[1] ドイツでは，児童虐待の被害者に関する独自の統計はないが，刑事事件となったものについては，連邦犯罪統計によっておおよそのところを知ることができる（細目の統計はない）。連邦犯罪統計では，本文中の表にある通り，児童虐待の被害者数については独立したデータがあるが（項目番号223100），死亡については，通常，16歳未満の子に関する謀殺から過失致死までの4つのデータ（項目番号010000, 020000, 030000, 221000）を加算した総和が，児童虐待による死亡者数として取り扱われている（加害者が親とは限らない）。そのデータは，表に挙げた通りである。死者数は近時増加傾向にあり，また虐待による被害者数も4,000人を超えたところで停滞している。
[2] 社会保障審議会児童部会児童虐待等要保護事例の検証に関する専門委員会「子ども虐待による死亡事例等の検証結果等について」（第12次報告・2016年）http://www.mhlw.go.jp/file/06-Seisakujouhou-11900000-Koyoukintoujidoukateikyoku/0000137018.pdf
[3] 1995年頃から，Spiegel誌等によって次々に虐待事件が取り上げられるようになったが，最初に大きな話題となったのは，オスナブリュック（Osnabrück）で起きたリディア（Lydia）事件である。

表1の1　ドイツの児童虐待による死亡者・身体障害被害者数（満14歳未満，
　　　　（　）内は6歳未満）の推移　1

該当犯罪（刑法規定）	2000	2001	2002	2003	2004	2005	2006	2007	2008
謀殺（211条）	52	49	38	42	38	35	37	20	32
故殺・同意殺（212・213・216条）	63	67	67	54	61	45	55	60	61
過失致死（222条）交通事犯を除く	133	137	108	108	116	103	98	86	86
傷害致死（227・231条）	41	19	21	16	18	25	12	7	7
死亡数合計	289	272	234	220	233	208	202	173	186
虐待被害者数	2417	2843	3071	3371	3409	3390	3640	3926	4102

連邦犯罪統計（Bundeskriminalamt, Polizeiliche Kriminalstatistik）により作成

表1の2　ドイツの児童虐待による死亡者・身体障害被害者数（満14歳未満，
　　　　（　）内は6歳未満）の推移　2

該当犯罪（刑法規定）	2009	2010	2011	2012	2013	2014	2015	2016	2017
謀殺（211条）	20	26	18	39	23	26(12)	16(5)	19(7)	32(19)
故殺・同意殺（212・213・216条）	48	43	45	42	38	29(26)	38(37)	41(35)	32(28)
過失致死（222条）交通事犯を除く	76	106	73	77	87	45(35)	68(55)	65(51)	76(62)
傷害致死（227・231条）	7	8	10	9	5	8(8)	8(8)	8(7)	3(3)
死亡数合計	151	183	146	167	153	108	130	133	143
虐待被害者数	4126	4412	4126	3998	4051	4204(1835)	3929(1650)	4204(1913)	4208(1813)

連邦犯罪統計（Bundeskriminalamt, Polizeiliche Kriminalstatistik）により作成

　この事件があったのは1994年である。5月7日に6か月の乳児であるリディア（1993年10月生）とその兄（1992年9月生まれ）が，シングルマザーである母の住居の中で放置され，母からの通報で医師が診察したものの，リディアは極度の衰弱と脱水に起因する心不全で死亡した。少年局はこの家庭の状況については，早い時期から知っており，一般社会サービス（ASD）の担当ソーシャルワーカーは，幾度も母親と支援についての話し合いを行っていたものの，支援を拒絶されてきていた。そのような中，3月に，リディアはおむつかぶれを原因とする重症の皮膚疾患で病院に収容された。退院に当たって，担当ソーシャルワーカーは母親と協議の上，家事の改善について母親を支援するため，社会教育学的家事援助として，民間の少年援助の主体から家庭支援員を派遣することとしたが，子どもたちの身体の世話及びチェックはその任務には含まれていなかった。社会教育学的家事援助の開始後，民間の主体のソーシャルワーカーは，母親とは接触したものの，子どもたちについては，全く接触をすることができていなかった。少年局の担当ソーシャルワーカーは4月29日から数週間の休暇をとったが，休暇に入る前に，家庭支援員を派遣していた民間の主体からは，仕事が順調であり，5月2日には乳児検診のための期日が入れられていると告げられており，母親からも家事援助が順調であると連絡されていた。リディアの死亡後，少年局の担当ソーシャルワーカーは，危険化の徴表は存在しておらず，何とか母子分離を回避するために少年援助を行っていたと説明したが，公的に保護義務を負う職（Garantenstellung）にある者として，少年局の担当ソーシャルワーカーに対し，不作為による過失致死罪（ドイツ刑法222条）を問うこ

1979年，1997年と，2回にわたる改正作業によって，「民法典」(以下，BGB) の親権法規定を子の福祉の確保を中核とした法体系へと転換し，1990年には児童福祉行政の分野においても，1922年に制定されたライヒ児童福祉法の流れを汲む従来の「児童福祉法」(Jugendwohlfahrtsgesetz, BGBl. 1961, I S. 1193) を廃止して，ゾチアルペタゴギーク (Sozialpädagogik：(少年) 社会教育学) の成果を取り入れ，「連邦社会法典第8編」(Sozialgesetzbuch Ⅷ, 以下，SGB Ⅷ) として，家族，親支援を柱とした「児童並びに少年援助法」(Kinder- und Jugendhilfegesetz, BGBl. 1990, I S. 1163) を成立させたばかりであった。しかし，その間にも深刻さを増す事態の展開に，息継ぐ間もなく，児童虐待に向けた法的対応の検討を始めなくてはならなくなったのである。

ドイツには，従来から，児童虐待に特化した制定法は存在しない。もちろん，親の作為，不作為によって子の生命が失われたり，身体的傷害が引き起こされたりした場合には，刑法の規定に基づき，刑事事件として立件されうる。しかし，刑事事件としての立件は，事件が起きた後の事後的な処理であり，かつそのような行為を行った親の処罰を目的とするものにすぎない。これに対して，児童虐待から子を保護するための対応は，第一次的には，まず予防的措置として，SGB Ⅷに基づき，少年援助 (Jugendhilfe) と総称される公的少年援助の主体 (Träger der öffentlichen Jugendhilfe) による諸種の援助の提供という形で行われ，それでもなお「子の福祉の危険化 (Gefährdung des Kindeswohl)」がみられる場合には，第二次的に，介入的措置として，BGB1666条及

とができるかが問題となった。第1審のK区裁判所は，180日割りで80ドイツマルクの罰金を言い渡したが，控訴審で地方裁判所は，「社会法典第8編の諸規定は，少年局の社会サービスで活動しているソーシャルワーカーに対し，その活動の間に幼い子どもが重度の衰弱と脱水によって死亡した場合に，保護義務 (Garantenpflicht) を認めてはいない」(LG Osnabrück, Urteil v.6.3.1996, FamRZ 1996. 1370ff.) としてこれを覆した。しかし，上告審である上級地方裁判所は，「問題家庭の世話を担当しているソーシャルワーカーは，その中で担当していた子どもたちの生命に対しても，保護義務を負う。そのことは，民間の主体に家庭支援を委ねた場合であっても，当該家庭の保護のために担当世話人としての担保義務は存続する」として差し戻した (OLG Oldenburg, Urteil v.2.9. 1996, FamRZ 1997, 1032 ff.)。しかし，この事件については，その後，軽罪であることを理由に，手続が取り下げられた。このリディア事件を中心に，Garantenstellungについて扱う文献として，丸岡桂子「ドイツにおける子ども虐待に関する保護制度・ソーシャルワーカーの刑事事件・法改正について」奈良女子大学・人間文化研究科年報24号225頁以下 (2009) 参照。

び1666条aの規定に基づき、裁判所が職権で、決定によって、親の配慮権の制限など、危険化の回避のために「必要な措置」を講ずるという形で行われてきた。

児童虐待に対する新たな法的対応の検討も、このような伝統的なドイツの法的構造を踏まえて開始されたわけであるが、その中で中心となったのは、次の2つである。

第1は、行政が少年援助を通して予防的に行うべき対応と、親の養育権への介入として行われる裁判所の措置の内容を具体化するとともに、両者を児童保護のための責任共同体としてとらえ、その役割分担と連携の在り方を明確化するということである。この作業は、後述のように、2005年にSGB VIIIに第8条aという規定が新設され、さらに2008年のBGB 1666条の規定の改正、非訟事件手続法（Gesetz über die Angelegenheiten der Freiwilligen Gerichtsbarkeit, RGBl 1889, S.771. 以下、FGGもしくは旧FGG）への手続の優先、迅速の規定、第1回期日を関係者による討議（Erörterung）に当てるとする規定の導入によって完成した（その後、これらFGGの規定は、FGGに代わって、2008年に制定され、2009年に施行された「家事事件及び非訟事件の手続に関する法律」（Gesetz über das Verfahren in Familiensachen und in den Angelegenheiten der freiwilligen Gerichtsbarkeit, 以下、FamFG）に引き継がれている）。

第2は、乳幼児期の子をめぐる事件が多いことに鑑みて、子の出生前後の早い段階（場合によって懐胎中）からの母や家庭の支援と、養育困難な事態に迅速に対応するための、児童保護に関係する職にある者からの情報提供の在り方を検討することである。

ドイツでは、2000年代に入っても、ケビン（Kevin）事件[4]やレア・ゾフィ

---

4) ケビン事件はブレーメンで起きた事件であり、ドイツにおいて最も注目を集めた虐待事件である。事件内容の重大性に鑑み、ブレーメン市は詳細な事件調査を行った。その報告書（Bericht des Untersuchungsausschusses „Kindeswohl", Bremische Bürgerschaft, Landtag Drucksache 16/1381, 18. April 2007）によれば、事案の概要は以下の通りである。

被害者であるケビンは、2004年1月23日、ブレーメン北部病院において未熟児として出生したが、2006年10月10日、保護しようとした少年局の職員により、父の住居の冷蔵庫の中から死体で発見された。発見時すでに死亡から数か月が経過しており、正確な死亡時期は判明していない。ケビンの母は薬物中毒かつHIV陽性であり、2003年以来やはり薬物及びアルコール中毒の父と同

ー（Lea Sophie）事件[5]など，マスコミを大きく騒がせる事件が連続し，2007年には，連邦のメルケル首相から，「私たちには，助産師，教師，少年局職員，幼稚園の先生，そしてその他の，いつ子どもたちが窮地に陥ったのかを探ることができる人々のネットワークが必要です。……私たちの目の前には，ネグレクトによって命を失なったり，飢えたりした子どもたちの姿があります。私たちはこれ以上耐えるべきではありません。このドイツのように，豊かな国の中において，このような状態を放置しておくことは許されないのです。」という，テレビ・メッセージ[6]が発せられるほどになっていた。

　棲していた。しかし，母は他にも複数の男性と関係を有しており，父は父とはされているものの，ケビンとの間に血縁上の父子関係はなかった。
　ケビンの父母はケビンの出生前からブレーメン保健所の家庭助産師の世話を受け，また出生後ケビンはブレーメン北病院で治療を受けたが，その間父母には問題行動が多かった。そのため，出生後病院から少年局にケビンとその父母のことが通知され，ケース・マネージャーが付された。ケビンの退院後も，父母の問題行動は続き，ケビンも小児科病院で骨折の治療を受けるなどし，警察や病院から多くの報告があったが，それにもかかわらず，ケース・マネージャーは子の福祉の確保のために危険の状況に応じた適切な措置を検討し，対応方法を組み替えることをしなかった。
　2005年11月12日に母が死亡し，家庭裁判所はケビンをブレーメン少年局の官庁後見に付した。しかし，ケビンの身柄が移されることはなく，父の下に置いたままであった。その後も，父の問題行動は続いたため，市の社会福祉当局でも問題となり，父を含めて幾度かの話し合いの機会が持たれた。2006年3月にはケース・マネージャーがケビンを昼間保育に出すとする援助プランを作成するなどしたが，父の同意が得られず，またケビンの状況も確認できない状態が続いたため，少年局は，2006年9月になって，家庭裁判所に対し，ケビンを父から分離して保護する決定を求めた。期日に父が出頭しなかったため，家庭裁判所は，ケビンが父の住居にいることを確認した上，引き離しを実現すべしとする決定書面を少年局に交付し，10月10日に，裁判所執行官，警察と同行した少年局職員が，父の住居に立ち入った。発見されたケビンの遺体には，腕，脚，肋骨及び頭蓋骨に複合的な骨折が確認され，それゆえ自然死ではないと判断され，父は傷害致死で10年の懲役に処された。

5）レア・ゾフィーは，2002年8月7日に生まれ，メクレンブルク＝フォアポンメルン州シュヴェリンで父母と生活していたが，2007年11月20日，父の通報によって救急搬送された病院で死亡した。死亡原因は，父母によるネグレクトによる栄養失調（死亡時体重7.4kg）であった。それ以前に，祖父母が少年局に対して孫と接触ができないと通報し，少年局の職員が訪問したが，父母が不在で面会できず，その後少年局に父母を呼び出した際には，栄養状態のよい乳児（弟）のみを連れてきて見せた。その際，父母はレア・ゾフィーが知り合いのところに滞在していると偽りの主張をし，また偽装的な協力的態度をとって少年局を欺き，そのため少年局はレア・ゾフィーの実状について知るところがなかった。陪審裁判所（Schwurgericht）は，被保護者虐待と同定されるネグレクトによる殺人として，父母双方に11年9か月の懲役を科した。

6）https://www.focus.de/politik/deutschland/kinderschutz_aid_229480.html

そのような状況の中で，保健所，医療機関，助産師，保育所，学校など，関連諸機関や関係職と少年局の間の連携（ネットワーク）の構築が検討され始めた。しかし，情報の共有化という，性質的に微妙な問題にかかわることもあり，連邦レベルでは，紆余曲折の末，ようやく，2011年11月21日の「児童並び少年の積極的な保護の強化に関する法律」（Gesetz zur Stärkung eines aktiven Schutzes von Kindern und Jugendlichen; 連邦児童保護法 Bundeskinderschutzgesetz – BKiSchG. BGBl. 2011, I S. 2975）によって，一つの形を得るに至った[7]。この連邦児童保護法は，一つの包括的法律の中で，相互的に関連する複数の法律改正や，新たな法律制定を行う，いわゆるアルティーケル・ゲゼッツ（Artikel Gesetz）という形式の法律であり，その中で，SGB Ⅷ 8条 a をはじめとする SGB Ⅷ の諸規定の改正が行われるとともに，「児童保護のための協力と情報提供に関する法律」（Gesetz zur Kooperation und Information im Kinderschutz, 以下，KKG）の制定が行われた。

しかしながら，連邦レベルの法的対応の検討は，これで最終的に終了したわけではない。連邦児童保護法は，施行後その検証，評価がなされることになっており，2016年にはその最終評価がまとめられた。それを受けて，2017年5月には，児童保護にかかわる SGB Ⅷ の諸規定の大幅改正を含んだ連邦政府草案（Entwurf eines Gesetzes zur Stärkung von Kindern und Jugendlichen, BT-Druks. 18/12330）が連邦議会を通過するなど，さらなる改善のための立法作業が進められている（2016年の最終評価及び本草案については，第5章第3節以下を参照）。

第2節　本研究の作業

本研究は，このようなドイツの児童虐待への対応について，単に法律規定や

---

[7] この法律については，2009年3月25日に連邦政府から草案が提出されたが（BT-Drucks. 16/12429），対応強化と個人情報保護との関係をめぐって議論があってそれが議会を通過することはなく，改めて2011年6月22日に草案が提出され（BT-Drucks. 17/6256），それが立法化されたものである。2009年草案の段階で予定されていた法律の名称は「児童の保護の改善に関する法律 Gesetz zur Verbesserung des Kinderschutzes (Kinderschtzgesetz)」であった。この2009年の草案については，岩志和一郎「子の権利の確保のための諸力の連携—ドイツ親権法の展開」早稲田法学85巻2号48頁以下（2010）に，その一部の翻訳がある。

文献からだけでなく，その実態にまで立ち入って調査し，そこからわが国として学ぶべきものを抽出してみようとするものである。研究の方法としては，本書の「はしがき」にも示したように，ミュンダー教授らによって実施されたドイツ全体を対象とした少年援助と司法の連携に関する調査からの知見と，私たちが独自に行ったベルリンでの実務の展開に関する調査からの知見を基礎に，実証的にドイツの児童虐待対応の姿を浮かび上がらせるという形をとった。

　ドイツ側調査は，児童保護の場面における少年局と家庭裁判所の役割分担と連携の状況に関する，全国規模での調査である。今回の調査は，2014年12月から2016年12月にかけて，ザイデンシュトゥッカー教授が代表となって行われたが，それは，1996年から1998年にかけて，ミュンダー教授が代表となって実施された同様の内容と方法による調査のリヴィューである[8]。このミュンダー調査は，児童保護に向けた法的対応が始まる前の段階での実態調査であり，その結果は，2006年に連邦司法大臣によって設置された作業部会「子の福祉に危険が及ぶ場合の家庭裁判所の処置」(2006年5月設立)において参考に供された[9]。この作業部会の報告は，先に触れた2008年のBGBの改正の基礎作業となったものである。今回の調査は，それから約20年後に実施された，2000年代の相次ぐ法改正を経た今日の法律状態の下での実態調査であり，それら法改正が実務にどのような影響を与えているかを比較，確認することができる。

　一方，ベルリンの実務に関する調査は，ベルリンでのドイツ側調査と重ねながら，日本側が独自に行った，ベルリン州の施策の調査と，少年局や家庭裁判所など，関係諸機関に対するインタビュー調査とからなっている。ドイツは連邦制国家であり，立法や行政の権限は連邦と州とに分属している。少年援助や児童保護に関しては，基本的な枠組は連邦法によって与えられているものの，それをどのように具体化するかは州に委ねられている。ベルリン

---

8) この調査の報告書として，Johannes Münder, Barbara Mutke, Reinhold Schone, Kindeswohl zwischen Jugendhilfe und Justiz, professionelles Handeln in Kindeswohlverfahren, 2000.

9) 本報告書の邦訳として，岩志和一郎「作業部会『子の福祉に危険が及ぶ場合の家庭裁判所の処置』」『子の権利保護のためのシステムの研究——実態親権法と児童福祉法制の連動のあり方』(平成17年度-18年度科学研究費補助金(基盤研究(C)一般)研究成果報告書)2007年，成文堂，89頁以下。

は一つの市がそのまま州となっているいわゆる市州であり，連邦法の要請を受けて州法で種々の対応を整備し，ある部分では連邦に先駆けて施策を採っている。児童保護の分野においては，各州が相互に影響しながらも，それぞれ独自の対応を行っており，実際連邦法の内容がどのような形で実績を上げているかは，各州あるいは各公的少年援助の主体の取組の実態を観察してみなければわからないところがある。しかし，約347万人の人口を抱えるドイツの首都であり，3つの家庭裁判所と一つの上級地方裁判所，12の行政区（Bezirk）ごとに少年局を有するベルリンの状況を知ることは，ドイツの児童保護の現場の実態を窺い見る一つの有用な窓口となることに間違いない。

以上のような視点のもとに，本書は次のような構成で編まれている。

第1章　本研究の目的
第2章　ドイツにおける子の福祉の危険化回避に関する法的枠組の変遷
第3章　少年援助と司法の間の子の福祉—ドイツ側調査からの知見
第4章　ベルリンにおける子の福祉の危険化回避のシステムの展開
第5章　児童保護のための少年援助給付の体系
第6章　2017年改正　児童福祉法について—児童虐待対応における司法関与を中心に
第7章　本研究から学びえたもの

このうち，第2章では，主として1970年代後半からの，BGB，SGB Ⅷ，民事手続法，KKGなど，関連法規定の変遷を概観する。第3章は，「はしがき」に紹介した，2017年3月20日に早稲田大学で行われたシンポジウムにおいて，ザイデンシュトゥッカー教授が行ったドイツ側調査の結果報告，第4章は，私たち日本側研究者が実施したベルリン州の法制及びその展開の実態に関する調査の結果報告である。第5章は，ドイツの児童保護で最も重要な役割を担っている少年援助のより詳細な紹介と，KKGを中心とした連邦児童保護法の評価報告書，それを受けたSGB Ⅷの諸規定の大幅改正を含む連邦レベルでの法改正作業について解説する。第6章は，近時の動きを含めた日本法の状況をまとめたものであり，これもまた，上述のシンポジウムにおいて報告されたところに沿っている。

第3節　用語について

　本書においては、多くのドイツの法令、機関、制度上の用語が登場し、それに訳語をつけるという作業がなされている。それらの用語のほとんどについては本文中において何らかの説明が付されているが、基本的で、本書の各章において共通して用いられる用語のいくつかについては、煩雑さを避けるという意味もあって、特に説明を付さないまま用いている。しかし、ドイツの制度について初めて触れるという読者のことも考え、それら基本的な用語のうち、あらかじめ以下の4つについて、必要と考える限りで解説を加え、本書の理解のための一助としたい。

1．子，子ども，児童，少年

　ドイツ語のKindは一般に「子」、あるいは「子ども」（しばしば、複数形のKinder）と訳される。しかし本書においては、取り扱う諸種の法令、あるいは制度との関係で、子、子ども、児童、少年といった訳語を使い分けている。

　民法の領域では、Kindは親に対する「子」という意味で使用されるのが通例であり、本書においても、この場面では「子」という訳語を当てている。これに対して、社会法である少年援助の場面では、SGB Ⅷ（社会法典第8編）7条が、①Kindとは、満14歳未満の者、②Jugendlicherとは、満14歳以上、満18歳未満の者、③junger Volljährigerとは、満18歳以上、満27歳未満の者、④junger Menschとは、満27歳未満の者をいうと定義している。そこで、本書では、わが国の児童福祉法にならい、①Kindを「児童」、②Jugendlicherを「少年」、③junger Volljährigerを「若年成年者」、④junger Menschを「若者」と訳してある。また、Kindeswohlなど、未成年者一般の意味で使用されているものについては、民法、社会法を問わず「子の福祉」といった訳語を使用している。

2．親，父，母，親の配慮，身上配慮権者，教育権者

　本書において、Elternについては原則として「親」という訳語を用いている。他の論文等では、これを「父母」と訳するものが多いが、民法典親権法規定の

全面改正を行った1979年の「配慮権法」(本書第2章第1節1参照) が，従来の Vater und Mutter という用語を改めて Eltern に変更したことに鑑み，あえて「親」という訳語を選択したものである。これに対して，Vater, Mutter, Mutter oder Vater などについては，「父」「母」「母又は父」と訳してある。

　elterliche Sorge は「親の配慮」と訳してある。上記の配慮権法が，それまで親権と訳されていた elterliche Gewalt という概念を廃して導入したのが，elterliche Sorge である，ということを明確にするためである。

　Personensorgeberechtigter は，「身上配慮権者」という訳語を当てている。SGB Ⅷ 7 条の定義によれば，「民法典の規定に従って単独又は他の者と共同で，身上配慮 (Personensorge) を有する者をいう」のであり，本書もその定義に従う。

　Erziehungsberechtigter は，「教育権者」と訳してあるが，この用語の概念についても，SGB Ⅷ 7 条が，「身上配慮権者，及び身上配慮権者以外の者で，身上配慮権者との合意に基づいて，単に一時的にではなく，又単に個別の事務のためだけにではなく，身上配慮の任務にあたる満18歳以上の者すべてをいう」と定義しているところに従う。なお，Erziehung という用語そのものについては，原則として「教育」という訳語を当てている。他の論文等では「養育」と訳するものが多いが，本書では「家庭や社会で行われる，能力を引き出し全人格的発達を目指す」ことを意味する概念用語であることを重視した (第5章注7参照)。このような訳語は，ドイツ連邦共和国基本法 (Grundgesetz, 以下，GG) 6 条 2 項 1 文や BGB 1626 条 2 項 1 文で用いられている Pflege und Erziehung という用法と合致すると考えるし，わが国の民法820条の「監護及び教育」という文言との平仄も考慮した。日本語としてやはり教育を意味する Bildung や Ausbildung については，「(学校) 教育」や「(専門) 教育」としての教育を指すものとして訳語を当てているが，Bildung については，より広く人間形成，教養形成という意味で使用される場合があり，その場合については「陶治」という訳語を当てたところもある。

　Erziehung に対して，Pflege, Betreuung, Sorge など，身体的，精神的な面倒見や保護全般を表す用語は多様なものが使用されている。これらについては訳語を固定して用いることは難しかった。共通の文脈や場面については同

じ訳語を用いたが，場面によっては，保護，面倒見，世話，配慮，ケアなど訳語を使い分けている。

3. 家庭裁判所

家庭裁判所（Familiengericht）は，「家庭に関する事件」（家事事件Familiensachen）を管轄する第1審裁判所である。1976年6月14日の「婚姻及び家族法の改正のための第一法律（Erstes Gesetz zur Reform des Ehe und Familienrecht）」（BGBl. I S. 1421）によって設立されたときには，管轄は離婚事件に限定され，親権については離婚手続と結合（Verbund）して取り扱うに過ぎなかったが，1997年の親子関係法改正法（本書第2章第1節 1 及び第2節 3 (1)参照）によって養子事件を除く家事事件に，さらに2009年の「家事事件及び非訟事件の手続の改正のための法律」（本書第2章第2節 3 (6)参照）によって養子事件を含むすべての家事事件を管轄するようになった（いわゆる「大きな家庭裁判所」）。

家庭裁判所は，わが国とは異なり，独立した裁判所ではなく，区裁判所（Amtsgericht）の家事事件を扱う特別部のことをいう。区裁判所は，わが国でいえば簡易裁判所と同位置にある，州の民事，刑事の第1審裁判所であり，2015年時点で，ドイツ全国では646箇所あり（**表2**参照），裁判官数は7,960名であるが[10]，そのうち家庭裁判所及び家庭裁判所の裁判官（家庭裁判官（Familienrichter）と呼ばれる）の数がどのくらいかについては，独自の統計がない。大都市においては複数の区裁判所があり，その中で管轄が分けられ，また裁

表2　区裁判所（Amtsgericht）

バーデン＝ヴュルテンベルク	108	ニーダーザクセン	80
バイエルン	73	ノルトライン＝ヴェストファーレン	129
ベルリン	11	ラインラント＝プファルツ	46
ブランデンブルグ	24	ザールラント	10
ブレーメン	3	ザクセン	25
ハンブルグ	8	ザクセン＝アンハルト	25
ヘッセン	41	シュレスヴィッヒ＝ホルシュタイン	22
メクレンブルク＝フォアポンメルン	11	チューリンゲン	23

---

[10] https://www.bundesjustizamt.de/DE/Themen/Buergerdienste/Justizstatistik/Personal/Personal_node.html

判官も他の部(多くは民事部)と兼務する者が少なくない。

4. 少年局・公的少年援助の主体・民間の少年援助の主体

　ドイツでは，児童並びに少年の援助及び育成に関する公的業務は，連邦，州，郡(Kreis)及び郡に属さない市(特別市)によって担われている。主たる管轄機関は，連邦では連邦家族・高齢者・女性及び少年省(Bundesministerium für Familie, Senioren, Frauen und Jugend, BMFSFJ)，州では各州政府の所轄行政庁(例えば，ベルリンではSenatsverwaltung für Bildung, Jugend und Familie，バイエルン州ではBayerisches Staatsministerium für Familie, Arbeit und Sozialesなど)と州少年局，郡及び特別市では各管轄行政当局と少年局である。

　少年援助の任務の遂行を義務付けられるのは，公的少年援助の主体(Träger der öffentlichen Jugendhilfe)である。公的少年援助の主体には広域主体(überörtlicher Träger)と地域主体(örtlicher Träger)とがあり，広域主体は州，地域主体は郡と郡に属さない特別市である(SGB69条1項)。少年局は公的少年援助の主体が少年援助の任務を遂行するために置く機関であり，広域主体ごとに一つの州少年局，地域主体ごとに一つの少年局が置かれている(同3項)。ドイツには16州あるので，州少年局は16局であるが，地域主体の数や構成は州によって異なるため，少年局の数も異なる。例えば，ベルリン市州(人口約347万)では12の行政区ごとに少年局を置くが，ミュンヘン市(人口約143万)には市少年局1局しかない。各州の少年局数は**表3**に示したとおりであり，総数は511局である。

表3

バーデン＝ヴュルテンベルク	42	ニーダーザクセン	51
バイエルン	79	ノルトライン＝ヴェストファーレン	163
ベルリン	12	ラインラント＝プファルツ	36
ブランデンブルク	18	ザールラント	6
ブレーメン	2	ザクセン	14
ハンブルク	7	ザクセン＝アンハルト	14
ヘッセン	25	シュレスヴィッヒ＝ホルシュタイン	8
メクレンブルク＝フォアポンメルン	11	テューリンゲン	23
		計	511

少年局は少年援助委員会と少年局局長を長とする少年局当局によって，州少年局は州少年援助委員会と州少年局当局によって組織される。少年援助委員会は，各公的少年援助の主体の議会の議員（委員の5分の3），その管轄地域で活動している民間の少年援助の主体（自由な少年援助の主体）の代表（委員の5分の2）から構成され，少年援助と関わる問題の審議と提案，少年援助計

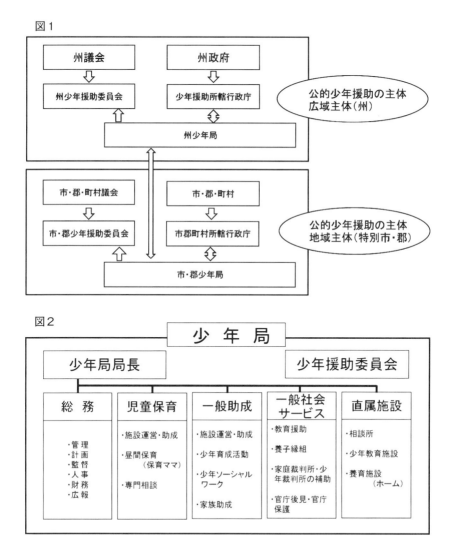

画の立案，自由な少年援助の主体の助成を行う（SGB Ⅷ 73条）。少年局は，少年援助の任務及び少年局に割り当てられている少年援助以外の任務の遂行に当たる。これに対して，州少年局は特別に州少年局に割り当てられた任務（例えば，養子縁組の斡旋等）を除いて，現場での少年援助の任務等の遂行に当たるわけではなく，州内の各少年局の任務遂行に関わる調整に当たる。その意味で州少年局と少年局とは組織上は上下関係にあるわけではない。しかし，州少年局が州全体の少年援助の計画の立案等の作業に当たることから，実質的には少年局の上級機関といってよい（**図1**参照）。

少年局の一般的組織構成は**図2**の通りである。近時，最前線の少年局では，単なる少年援助の機関という枠を越えて，より広く，児童保護という観点から，他の少年援助以外のサービスや機関との連携も考えて，独自の形の組織を組み立てるようになってきている。少年局の専任職員は，少年社会教育学やソーシャルワークなど，その任務に適した専門教育を受けた者，専門職である必要がある（SGB Ⅷ 72条）。また職責上，性犯罪等によって有罪となった者等を雇用することは禁止されている（SGB Ⅷ 72条a）。この点についての詳細は，本書第5章を参照されたい。

少年援助は，公的少年援助と民間の少年援助が協力して実施される（SGB Ⅷ 4条1項）。少年援助の給付は，民間の少年援助の主体と公的な少年援助の主体によって提供されるが（SGB Ⅷ 3条2項1文），SGB Ⅷ の給付義務は，公的少年援助の主体に負わされたものである（同条2文）。そのため，SGB Ⅷ に規定される諸種の少年援助の給付を民間の主体を通じて実施するについては，公的少年援助の主体と民間の主体との間で給付提供に関する基本合意を取決め，それに従って実施される必要がある。

民間の主体によって適切な施設やサービスが提供される可能性がある限り，公的少年援助はそれを優先させ，自らの措置を見合わせなければならない（SGB Ⅷ 4条2項）。公的少年援助は，目的設定及び任務の遂行，組織形成に関し，民間の少年援助の独立を尊重しなければならず（SGB Ⅷ 4条1項），また民間の少年援助を助成し，自助を強化しなければならない（同条3項）。それゆえ，民間の少年援助の主体は，公的主体に対して，自由な主体（freier Träger）という用語で表示される。ただ，直訳では意味がとりづらいこともあり，本書

では意味を明確にするため,「民間の主体」と訳出している。

　少年援助の領域において活動する,公法上の主体でない人は,法人であるか自然人を問わず,民間の少年援助の主体たり得る。ただし,長期にわたって助成を受けることを希望する場合には,承認が必要となるため（SGB Ⅷ 74条1項2文）,実際には,主体の多くが承認を受けている。

　ドイツでは,多数かつ多様な民間の少年援助の主体が活動している。その中心は,連邦民間社会福祉協議会（die Bundesarbeitsgemeinschaft der freien Wohlfahrtspflege: BAGFW）を構成する,連邦労働者福祉団（AWO）,ドイツカトリック社会事業団（Caritas）,ドイツ赤十字,ドイツ新教社会奉仕団（Diakonie）,同権福祉協会連合（DPWV）,ドイツユダヤ人中央福祉協会の,いわゆる主要6団体（die Spitzenverbände と呼ばれる）であるが,これにその他の,児童保護センター（Kinderschutzzentrum）,SOS子ども村（SOS Kinderdorf）など,営利,非営利の福祉団体を加えると,職員は約43万人に上る。もちろん主要6団体等は総合的福祉団体であり,したがってここに挙げた数字は少年援助のみに関するものではないが,いずれにしても多数の民間の資源が存在するのがドイツの特徴である。

第2章　ドイツにおける子の福祉の危険化回避に関する法的枠組の変遷

　　ドイツの連邦レベルでの子の福祉の危険化の回避に関する法的対応は，親の配慮（親権）に関する実体法であるBGB（民法典），児童福祉に関する社会法であるSGB Ⅷ（連邦社会法典第8編），民事手続法，その他の特別法によって図られている。これらの諸法律は活発に制定あるいは改正され，その内容を発展させてきた。本章では，それら諸法律の制定や改正を辿ることで，子の福祉の危険化回避に関する法の枠組の変遷を概観するが，ここではその概観を，BGB制定から1997年（1998年施行）の親子関係法改正法までの段階（第1節）と，2000年代に入ってから今日までの段階（第2節）に分けて行っている。

　　後者は，子の福祉の危険化が社会的に大きな問題となった段階での法的枠組の変遷に関する概観であり，その作業は2017年3月20日のシンポジウムにおいてミュンダー教授によって行われた（脚注は，岩志が付したものである）。しかし，この段階に入ってからの法的枠組の変化を理解するには，それ以前の法律状態を知っておく必要があることから，その部分は前者で，岩志が補充することとした。いずれにせよ，これら法的枠組の変遷に関する理解は，第3章以降において行われる作業の前提となるものである。

第1節　親子関係法改正法（1997年制定）前の変遷

岩志和一郎

1. BGBの規定の変遷

　ドイツにおいては，児童虐待に特化した法的対応は採られておらず，児童

に対する身体的あるいは精神的虐待やネグレクトは，児童や少年の健全な発達の阻害としての，より広く包括的な概念である「子の福祉の危険化（Kindeswohlgefährdung）」の典型として問題となる。このような子の福祉の危険化への対応の中核的な規定は，子の福祉の危険化の回避のための裁判所の措置について定めるBGB1666条である。同規定はBGB第4編第2章第5節「親の配慮」（親権法規定）の中に位置し，その規定内容は，BGB親権法全体の変遷とともに移り変わってきた[1]。

1896年に制定されたBGBの親権規定は，嫡出子については，第一次的に父を単独親権者とするとともに，法律上父子関係が認められていなかった非嫡出子についても，母には限定的に身上監護を認めるのみで親権を与えず，子の代理には後見人を置いていた。また内容的にも，未成年の子の利益を保護するという目的は有するものの，父権的，支配権的色彩を強く有していた[2]。

このような親権法規定は，第二次世界大戦後，西ドイツ地区の憲法ともいうべき基本法（Grundgesetz, 以下，GG）の男女同権（GG3条2項），嫡出子と非嫡出子の平等化（GG6条5項）の要請をうけ，1957年の「男女同権法」（Gesetz über die Gleichberechtigung von Mann und Frau auf dem Gebiete des bürgerlichen Recht, BGBl. I S. 609），1969年の「非嫡出子法」（Gesetz über die rechtliche Stellung der nichtehelichen Kinder, BGBl. I S. 1243）等によって，父と母あるいは嫡出子と非嫡出子の同権という観点から見直されてきた。しかし，これらの改正は主として親権者の地位に関して進められたものであり，親権の内容に関する抜本的な見直しが行われたのは，1979年7月18日の「親の配慮の権利の新たな規制に関する法律（配慮権法）」（Gesetz zur Neuregelung des Rechts der elterlichen Sorge, BGBl. I S. 106）によってであった[3]。この配慮権法は，親権制度から従来の親の支配権的性格を取り去り，親権制度を，もっぱ

---

1) ドイツの親権法の最新の規定の翻訳と注解として，ドイツ家族法研究会（代表・床谷文雄）「親としての配慮・保佐・後見――ドイツ家族法注解（1～3）」民商142巻6号633頁（2010），同143巻4=5号548頁（2011），同144巻1号123頁（2011）がある。
2) Motive zum BGB, IV, S. 724.
3) この改正による条文訳として，石川稔・門広乃里子「西ドイツの新監護権法――親の監護の権利の新規制に関する法律（仮訳）」ジュリスト747号118頁（1981）以下，またこの法律の解説として，石川稔「西ドイツ新監護権法における子の監護―― 一つの覚書」ケース研究187号2頁（1981）以下。

ら子の福祉を指導理念とする,自立した個人へと成長する過程にある子の保護と補助のための制度へと転換させた。そのことは,同法が従来のelterliche Gewalt（親権）という用語を廃し,それに代えて,elterliche Sorge（親の配慮）という用語のみを用いることにしたことに如実に現れている。しかし,この1979年の改正でも,嫡出子と非嫡出子という親子関係の伝統的な二分法に従った配慮権の規律というBGB制定以来の形態は維持されたし,また離婚後の親の配慮についても,他の欧米諸国が共同配慮を採用するのに反して,父母いずれかの単独配慮が採用されていた。

1990年にドイツは再統一され,BGBが東ドイツ地区を含む全ドイツに適用されることとなったが,その中で,社会主義体制のもとで先んじて実現されていた嫡出子と非嫡出子の完全な平等を,BGBとしても考慮せざるを得なくなった。また1992年には国連の「児童の権利条約」を批准し,同条約につき,国内法への適合義務を負うこととなった[4]。

このような事態を背景としつつ,1979年法による法律状態については,より広く,親子法制全体の見直しという視野の中で検討が続けられた。その果実として成ったのが,1997年12月16日の「親子関係法の改正のための法律（親子関係法改正法）」(Gesetz zur Reform des Kindschaftsrecht, BGBl. I S. 2849)であり,同法は,嫡出子と非嫡出子という概念区別を廃止するとともに,親の配慮の規定についても,離婚後の父母の共同配慮の導入を始めとする重大な改正を行った[5]。

このような親権法の改正の流れの中で,BGB1666条も,以下のような変遷をたどった。

最初の改正は,男女同権法によってなされた。しかし,同法による改正は,文言上,母も父と並ぶ身上監護権者として規定に含められたにとどまり[6],

---

[4] 児童の権利条約に対するドイツの対応については,岩志和一郎「ドイツ」石川稔・森田明編『児童の権利条約——その内容・課題と対応』(一粒社,1995) 477頁以下参照。

[5] この改正に関する解説として,岩志和一郎「ドイツの新親子法」戸籍時報493号2頁（上）,495号17頁（中）,496号26頁（下）参照。また,この改正を中心とした,2001年1月1日現在の,BGBの親の配慮に関する法律規定については,岩志和一郎「ドイツ親権法規定（仮訳）」早稲田法学76巻4号225頁 (2001) 以下参照。

[6] 当時からSorgeという用語は用いられており,「監護」という訳語が付されていた。本書でも

裁判所（当初，管轄裁判所は後見裁判所（Vormundschaftsgericht）であった）の必要な措置による親の監護権への介入は，親による監護権濫用，その他有責な行動を理由としてしか許されないとする規定内容は，制定当初からの規定と変わるものではなかった。

男女同権法（1957年）によるBGB1666条
(1) 父又は母が子の身上に関する監護の権利を濫用し，子を放置し，又は不名誉若しくは不道徳な行動を有責的に行うことによって子の知的又は肉体的福祉が危険にさらされている場合には，後見裁判所はその危険の回避のために必要な措置を行わなければならない。後見裁判所は，特に，教育を目的として子を適切な家庭又は教育施設に収容することを命ずることができる。
(2) 後見裁判所は，親の一方が扶養を受ける子の権利を侵害しており，かつ将来にわたって扶養を危険にさらすおそれがあるときは，その者から財産監護を剥奪することもできる。

この規定内容が大きく変わったのが，1979年の配慮権法によってである。ここでは，「親の責によるわけではない養育不能」が明文で入れられたことによって，親の有責によるものであるか否かにかかわらず，客観的に子の福祉の危険化が認められる場合には，裁判所は必要な措置をとることができるとされた。その一方，新たにBGB1666条aの規定が挿入され，親の家庭からの子の引き離しを伴う措置（1項）や，身上配慮の全部剥奪（2項）は，他の方法や措置では危険回避に不十分であるときにのみ許容される，最終的措置であることが明確にされた。

配慮権法（1979年）によるBGB1666条
(1) 親の配慮の濫用的行使，子の放置，親の責によるわけではない養育不能又は第三者の行為によって，子の身体的，知的若しくは精神的福祉が危険にさらされている場合において，親がその危険を回避しようとしないとき，又はその危険を回避できる状態にないときには，後見裁判所は危険の回避のために必要な措置を行わなければならない。裁判所は第三者に対して効力を有する措置も行うことができる。

1979年の配慮権法前については，その訳語に従っている。

⑵　裁判所は，親の双方及び親の一方の意思表示を補充することができる。
⑶　裁判所は，親の一方が扶養を受ける子の権利を侵害しており，かつ将来にわたって扶養を著しく危険にさらすおそれがあるときは，その者から財産配慮を剥奪することもできる。

配慮権法（1979年）によるBGB1666条a
⑴　親の家庭からの子の引き離しをともなう措置は，公的援助を含め，他の方法では危険を回避することができないときに限り，許される。
⑵　身上配慮は，他の措置に効果がないとき，又は他の措置では危険の回避のために不十分とみられるときに限り，その全部を剥奪することが許される。

このBGB1666条は，その後，1997年の親子関係法改正法によっても改正を受ける。主な変更は，措置を行う裁判所が後見裁判所から家庭裁判所に変更されたことと（本節3参照），財産配慮違反の規定を詳細化したこと（2項）である。第4項が新設され，また項規定の並び方が変更されたが，全体の内容については，大きく変わるものではない。なお，この親子関係法改正法では，BGB1631条及び1696条の規定も改正されたが，これらについては次節3⑴および3⑸の論述に譲る。

親子関係法改正法（1997年）によるBGB1666条
⑴　親の配慮の濫用的行使，子の放置，親の責によるわけではない養育不能又は第三者の行為によって，子の身体的，知的若しくは精神的福祉又は財産が危険にさらされている場合において，親がその危険を回避しようとしないとき，又はその危険を回避できる状態にないときには，家庭裁判所は危険の回避のために必要な措置を行わなければならない。
⑵　財産配慮を有する者が，子に対する扶養義務若しくは財産配慮に関連する諸義務に違反しているとき，又は財産配慮に関する裁判所の命令に従わないときには，原則として子の財産が危険にさらされているとみなされる。
⑶　裁判所は，親の配慮を有する者の意思表示を補充することができる。
⑷　身上配慮の事務について，裁判所は第三者に対して効力を有する措置も行うことができる。

2. 手続法の規定

BGB1666条の子の福祉の危険化の回避のための処置に関する裁判手続は，BGB制定当初から，FGG（非訟事件手続法）に規定され，職権主義によって審理されてきた。その第1審裁判所は長く後見裁判所であったが，1997年の親子関係法改正法によって，家庭裁判所が管轄裁判所と変更され，今日に至っている。

3. 社会法典第8編の規定

以上のようなBGB親権法の改正とならんで，社会法の分野においても改革が進められた。その中核は，これもすでに述べたように，1990年にそれまでの少年福祉法に代えて新たに制定されたSGB Ⅷ（連邦社会法典第8編）である（詳細は本書第5章参照）。この法律によれば，公的少年援助の地域主体である地方公共団体（市，郡など）が設置する児童福祉行政当局である少年局は，児童や少年，あるいは親に対する支援を行うことで子の福祉の危険化の予防に当たるとともに，危険化が生じたときには，司法と連携することが義務づけられている[7]。

条文をみて分かるように，BGB1666条にいう「必要な措置」のための手続は，裁判所の職権によって開始する。しかし，裁判所が子の福祉の危険化の状況を自ら把握するというようなことはほとんど不可能であり，現実には危険化の状況を把握した他の機関などから寄せられた情報を踏まえて手続の開始について判断することになる。その際，その情報提供は，日常的に子の福祉の危険化予防のための対応に従事している少年局によってなされるのが通常である。そこで，SGB Ⅷは，1990年の制定時において，後見裁判所や家庭裁判所の手続への少年局の協力を定める第50条の中に，第3項として，後見裁判所の手続の喚起を義務付けていた。

制定時（1990年）のSGB Ⅷ 50条
(1) 少年局は，児童並びに少年の身上配慮に関するすべての措置について，後見

[7) 2007年1月1日現在の連邦社会法典第8編「少年援助」の邦訳として，岩志和一郎・鈴木博人・髙橋由紀子「子の権利保護のためのシステムの研究——実体親権法と児童福祉法制の運動のあり方」（平成18年度科学研究費補助金研究報告書）参照。また同法の意義については，髙橋由紀子「『児童ならびに少年援助法』の概要」（同報告書所収）参照。

裁判所及び家庭裁判所を支援する。少年局は，非訟事件手続法第49条及び第49条a所掲の後見裁判所及び家庭裁判所の手続に協力しなければならない。
(2) 少年局は，特に供与された給付について情報を提供し，児童若しくは少年の発達について教育的及び社会的見解を示し，また他の援助の可能性を示すこととする。
(3) 少年局は，児童若しくは少年の福祉の危険化の回避のために裁判所の活動が必要と考えるときは，裁判所を喚起しなければならない。第2項を準用する。

4. 基本法と憲法解釈

以上のように，親権法規定をはじめとする，親と子の養育関係に関する法律状態は，特に第2次世界大戦以降，大きくその内容を変化させてきた。これら一連の改正を進める原動力となったのは，1949年に制定された，現在のドイツの実質的憲法であるドイツ連邦共和国基本法（GG）の基本権規定であった。

GGは，その第1章「基本権」の中に置かれた6条2項1文において，「子の世話と教育は親の自然の権利であり，かつ何よりもまず親に課せられた義務である」と規定する。この規定は，親による子の養育の優先を認めたものであるが，同時にその養育の権利は，子の世話と教育という義務を果たすための権利，すなわち義務権であるとするものである[8]。そして，その義務権としての性格に基づき，6条2項2文で，「この義務の実行については，国家共同体がこれを監視する」とし，親がその義務を果しえないときには，国家が子の養育に介入することを規定している。しかし，6条3項は，「教育権者が機能を果たさないとき，又は子が他の理由から放任される危険が迫っているときには，子は，法律の根拠に基づいてのみ，教育権者の意思に反して家庭から引き離されることができる」と規定し，子を親（教育権者）から引き離す方法で介入することについては慎重さを要求している。

一方，GGはその2条1項で，「各人は，自己の人格を自由に発展させる権

---

[8] 基本法6条2項については，詳細な分析がある。横田守弘「親の監護と国家の監視(1)」西南大法学論集21巻1頁66頁（1988），(2)以下連載，横田光平「親の権利・子どもの自由・国家の関与——憲法理論と民法理論の統合的理解(1)」法協119巻3号359頁（2002），(2)以下連載（後に『子ども法の基本構造』（信山社，2010）として刊行）参照。

利を有する」と規定する。子もこの2条1項に保障される一個の自由な人格発展の基本権の主体たる個人として位置づけられるのであり、親の養育権はその個人としての子という視点からも問題となる。

　これらの憲法規定については、今日に至るまで、連邦憲法裁判所が多数の判例を通じてその解釈を示し、憲法要請としての子の養育をめぐる子と親と国家の相互的位置づけを明確化してきている。ここでは、その三者の位置づけをよく知り得る2つの連邦憲法裁判所の判決を見ることで、その大筋を確認しておきたい。

　一つは、1982年2月9日の連邦憲法裁判所の判決である。同判決は次のようにいう。「GG6条2項1文は、親に対して、自己の子の世話と教育に関する権利を保障している。この『自然の権利』は国家によって付与されたものではなく、国家により、所与の権利として承認されたものである。親は原則として、自己の子の世話と教育をどのように行い、それによって自らの親の責任を果たそうとするのかについて、国家の干渉や介入を受けず、自由に自らの考えに従って決定することができる。親の権利は、親の自己決定という意味における自由ではなく、子の福祉のために保障されているものであるということによって、基本権カタログにある他の自由権とは本質的に異なっている。親の権利の根底には、親は通常、他の者や機関等よりはるかに子の福祉に心を砕くものだという基本的な考え方がある。親の権利は国家に対する関係では自由権である。国家はGG6条2項2文において、国家に帰属する監督義務によって介入が求められる場合を除き、原則として親の教育権に介入することを許されていない。子に対する関係では、子の福祉が親の世話と教育の最高基準でなければならない。GG6条2項1文は、基本権と基本義務を同時に規定するものである。それゆえ、親の権利は、信託された権利とか、奉仕のための権利とか、真の意味で委託された受託者の自由などといわれてきたのである」と[9]。

　いま一つは、2013年2月19日の連邦憲法裁判所の判決である。同判決は次のようにいう。「子は、自己の人格の自由な発展に関する固有の権利を有し

9）BVerfGE 59, 361 (376).

(GG2条1項),国家の特別の保護を受ける(BVerfGE 57, 361, 382)。子は社会共同体の中で自己責任を備えた人格へと成長できるように保護と援助を必要とする(BVerfGE 121, 61, 92)。人格の自由な発展に関する権利は,立法者に健全な成長のために必要な子の生活条件を保障することを義務づける(BVerFGE 24, 119, 144; 57, 361, 383)。この立法者によって詳細に整えられる,子の人格発展のための保護の責任は,親と国家との間で分担される。第一次的にはその責任は親に割り当てられており,GG 6 条 2 項 1 文によれば,世話と教育は何よりも親に課された義務である。それと並んで,国家には,親の世話と教育の任務を支援し,また補う,子に対する義務が課されている(BVerfGE 83, 130 (139))。さらに,国家には,親が世話と教育の義務を果たすすべての分野においても,GG 6 条 2 項 1 文と結びついた GG 2 条 1 項から基本権の担保義務が課される。すなわち,国家には,子が親の保護の下で実際に自己責任を備えた人格へと成長することができるように,監督し,保障する責任が残るのである(BVerfGE 101, 361, 385f.; 121, 69, 93f.)」と[10]。

これらの連邦憲法裁判所の判例から確認できる,憲法要請としての子と親と国家の位置づけは,おおよそ以下のとおりである。

第1に,子は,自己の人格の自由な発展に関する固有の権利を有し(GG2条1項),社会共同体の中で自己責任を備えた人格へと成長できるように保護と援助を必要とする。

第2に,子の人格発展のための保護の責任は,親と国家との間で分担されるが,第一次的には,自然の権利として所与的に親がその役割に当たり,親は自由に自らの考えに従って子の養育について決定することができる(GG6条2項1文)。

第3に,国家には子が親の保護の下で,自己責任を備えた人格へと成長することができるように,親の世話と教育の任務を支援し,また補う義務がある(GG6条2項1文と結びついた2条1項)。

第4に,子の養育に関する親の権利は,子を養育する義務と不可分的に結びついている。その義務の履行については国家が監視し,子の福祉に危険が

---

[10] BVerfGE 133, 59 (73).

及ぶ事態が生じても親がその危険を回避しようとしないとき，又はその危険を回避できる状態にないときには，国家（裁判所）が介入して，適切な危険回避の措置をとることができる（GG6条2項2文）。

第5に，親の意思に反して家庭から子を引き離す措置は，法律の根拠に基づいてのみ許される（GG6条3項）。

このような，連邦憲法裁判所の解釈によって導き出された憲法要請は，現在のドイツの子の養育をめぐる法体系が依って立つ基盤となっている。

先に挙げた，BGB制定以来の親権規定を全面改正した1979年の配慮権法は，BGB1626条2項に，親の配慮は，自立しかつ責任を意識して行動するための子の能力の増大と，欲求の増大とを考慮に入れて，子のために配慮する親の義務であり権利であるという趣旨の規定を置き，またBGB1666条で，子の福祉の危険化があっても親が機能せず，それを回避できない場合に限って，裁判所が介入して「危険化の回避のために必要な措置」をとりうるとする一方（相当性の原則），BGB1666条aでは，親の家庭からの子の引き離しをともなう措置は，公的援助を含め，他の方法では危険を回避することができないときにしか許されない最終的な措置であることを明らかにした。このことは現行の親の配慮に関するBGB規定が，上記の憲法要請に基づくものであることを示している。

また，1990年に制定された社会法典第8編（少年援助法）は，その第1条1項で，「若者 junger Mensch はすべて，自己責任と社会生活を送る能力を備えた人になるために，自己の成長に対する助成と教育を受ける権利を有する」，さらに同2項で「子の世話と教育は，親の自然の権利であり，また何よりも親に課された義務である。親の行動については，国家共同体が監視する」として憲法要請を確認したうえ，第1項の子の「自己の成長に対する助成と教育を受ける権利」を実現するため，少年援助は特に「1. 若者の個人的並びに社会的成長を助成し，また不利益の回避若しくは除去に尽力する。2. 教育について，親及びその他の教育権者に助言を与え，支援する。3. 児童並びに少年を，その福祉に対する危険から保護する。4. 若者並びにその家族に好ましい生活条件及び児童にも家族にも好意的な環境の維持若しくは創設に尽力する」と目的設定した（第3項）。この点も，子を保護の客体としてではなく，主

体と見る憲法要請を反映するものである。

　このような子の保護，親に対する養育支援，養育への国家の介入の関係は，2000年代に入ると，悲惨な児童虐待事件が相次いだこともあり，より緊張した関係となる。その結果，立法者は上記の憲法要請を踏まえつつ，児童保護という視点から，慎重かつ具体的に新たな対応のための法整備を進めることを迫られることとなったのである。

第2節　2000年代における変遷

ヨハネス・ミュンダー（岩志和一郎・髙橋由紀子 共訳）

1. 第一次的概観：様々な法素材

　第3章第2節において，ザイデンシュトゥッカー教授によって示される私たちの調査報告の概観には，様々な法素材がかかわっている。ここでは，それら種々の法素材の中で迷うことがないように，私がまず法規定の多様な構造について概観をしておきたい。

　中心的な部分を占めるのは，親子間の民事法上の諸規定である。それらはBGBの中に存在する。BGBは私人間の法律関係を規律している。親子間の法律関係の中心をなすのは，BGB1626条以下にある配慮権に関する諸規定である。これらの諸規定は，包括的，統一的に構成されているのではなく，むしろ個別的，逐次的に構成されている。子の福祉の確保の中心となっているのは，BGB1666条と1666条aであり，それらの規定は，相当性の原則と公的援助の優先を考慮に入れつつ，子の福祉が危険にさらされている場合における裁判所の措置について定めるものである。

　BGBと並んで中心的なものとして，SGB Ⅷ，すなわち，児童並びに少年援助法が存在する。この法律は私法ではなく，公法であり，その中でも社会法である。そのことが意味するのは，当事者の一方は，常に公法上のアクター，

とりわけ児童並びに少年援助について権限を有する地方公共団体であり，管轄官庁である少年局であるということである。SGB Ⅷにおいては，公法的な基盤の上に，児童並びに少年援助の給付主体を当事者の一方とし，親，児童，少年という私人を他方として，その間の関係が規律されている。これらBGB及びSGB Ⅷの諸規定は，いわゆる実体法，すなわち，私人相互間の関係であるか，公法上のアクターと私人との間の規律であるかにかかわらず，その内容を定める規定である。

以上に加えて，いわゆる手続法規定が存在する。名称からすでに明らかなように，ここでは，実体法規定ではなく，手続の規定が扱われている。この手続法規定の中には，異なる法素材に対して，異なる手続の規定が存在する。

BGBの私法，民事法規定のためには，手続規定は原則として民事訴訟法（ZPO）の中に存在する。基本的には，このZPOの諸規定による民事手続の実施，すなわち民事手続の運営を私人の処分権に委ねる形がとられている。しかし，民事法においては，権利が第三者の権利に抵触する場合があり，それゆえに，手続法は，手続を私人の処分権に委ねるのではなく，その人の権利を保護するために裁判所が一定の任務を引き受けることを予定している。そのために存在するのが，FamFG（家事事件及び非訟事件の手続に関する法律）である[1]。

SGB Ⅷの公法規定のためには，まったく異なる手続法が存在する。SGB Ⅷ

---

[1] すでに本章第1節の2で述べたように，BGB1666条の措置の決定など，親の配慮（親権）に関する裁判手続は，当初FGG（非訟事件手続法）に定められていた。このFGGは民法典成立当時から存在する古い制定法である上，度重なる改正で家事事件の多くがFGGに規定されるようになり，民事訴訟と非訟の関係も複雑化して，当事者はもちろん法律専門家にとってもわかりづらくなってきていた。そこで，2008年12月22日の「家事事件及び非訟事件手続の改正のための法律（Gesetz zur Reform des Verfahrens in Familiensachen und in den Angelegenheiten der freiwilligen Gerichtsbarkeit）」（FGG-RG, BGBl. I S. 2586）が手続規定を整理し，同法の第1章で旧FGGに代わって制定されたのが，FamFGである。FamFGの総則については，東京大学・非訟事件手続法研究会「『家庭事件及び非訟事件の手続に関する法律』仮訳」（http://www.moj.go.jp/SHINGI/090313-1-18.pdf）に訳文と理由書に沿った解説がある。また，第2, 3, 4, 7編の邦訳として，青木哲・浦野由紀子・八田卓也「家庭事件及び非訟事件の手続に関する法律」（第2編，第3編，第4編及び第7編）（http://www.moj.go.jp/SHINGI/090417-1-3.pdf）がある。なお，本法律によって，養子縁組事件も家事事件に移行した。

が属するこの社会法領域のための手続法は，主として，手続法規定に重点を置いた社会法典第1編（総則，SGB I）と，社会法典第10編（SGB X）の中に存在する。

2. 関連規定に関する概観

1に挙げた様々な法素材の中で，改正の中心となった諸規定は以下のとおりである。

(1) 実体法規定

実体法分野に属するのは，BGBの諸規定と，社会法の領域に属するSGB VIIIの諸規定である。BGBの中で子の福祉の確保のために重要な中心的規定は，BGB1666条と1666条a，そして裁判所の裁判の見直しについて規定する1696条である（この規定は本来の性格としては手続法規定であり，厳密に体系的にいうならば，手続法の規定の中におかれるべきものである）。

SGB VIIIの中では，8条a，8条b，42条，65条，72条aが中心的規定である。さらに，2011年末からは，KKG（児童保護に関する協力と情報に関する法律）がこれに加わった。この法律は，BKiSchG（連邦児童保護法）の第1章として導入され，その3条と4条の中で，義務的なネットワークの創設と，子の福祉の危険化に関する相談と情報の伝達を定めている。

(2) 手続法規定

手続法規定に目をやったとき，重要なのは明らかにFamFGの中におけるFamFG151条ないし168条の親子事件の手続に関する規定である。SGB IおよびSGB Xの手続規定については，関連する改正はない。

3. 法律改正の重点

以上2つを概観したところで，今度は法律の改正について述べることとしたい。ここでは全部で8つの法律による改正を取り上げる。

私たちが改正の観察を始める時点として選んだのは，1998年である。以前実施した研究プロジェクトである「少年援助と司法の間の子の福祉」は，1995年から1998年にかけて行われた。それゆえ，これらの法改正が実務の変化をもたらしたかどうか確認できるようにと，この時点を選んだのである。

(1) 親子関係法改正法(KindRG)による改正(本章第1節1参照)

1997年に成立したこの法律では,BGB及びFGGの諸規定が改正された。FGGは今日のFamFGの前身である。

この法律によるBGB規定の改正には,子の福祉の確保に関しては,見るべき程のものはない。しかし,それを紹介することで,立法者がどのように子の福祉に資する行動をとりうると考えていたかを知ることができる。問題となる改正は,屈辱的な教育処置を許さないとする,BGB1631条2項の改正である[2]。

親子関係法改正法によるBGB1631条
(1) 身上配慮は,特に子を世話し,教育し,監督し,またその居所を指定する義務と権利を含む。
(2) 屈辱的な教育処置,特に身体的及び精神的な虐待は許されない。
(3) 家庭裁判所は,相当な場合には,申立に基づき,身上配慮の行使について親を支援しなければならない。

この改正については,このBGB1631条2項の規定が,自分の子を叩いたすべての親が刑法上の責任を追及されるということを意味するのではないか,そのために親の配慮を剥奪されるのではないか,といったことが議論された。もちろん,そのようなことは全くなかった。この改正の間接的な影響も見るべき程のものではない。すなわち,子に対する屈辱的な行為(例えば,身体的,精神的な虐待)は,それまでもBGB1666条の裁判において考慮されてきたのであって,その点,新法は何の変化ももたらさなかったのである。

───────────

[2] BGB1631条は,BGB制定当初「(1) 子の身上の監護は,子を教育し,監督し,またその居所を指定する権利と義務を含む。(2) 父は,その教育権に基づき,子に対して適切な懲戒処置を使用することができる。父の申立により,後見裁判所は,適当な懲戒処置の使用により,父を支援しなければならない。」と規定されていたが,1957年の男女同権法により,「(1) 子の身上の監護は,子を世話し,教育し,監督し,またその居所を指定する権利と義務を含む。(2) 後見裁判所は,適切な処置により,子の教育について,親を支援しなければならない。」と改正され,さらに1979年の配慮権法によって,第2項に新たな規定が挿入され,「(1) 身上配慮は,特に子を世話し,教育し,監督し,またその居所を指定する権利と義務を含む。(2) 屈辱的な教育処置は許されない。(3) 後見裁判所は,相当な場合には,申立に基づき,身上配慮の行使について,親を支援しなければならない。」と改正されていた。親子関係法改正法による改正は本文中に掲げた通りであるが,第1項で,従来の「権利と義務」という文言が,「義務と権利」というように逆転しているところが注目される。

このようなBGB規定の改正とは全く異なって，FGG50条の改正は，手続保護人（Verfahrenspfleger，当初はこのように呼ばれていた）を導入するものであった。この規定によれば，子の利益の保護のために必要である限りにおいて，未成年の子には手続保護人が選任されなければならないとされ，さらに同条2項では，規定上，子の福祉の危険化に対する措置が問題となる場合には，原則として，手続保護人が選任されるべきことが明確にされた。

親子関係法改正法による旧FGG50条
(1) 裁判所は，未成年の子のために，その利益の確保に必要である限りにおいて，その身上に関する手続のための保護人を選任することができる。
(2) 以下の各号の場合には，原則として選任が必要である。
  1. 子の利益とその法定代理人の利益とが著しく対立する場合。
  2. 手続の対象が子の福祉に対する危険を理由とする措置で，家庭からの子の引き離し又は身上配慮全部の剝奪を伴うもの（BGB1666条，1666条a）である場合，又は，
  3. 手続の対象が養育人（BGB1632条4項），又は親の一方の配偶者若しくは交流権者からの引き離し（BGB1682条）である場合。
   上記の各号にあたる場合に裁判所が手続に関する保護人の選任をしないときは，子の身上に関する決定の中においてその理由を述べなければならない。
(3) 子の利益が弁護士又はその他の相当な手続任意代理人によって適切に主張されるときは，本条の選任は行われてはならず，又は取り消されなくてはならない。
(4) 本条の選任は，あらかじめ取消されない限り，以下の各号の場合に終了する。
  1. 手続を終了する決定が確定したとき，又は，
  2. その他手続が終了したとき。
(5) 保護人の経費の補償及び報酬については第67条aを準用する。

この規定が導入されることは，私たちの前回の調査終了時には予測できたので，私たちは，この点について，少年局の職員や裁判官に対し，彼らがこの規定をどう評価するか尋ねた。そのときの回答は，手続保護人の導入に対してきわめて慎重なものから全く否定的なものまでばかりであった。私がこの点について触れておくのは，子の福祉の確保に関する法律による規律の影響

を考えた場合，私たちは，今日のいわゆる手続補佐に関する評価をも含めて，ここに最も根本的な変化があったと認めることになるであろうからである。

(2) 教育における暴力の排除及び子の扶養法の変更に関する法律（暴力排除法）(Gesetz zur Ächtung der Gewalt in der Erziehung und zur Änderung des Kindesunterhaltsrechts. 2000年11月2日, BGBl. I S. 1479)

この法律では，再びBGB1631条第2項が改正され，今日の文言の形になった。

BGB1631条（現行規定）
(1) 身上配慮は，特に子を世話し，教育し，監督し，またその居所を指定する義務と権利を含む。
(2) 子は暴力によらずに教育される権利を有する。体罰，精神的侵害及びその他の屈辱的な処置は許されない。
(3) 家庭裁判所は，相当な場合には，申立に基づき，身上配慮の行使について親を支援しなければならない。

しかし，この法律でも実際には変更はほとんどないに等しかった。この改正は，立法者が，KindRGによる改正で与えられたBGB1631条の文言では，1998年の施行以来2年間ほとんど効果がなかったことを認めて，屈辱的な教育手段の禁止の条文を，幾分強い形に整えたものに過ぎなかった。それは，文字通り，第一次的に子の扶養の変更に関して規律する法律の「付録」に他ならなかったことが分かるであろう。

(3) 子の権利の改善に関する法律（子の権利改善法）(Gesetz zur weiteren Verbesserung von Kinderrechten – KindRVerbG. 2002年4月9日, BGBl. I S. 1239)

この法律が行ったのは，BGB1666条aの改正である。表題はともかくとして，BGB1666条aの第1項に，内容的に退去命令（go order）を定める今日の第2文と第3文とが挿入された。

BGB1666条a（現行規定）
(1) 親の家庭からの子の引き離しを伴う措置は，公的援助を含め，他の方法では危険を回避できないときに限り，許される。このことは，親の一方に一時的若しくは無期限に家族の住居の使用を禁止するときにも適用される。親の一方又は第三者に，子と同居していた住居若しくは他の住居の使用を禁止するとき

には，措置の期間の算定にあたり，その者に住居が存在する土地の所有権，地上権若しくは用益権が帰属しているか否かも考慮されなければならない。前段の規定は，住居の所有権，継続的居住権，物権的居住権について，又は親の一方若しくは第三者が住居の賃借人である場合についても準用される。

(2) 身上配慮は，他の措置に効果がないとき，又は他の措置では危険の回避のために不十分とみられるときに限り，その全部を剥奪することが許される。

　子の福祉を危険にさらしている親の一方を家族の住居から退去させることは，それまでも可能であった。BGB1666条に家庭裁判所は危険の回避のために必要な措置をしなければならないと定められていたからである。しかし，その当時行った私たちの調査において，必要な措置というものが裁判実務上は幻想であるということが確認された。すなわちそれらの措置が，必要不可欠であり，かつ2，3の典型的な措置に限られているということが確認されたのである。その典型的な措置の一つが，子をその家庭から引き離し，他の場所に収容するということであった。それゆえ，英米法圏では，なぜ子の福祉を危険にさらしている本人を家庭から退去させるのではなく，別の方法で子に対する危険を除去しなければならないのかを問う考え方が出てきた。そこで，子の福祉を危険にさらしている本人を退去させることもとりうる措置なのだということを裁判所にはっきりと示すために，立法者はこれを明文で採り入れたのである。そのことによって現実に変化があったかどうかということも，私たちの今回の調査の対象となった。

　(4) 児童並びに少年援助の更なる発展のための法律（Kinder- und Jugendhilfeweiterentwicklungsgesetz – KICK. 2005年9月8日，BGBl. I S. 2729）

　2005年，KICKは，社会法典第8編第8条aを挿入することによって，子の福祉が危険にさらされている場合の保護の任務に関し，SGB Ⅷの中核規定をもたらした。

　SGB Ⅷ 8条a
(1) 少年局が児童若しくは少年の福祉の危険化について重要な手掛かりを得たときは，少年局は複数の専門職員の共同によって危険化の度合いを評価しなければならない。評価に際しては，児童若しくは少年の効果的な保護に問題がな

い限り，身上配慮権者並びに当該児童若しくは少年を関係者として含めなければならない。少年局は，危険化の回避のために援助を行うことが適切かつ必要であると考えるときは，身上配慮権者若しくは教育権者にこれを提供しなければならない。

(2) 本編の諸給付を提供する施設及びサービスの主体との合意においては，当該主体の専門職員が相当な方法で第1項の保護の任務にあたること，また危険化の度合いの評価に際しては，その問題について経験のある専門職員を参加させることが保証されなければならない。前文の専門職員には，特に，援助が必要であると考える場合には身上配慮権者若しくは教育権者に援助の請求を働きかけること，また受給している援助が危険化を回避するには不十分であると認められる場合には少年局に通知することが，義務づけられなければならない。

(3) 少年局は，家庭裁判所の活動が必要であると考えるときは，裁判所を喚起しなければならない。この規定は，身上配慮権者若しくは教育権者が危険化の度合いの評価に協力する意思を有さないとき，又は協力できる状態にないときにも適用される。緊急の危険があり，かつ裁判所の判断を待つことができないときには，少年局は児童若しくは少年を一時保護する義務を負う。

(4) 危険化の回避のために他の給付の主体，保健援助の施設又は警察の活動が必要である場合には，少年局は身上配慮権者若しくは教育権者による請求を働きかけなければならない。即時の活動が必要であり，かつ身上配慮権者若しくは教育権者の協力が得られないときは，少年局は自ら，危険化の回避について管轄する他の部局を介入させるものとする。

この規定は，子の福祉の危険化の可能性がある場合の対応，すなわち少年局が未成年者の福祉の危険化の重要な手掛かりを得た場合における危険化の度合いの評価，未成年者や教育権者からの相談，家庭裁判所に対する手続喚起，児童並びに少年援助以外の他の権限ある機関の介入などについて定めている。これらの任務はすべて，KICKが施行された2005年において，多くの地域ですでに専門的な基準となっていたが，連邦レベルではまだ規定されてはいなかった。かつてのSGB Ⅷ 50条3項（家庭裁判所の手続喚起。前節3参照）は，同じ文言を以てSGB Ⅷ 8条a 3項に引き継がれた。そして，その関係で，家庭裁判所の手続喚起は，教育権者が子の福祉が危険化の度合いの評価に協力するつもりがない，あるいは協力できる状態ではない場合にも可能となっ

た。この法律の定めは、公的少年援助の主体のみを拘束するものであることから、SGB Ⅷ 8条a2項には、少年援助の給付を行う施設やサービスの主体との合意によって、相当な方法で保護の義務について合意がなされるべきとする規定が置かれた。

同時に、児童並びに少年援助のために、子の福祉の危険化が起きる可能性があることが分かった場合の流れや手続を定める規定が置かれた。すなわち、その規定は、連邦共和国において活動しているすべての公的主体に向けて制定され、拘束力を持つものである。

KICKは、児童並びに少年援助におけるデータ保護に関するSGB Ⅷ 65条についても、改正を行った。個人的及び教育的援助の際の特別の信頼保護の下で得られた情報は、家庭裁判所に子の福祉が危険にさらされていることを伝達する場合（1項2号）、事件管轄が変更される場合（同3号）、及び危険化の度合いの評価のために招かれた専門職による評価を目的とする場合（同4号）に、転送することが許される。

SGB Ⅷ 65条
(1) 公的少年援助の主体の職員は、個人的及び教育的援助を目的としてその者を信頼して託された社会データを、次のいずれかの場合に限り、他に転送することができる。
 1. データを託した者の承諾がある場合、又は
 2. 第8条aの任務を遂行するために後見裁判所又は家庭裁判所に転送する場合であって、児童若しくは少年の福祉の危険が迫り、伝達がなければ、給付の供与に必要な裁判所の決定が不可能となる可能性があるとき、
 3. 少年局の事件管轄の交替又は給付の供与若しくは提供に関する地域（間）管轄の変更によって責任者となった職員に転送する場合であって、子の福祉が危険にさらされることに根拠があり、危険の度合いを評価するために当該データが必要であるとき、
 4. 第8条aにいう危険の度合いを評価するために招じられた専門家に転送する場合、ただし、第64条2a項は影響を受けない、
 5. 刑法典第203条1項又は3項に掲げられた者の一人が伝達の権限を持ち得る要件が備わっている場合。

職員が託された社会データを他に転送する場合には，その受領者は，職員がそのデータを権限に基づいて受け取った目的のためにのみ，そのデータをさらに他に転送することが許される。

(2) 官庁間で第1項のデータの転送禁止がある限りにおいて，第1編第35条3項も適用される。

最後に，「人的適合性」という見出しのもとに，SGB Ⅷ 72条aが挿入された[3]。

KICKによって挿入されたSGB Ⅷ 72条a
　公的少年援助の主体は，第72条1項にいう人的適合性について，特に，刑法典第171条，174条ないし174条c，176条ないし181条a，182条ないし184条e又は225条の犯罪によって有罪判決を受けている者を雇用し又は幹旋しないことを確保するものとする。前文の目的のために，公的少年援助の主体は，雇用に際し，また定期的に，被用者から連邦中央登録法第30条5項に従い，行状証明書（Führungszeugnis）を提出させるものとする。公的少年援助の主体はまた，施設及びサービスの主体との合意により，それらの主体が第1文の者を雇用しないことを確保するものとする。

この規定は，児童並びに少年援助においては，同条に掲げられている諸規定（特に性的自己決定との文脈において）によって確定判決を受けた人物を雇用したり，幹旋したりすべきでないとするものである。

(5) 子の福祉の危険化に対する処分の簡易化に関する法律（介入簡易化法）(Gesetz zur Erleichterung familiengerichtlicher Massnahmen bei Gefahrdung des Kindeswohl – KWGMaErlG. 2008年7月4日，BGBl. I S. 1188)

この法律は，実体法であるBGBと，民事手続の法規定を改正した。BGB1666条は二重に改正された。

介入簡易化法によって改正されたBGB1666条（現行規定）
(1)　子の身体的，知的若しくは精神的な福祉又は財産が危険にさらされており，かつ親がその危険を回避しようとしないとき，又はその危険を回避できる状態

---

[3] SGB Ⅷ 72条aは，2012年の連邦児童保護法によってさらに改正されている。この点については，本節3 (7) 参照。

にないときには，家庭裁判所は危険の回避のために必要な措置を行わなければならない。
(2) 財産配慮を有する者が，子に対する扶養義務若しくは財産配慮に関連する諸義務に違反しているとき，又は財産配慮に関する裁判所の命令に従わないときには，原則として子の財産が危険にさらされているとみなされる。
(3) 第1項にいう裁判所の措置には，特に次のものが属する。
1. 児童並びに少年援助の給付や保健福祉援助等の公的援助の請求を求める命令，
2. 就学義務の遵守に配慮を求める命令，
3. 一時的若しくは無期限に家族の住居又は他の住居を使用すること，住居周辺の一定範囲に滞在すること，又は子が通常滞在する他の特定の場所を訪問することの禁止，
4. 子と連絡を図ること，又は子との遭遇を試みることの禁止，
5. 親の配慮を有する者の意思表示の補充，
6. 親の配慮の一部又は全部の剥奪，
(4) 身上配慮の事務について，裁判所は第三者に対して効力を有する措置も行うことができる。

一つには，第1項において変更が行われた。その理由は，親の「責によるわけではない養育不能」があったときにも，子の福祉に危険が及ぶ場合には裁判所が措置をなしうることは第1項の中に明確に定められていたにもかかわらず，実務では，相変わらず親の過誤に照準が合わされることが多かったからである。親の養育不能という文言を取り除くことによって，そのことを明白にしようとされた。重要なのは，以前も同じであったのであるが，親が「危険を回避する意思がない，又は回避できる状態にない」ことである。

BGB1666条3項においては，法的効果に関する改正も行われた。改正前の法文は，単に裁判所は「必要な措置を」行わなければならないと規定するのみであった。この幅広い文言は，まさに裁判所にすべての可能な処分を行う権限を認めるものであった。しかし実際にとられた措置は，特別に想像性に富むものではなく，極めて平凡なものであった。すなわち，居所指定権の剥奪あるいは親の配慮のその他の一部（例えば，身上配慮）の剥奪が通常だった

のである。そこでBGB1666条の第3項にいくつかの例（命令，公的援助の請求）を挙げることによって，裁判実務に対し，それらが適用されることを期待して，はっきりと多様性を見せるべきこととされたのである。

最後に，そのような明確化は，BGB1696条3項においても存在する。すなわち家庭裁判所がBGB1666条の措置を見合わせた場合には，その決定を「相当な期間，原則として3か月」を置いて審査しなければならないとしたのである[4]。

介入簡易化法によるBGB1696条
(1) 後見裁判所並びに家庭裁判所は，十分な根拠のある，子の福祉に後まで影響を及ぼす理由から相当と認められる場合には，その命令を変更しなければならない。
(2) 第1666条ないし第1667条による措置は，子の福祉に対する危険がすでに存しないときには取り消されなければならない。
(3) 第1666条ないし第1667条による措置が相当長期間継続するときには，裁判所は適当な周期をもってこれを再審理しなければならない。裁判所が第1666条ないし1667条の措置を見合わせたときは，相当な期間，原則として3か月が経過した後に再審理する。

また手続法においては，当時のFGGに，手続法の包括的な改正（FamFG）を先取りして，次のような改正が行われた。すなわち，FGG50条eに子の福

---

[4] BGB1696条は，1979年の配慮権法によって「(1) 後見裁判所並びに家庭裁判所は，子の利益のために相当と認められる場合には，親の配慮が存続する間，いつでもその命令を変更することができる。(2) 第1666条ないし第1667条及び第1671条5項による措置は，子の福祉に対する危険がすでに存しないときには，取り消されなければならない。(3) 第1666条ないし第1667条及び第1671条5項による措置が相当長期間継続するときには，裁判所は適当な周期をもってこれを再審理しなければならない。」と規定された。この文言は，1997年の親子関係法改正法により，「(1) 後見裁判所並びに家庭裁判所は，十分な根拠のある，子の福祉に後まで影響を及ぼす理由から相当と認められる場合には，その命令を変更しなければならない。(2) 第1666条ないし第1667条による措置は，子の福祉に対する危険がすでに存しないときには取り消されなければならない。(3) 第1666条ないし第1667条による措置が相当長期間継続するときには，裁判所は適当な周期をもってこれを再審理しなければならない。」と改正されていた。なお，この介入簡易化法によるBGB1696条の規定は，その内容が手続に関するものであるため，2008年のFGG-RGにより，FamFG166条に移されている（本節3(6)参照）。

祉の危険化に関する事件の優先と迅速化の要請，FGG50条fに親及び（適当な場合には）子との子の福祉の危険化に関するいわゆる討議，すなわち子の福祉の危険化を公的援助の請求によって，いかに回避することができるかに関する討議が導入されたのである。またFGG50条aでは，親の審問に関する規定であることがより明確に示された。

介入簡易化法によるFGG50条a（後に，FamFG160条　現行規定）
⑴　裁判所は，子の身上に関する手続においては，親に直接に審問するべきである。BGB1666条及び1666条aの手続においては，親は直接に審問されなければならない。
⑵　その他の親子事件においては，裁判所は親に審問しなければならない。前文の規定は，審問によって解明が期待できない限りにおいて，親の配慮を有しない親の一方については適用されない。
⑶　審問は，重大な理由がある場合に限り，行わないことができる。
⑷　遅滞が危険をもたらすことだけを理由として審問を行わないときは，遅滞なく審問が追完されなければならない。

介入簡易化法によるFGG50条e（後に，FamFG155条　現行規定）
⑴　子の居所，面会交流権又は子の引渡しに関する親子事件並びに子の福祉の危険化を理由とする手続は，優先的かつ迅速に実施されなければならない。
⑵　裁判所は，第1項の手続において，一期日は当事者と討議をする。その期日は，手続の開始後遅くとも1か月以内に開かれるべきである。裁判所は，その期日において少年局を審問する。その期日の延期は，やむを得ない理由がある場合に限り，許容される。延期理由は，延期申請書によって疎明されなければならない。
⑶　裁判所は，その期日に手続能力を有する当事者本人が出頭することを命ずるべきである。

介入簡易化法によるFGG50条f（後に，FamFG157条　現行規定）
⑴　BGB1666条及び1666条aの手続において，裁判所は親と，また相当な場合には子とも，いかに子の福祉に危険が及ぶ可能性を，特に公的援助によって回避できるか，また必要な援助を受給しない場合にいかなる結果が生じるのかを討議（Erörterung）するべきである。裁判所は，少年局を期日に召喚するべきである。

(2)　裁判所は親本人が第1項の期日に出頭するよう命じなければならない。裁判所は，当事者の保護のために，又は他の理由から必要であるときは，親の一方が欠席している場合にも討議を実施する。
(3)　BGB1666条及び1666条aの手続においては，裁判所は遅滞なく保全命令を出すことを審理しなければならない。

(6)　家事事件及び非訟事件の手続の改正のための法律（Gesetz zur Reform des Verfahrens in den Familiensachen und in den Angelegenheiten der freiwilligen Gerichtsbarkeit – FGG-RG）

　この法律（2009年9月1日施行）は，子の福祉の危険化に関する裁判手続の全体について広範な改正を行った[5]。

　第1に，すでにほぼ1年前に先行してなされていた親の審問の規律（旧FGG50条aが現行FamFG160条へ），優先及び迅速要請の規律（旧FGG50条eがFamFG155条へ）及び子の福祉危険化に関する討議の規律（旧FGG50条fがFamFG157条へ）を受け継いだ。また10年以上に及ぶ手続保護人の経験に基づき，関連規定の文言をより正確にし，明確化し，さらにFamFG158条の中で，いくつもの内容的な改正を行った。

FGG-RGによるFamFG158条（現行規定）
(1)　裁判所は，未成年の子のために，その子の利益の確保のために必要である限りにおいて，その身上に関する親子事件につき，適切な手続補佐人（Verfahrensbeistand）を選任しなければならない。
(2)　以下の各号の場合には，原則として選任することが必要である。
　1.　子の利益とその法定代理人の利益が著しく相反する場合。
　2.　BGB1666条及び1666条aに従った手続において，身上配慮の一部ないしは全部の剥奪が問題となる場合。
　3.　子を保護下においている者からの子の引き離しが必要とされる場合。
　4.　子の引渡し又は残留命令が対象となる手続の場合。
　5.　交流権の排除ないしは重大な制限が問題となる場合。
(3)　手続補佐人は可及的速やかに選任されなければならない。手続補佐人は，その選任により，関係人として手続に参加する。裁判所が第2項の各場合におい

---

[5]　本章2節1注1)参照。

て手続補佐人の選任を行わないときは，終局決定の中においてその理由を述べなければならない。手続補佐人の選任又は選任の取消，並びにそれらの処置の却下は，取り消すことができない。
(4) 手続補佐人は，子の利益を確認し，それを裁判手続の中で反映させなければならない。手続補佐人は，相当な方法で，子に対し，手続の対象，経過並びに予想される結果についての情報を与えなければならない。各事案の状況に照らして必要がある限りにおいて，裁判所は，手続補佐人に対し，子の親並びにその他の関係者と話し合いを行い，手続の対象に関して合意による取り決めを成立させるために協力する付加的な任務を委ねることができる。裁判所は，委託の種類及び範囲を具体的に確定し，また委託の理由を述べなければならない。手続補佐人は，子の利益のために，法的救済を求めることができる。手続補佐人は子の法定代理人ではない。
(5) 子の利益が弁護士若しくはその他の相当な手続任意代理人によって適切に主張されるときは，本条の選任は行われてはならず，又は取り消されなくてはならない。
(6) 本条の選任は，前もって取り消されない限り，以下の各号の場合に終了する。
 1. 手続を終了する決定が確定した場合。
 2. その他手続が終了した場合。
(7) 職業手続補佐人でない手続補佐人の経費の補償については277条1項を準用する。職業として手続補佐が行われるときは，手続補佐人は一回350ユーロの報酬を受ける。第4項3文の任務を委ねられた場合には，550ユーロの報酬を受ける。報酬は，手続保護に際して生じた経費の補償に関する請求並びに報酬にかかる売上税も補償する。経費の補償及び報酬は，常に国庫から支払われる。その他，168条1項が準用される。
(8) 手続補佐は無料とする。

　その結果として，現在の手続補佐人の選任が義務として定められた（「選任できる」から「選任しなければならない」へと変更）。原則的に選任が必要な場合が列挙されて規定されるとともに，もしこのような原則的選任の場合に該当するにもかかわらず，手続補佐人が選任されない場合には，その選任されないことについて理由が示されなければならない。手続補佐人の選任は可及的速やかになされなければならないこと，手続補佐人は関係人として手続に加

わること，それゆえ手続補佐人は独立した法的地位を有し，関係人としての権利を有し，義務を負い，子の利益のために上訴を行うことができる（第3項）。第4項には，子の利益を確認することが，手続補佐人の任務として挙げられている。そのことは，手続補佐人は子の利益について責任を有するのであり，単に子の意思を伝えるためにあるのではないということ，すなわち手続補佐人は，子の主観的利益（子の意思）だけでなく，子の客観的利益（子の福祉）にも責任を負わなければならないということを意味しているのである。手続補佐人には，付加的な任務，すなわち，親やその他の関係者と会談すること，及び合意の取決めに協力することを委ねることができる。全体として，このような手続補佐人の選任義務の強化は，手続の早期段階での手続補佐人の選任を実現し，また，この拡大された委任によって手続補佐人がより強力に手続での協調に寄与し，合意による取決めを促進することを意図しているのである。

　FamFG159条に規定されている子の直接的な審問は，FGG50条bですでに変更されていた構成と規定内容を，広く含むものである。もちろん，子に手続に関する情報を提供する義務と，手続補佐人の同席の下での審問については，新しく，第4項に詳しく規定されている。

FGG-RGによるFamFG159条（現行規定）
⑴　子が満14歳に達しているときには，裁判所は子に直接に審問しなければならない。手続がもっぱら財産に関するものである場合において，事柄の種類により直接的な審問が適さないときは，そのような審問を行わないことができる。
⑵　子が満14歳未満であるときにおいて，子の性向，結びつき若しくは意思が裁判にとって重要である場合，又はその他の理由から直接的な審問が適切である場合には，子は直接に審問されなければならない。
⑶　重大な理由がある場合には，裁判所は，第1項及び第2項の直接的な審問を行わないことができる。遅滞が危険をもたらすことだけを理由として審問を行わないときは，遅滞なく審問が追完されなければならない。
⑷　子には，その発達，教育若しくは健康に対する不利益が懸念されない限り，手続の対象，進行及び起こりうる結果について，適切かつ年齢に相応した方法で情報が提供されるべきである。子には，意見表明の機会が与えられなければ

ならない。裁判所が第158条に従って手続補佐人を選任したときには，その同席のもとで直接的な審問がなされるべきである。その他，直接的な審問の形態については，裁判所の裁量に委ねられる。

少年局の協力（FamFG162条）については，第1項において，まず，少年局は当該手続において審問されなければならないという一般的な規定のみを置く。第2項において，少年局には，自らの申立によって手続に参加し，それによって，少年局が手続参加人として，それに伴う諸権利を持つようになることが認められる[6]。

FGG-RGによるFamFG第162条
(1) 子の身上に関する手続において，裁判所は少年局に審問しなければならない。遅滞が危険をもたらすことだけを理由として審問を行わないときは，遅滞なく審問が追完されなければならない。
(2) 少年局は，自らの申立に基づき，手続に参加することができる。
(3) 少年局には，第1項1文によって審問を受けたすべての裁判が告知されなければならない。少年局は，裁判所の決定に対して抗告する権限を有する。

子の福祉の危険化に関する手続の迅速化という考えは，FamFG163条にも見られる。そこでは，書面による鑑定に関する期間の設定が規定されている。このことは，専門家の鑑定書の提出が著しい手続の長期化をもたらすことが多く，そのことが子の利益のためにならないという経験を踏まえたものである。

FGG-RGによるFamFG163条（現行規定）
(1) 書面鑑定を命じる場合には，裁判所は鑑定人に対し，鑑定書を提出すべき期間を設定する。
(2) 裁判所は，子の身上に関する手続において，鑑定人が鑑定書の作成の際に当事者間の協調を働きかけることも命ずることができる。
(3) 子を証人として尋問することは許されない。

FamFG166条（裁判所の裁判並びに裁判上の和解の変更と再審査）においては，

---

[6] FamFG162条は，2012年の「法律上の救済手段の教示に関する法律」によってさらに改正されている。この点については，本節3(8)参照。

BGB1696条の内容のうち手続法的な部分が承継されている[7]。すなわち，再審査のための期間が規定されているのであり，それによれば，長期にわたって継続する子の保護のための法的措置（例えば，親の配慮に関する諸制限）は，裁判所により，相当な期間を経た後で再審査されなければならず，またBGB1666条の措置が行われなかった場合には，裁判所は相当な期間を経た後（通常は3か月後）に，今後も相当な措置を見合わせるかどうか再審査しなければならない。

FGG-RGによるFamFG166条（現行規定）
(1) 裁判所は，BGB1696条に従って，その裁判又は裁判上なされた和解を変更する。
(2) 裁判所は，長期間継続している子の保護権に関する措置を，相当な期間ごとに再審理する。
(3) 裁判所がBGB1666条ないし1667条の措置を見合わせたときは，相当な期間，原則として3か月が経過した後に再審理する。

このような手続法諸規定の包括的な新法化は，立法者が，子の福祉の潜在的な，あるいは現実の危険化は，その大部分は，手続の相応な整備によって，すなわち，迅速な手続の実施によって，早期段階での家庭裁判所の関与によって，少年局との協働の強化によって，手続補佐人の法的地位の強化によって，命じられた子の保護のための法的処置や，それらの処置を認めなかったことの再審査によって，対応できると考えたことから出たものである。

(7) 連邦児童保護法（BKiSchG）

2012年1月1日に施行されたこの法律は，児童保護と子の福祉の確保に関する最新の包括的な法律である（第1章第1節，本節2(1)参照）。

この法律は，いわゆるアルティーケル・ゲゼッツとして，第1章においてはKKG（児童保護における協力と情報に関する法律）の制定，第2章においてはSGB Ⅷの改正法という，2つの法律を定めている。

新しく制定されたKKGは，第1条と2条において，いわゆる子の出生後早期段階での援助について規定している。児童保護にとって重要なのは，第3

---

7) BGB1696条については，本節3(5)参照。

条と4条である。第3条は，サービスについて情報提供し，サービスの形を明確化し，調整された児童保護手続を発展させるため，少年援助の地域の主体に，児童保護に権限を有する給付主体や施設の協力のための組織を創設することを義務づけている。

KKG 3 条（現行規定）
(1) 各州においては，特に早期の援助の領域において，相互にサービス並びに任務の多様性について情報提供し，サービスの形成及びサービス展開の構造的な問題を解決し，さらに児童保護の手続を互いに調整するために，権限ある児童保護の給付主体及び施設の義務的協力組織が全域で構築され，かつ，さらに発展されるものとする。
(2) 第1項のネットワークには，特に公的少年援助及び民間の少年援助の施設及びサービス，社会法典第12編75条3項による契約の相手方である施設及びサービス，保健所，福祉事務所，共同サービス機関，学校，警察並びに秩序官庁，職業斡旋所，病院，児童精神保健センター，早期助成機関，社会問題に関する相談機関，妊娠葛藤法第3条及び8条の相談所，母の快復及び緊密な社会的関係にある者間の暴力からの保護のための施設及びサービス，家庭教育の機関，家庭裁判所及び治療職に属する者が組み入れられる。
(3) 州法に別段の定めがない限り，ネットワークとしての児童保護の義務的な協力は，地域の少年援助の主体によって組織化されるものとする。ネットワークの構成員は義務的な協力に関する原則を合意によって取り決めるものとする。すでに存在する組織が利用されるものとする。
(4) 本条のネットワークは，家庭助産師を投入することにより，早期援助の促進に向けて強化されるものとする。連邦家族，高齢者，女性並びに少年省は，2012年に3千万ユーロ，2013年に4千5百万ユーロ，2014年及び2015年に5千1百万ユーロの支出を伴う4年間の期間付きの連邦の主導によって，名誉職的な組織をも含め，早期援助ネットワーク及び家庭助産師の使用の拡充並びに構築を支援する。期間経過後，連邦は早期支援ネットワーク及び家族の精神社会的な支援の確保のため基金を創設し，その基金から年間5千1百万ユーロを使用に供する。本項の連邦の主導及び基金は，連邦家族，高齢者，女性並びに少年省が連邦財務省と共同して各州と締結する行政協定の中で規定される。

第4条は，職業的に子と関わりを持つ人々に対して，子の福祉の危険化に

関する重要な手掛かりがある場合には，そのことについて配慮権者及び児童・少年と話し合うことを義務づけている。それらの職にある人々には，専門職員による相談が提供される。それらの職にある人々は，子の福祉の危険化を回避するために少年局の活動が必要であると考えたときには，少年局に情報を提供する権利を有する。

KKG 4 条（現行規定）
(1) 以下の者が職業活動を行う際に，児童若しくは少年の福祉の危険化に関する重要な手掛かりを得たときは，児童若しくは少年及び身上配慮権者とその状況を討議し，必要な場合には，児童並びに少年の効果的な保護に問題がない限りにおいて，身上配慮権者に援助の請求を行うよう働きかけるものとする。
  1. 医師，助産師若しくは産科看護師，又は職の実施若しくは職称を称するために国が定める専門教育を必要とするその他の治療職従事者
  2. 国が認める学術的修了試験に合格した職業心理職
  3. 結婚相談員，家庭相談員，教育相談員又は青少年相談員
  4. 官庁又は公法上の団体，施設若しくは財団により承認された相談機関の依存症のための相談員
  5. 妊娠葛藤法 3 条及び 8 条により承認された相談機関の構成員又は任務受託者
  6. 国家資格を有するソーシャルワーカー又は国家資格を有する社会教育学士
  7. 公立学校及び国が承認した私立学校の教員
(2) 第 1 項に挙げた者は，子の福祉の危険化の評価のために，公的少年援助の主体に対して，その問題に関して経験のある専門職員による相談を請求する権利を有する。これらの者はこの目的のために，前文の専門職員に，評価のために必要なデータを提供する権限を有する。ただし提供の前に，データは仮名化されなければならない。
(3) 第 1 項の危険化の回避が失敗し，又は第 1 項の働きかけが成功せず，かつ第 1 項に挙げられた者が児童若しくは少年の福祉の危険化を回避するために少年局の活動が必要であると考えたときには，これらの者は少年局に通報する権限を有する。ただし，児童若しくは少年の効果的な保護に問題がない限りにおいて，関係者は事前にこれについて知らされなければならない。この目的のために，第 1 文に挙げた者は，少年局に必要なデータを伝達する権限を有する。

連邦児童保護法第 2 章による SGB Ⅷ の改正は，SGB Ⅷ の児童保護諸規定に

関するものである。それにより，中心規定であるSGB Ⅷ 8条aは新しく，体系的な構造を持つに至った。同条は，第1項に，少年局は，自らの専門的な評価によって必要である場合には，児童や児童と身近な関係にある者たちから直接的な印象を取得しなければならない（直接コンタクトしなければならない）という規定を挿入することで補充された。それによって，児童保護の事件では判断は「文書によって」なされるのではなく，必要な場合にではあるが，権限のある職員が直接的な印象を得たときにのみなされるということを達成しようとしたのである。新たに第5項が設けられたが，それは，管轄がある官庁から別の官庁へ移る場合に，子の福祉の危険化の手掛かりに関する情報が安心して，かつ確実に受け継がれることを保障しようとするものである（SGB Ⅷ 86条cと同様に）。そのことは，例えば職員間の事件の引継ぎを通しても行われるべきことであり，それによって，子の福祉の危険化が当面の問題となっている児童，あるいは問題化する可能性のある児童が，「少年局と少年局の間で」見失われてしまうことがない。

連邦児童保護法によるSGB Ⅷ 8条a（現行規定）
(1) 少年局は，児童若しくは少年の福祉に危険があることについて重要な手掛かりを得たときは，複数の専門職員の共同によって危険化の度合いを評価しなければならない。当該児童若しくは少年の効果的な保護に問題がない限り，少年局は身上配慮権者並びに児童若しくは少年を危険の評価の中に含めなければならず，また専門的な評価によって必要とされる限りにおいて，児童及びその児童と身近な関係にある者たちから直接的な印象を取得しなければならない。少年局は，危険化の回避のために援助を行うことが適切かつ必要であると考えるときは，教育権者にこれを提供しなければならない。
(2) 少年局は，家庭裁判所の活動が必要であると考えるときは，裁判所を喚起しなければならない。この規定は，教育権者が危険化の度合いの評価に協力する意思を有さないとき，又は協力できる状態にないときにも適用される。緊急の危険があり，かつ裁判所の判断を待つことができないときには，少年局は児童若しくは少年を一時保護する義務を負う。
(3) 危険化の回避のために他の給付の主体，保健援助の施設又は警察の活動が必要である場合には，少年局は教育権者による請求を働きかけなければならない。

即時の活動が必要であり，かつ教育権者の協力が得られないときは，少年局は自ら，危険化の回避について管轄する他の部局を介入させるものとする。
⑷　本編の諸給付を提供する施設及びサービスの主体との合意においては，以下のことが確保されなければならない。
　1．施設及びサービスの主体の専門職員は，自らが世話にあたっている児童若しくは少年の危険化について重要な手掛かりを得たときは，危険化の評価を行うこと，
　2．その危険化の評価にあたっては，その問題について経験のある専門職員を助言のために参加させること，及び，
　3．当該児童若しくは少年の効果的な保護に問題がない限り，教育権者並びに当該児童若しくは少年が危険の評価の中に含められること。
　　この合意の中には，助言のために参加する当該問題について経験のある専門職員の適性に関する基準のほか，特に，当該主体の専門職員の，自らが必要と認めるときに，教育権者に対して援助の受給を働きかける義務，またはや危険化を回避できないときには，少年局に通知する義務が組み込まれなければならない。
⑸　ある地域主体が児童若しくは少年の福祉の危険化に関する重要な手掛かりを得たときは，給付の提供について権限を有する地域主体に対し，第8条aの子の福祉の危険化の場合における保護の任務を果たすために知ることが必要なデータを伝達しなければならない。そのデータの伝達は，両地域主体の専門職員の間の話し合いの中で行われるものとし，その話し合いには，当該児童若しくは少年の効果的な保護に問題がない限りにおいて，身上配慮権者並びに当該児童若しくは少年を参加させるものとする。

　SGB Ⅷ 8条bは新たに挿入されたが，同条は，職業上児童若しくは少年と接触する人々のために，子の福祉の危険化の可能性の評価に関して，少年局に相談を求める請求権を規定した。そのことは特に，例えば，児童昼間保育施設のような児童並びに少年援助の施設，あるいは学校のような児童並びに少年援助以外の施設の職員については重要である。
　また同条2項では，広域の主体に対する児童並びに少年援助の施設の相談請求権が規定されている。その相談内容は，子の福祉の確保並びに暴力からの保護に関する専門的な行動指針の展開と適用に関するものである（SGB Ⅷ

45条2項3号並びに79条a2文と類似)。

連邦児童保護法によって挿入されたSGB Ⅷ 8条b（現行規定）
(1) 職業として児童若しくは少年と接触する者は，個別事案における子の福祉の危険の評価に際して，少年援助の地域主体に対し，その問題について経験のある専門職員による助言を求める権利を有する。
(2) 児童若しくは少年が終日又は昼のうち一定の時間滞在する施設又は宿泊する施設の主体及び権限のある給付の主体は，専門職員の行動指針の展開と使用にあたり，広域の少年援助の主体に対し，以下の事項に関して助言を求める権利を有する。
 1. 子の福祉の確保並びに暴力からの保護，及び，
 2. 施設内における構造に関する決定への児童並びに少年の参加の手続及び身上の事務に関する異議の手続。

SGB Ⅷ 72条aは，同条に「(一定の犯罪で) 有罪となった者の雇用の全面禁止」という明確な表題を与え，それによって72条aが達成しようとしていることを明確にした[8]。この規定は，いわゆる拡大された行状証明書の提出を求めており，その中には，今日では，副業的に活動する者も，名誉職として活動する者も含まれている。相応の行状証明書提出の義務は，児童昼間保育や里親養育，施設の認可付与の要件である。

SGB Ⅷ 72条a（現行規定）
(1) 公的少年援助の主体は，児童並びに少年援助の任務を遂行するために，刑法典第171条，第174条ないし174条c，第176条ないし180条a，第181条a，第182条ないし184条f，第225条，第232条ないし233条a，第234条，第235条又は第236条の犯罪を理由として有罪判決が確定した者を雇用し，又は斡旋してはならない。前文の目的を果たすため，公的少年援助の主体は，雇用又は斡旋の際と，その後は定期的に当該人員から連邦中央登録法第30条5項及び第30条a1項の行状証明書を提示させるものとする。
(2) 公的少年援助の主体は，民間の少年援助の主体との合意により，第1項1文の犯罪行為を理由として有罪判決が確定した者を雇用しないことを確保するものとする。

---

[8] SGB72条aは，2005年のKICKによって挿入された規定である。その点については，本節3(4)参照。

⑶　公的少年援助の主体は，その責任において，第 1 項 1 文の犯罪行為を理由として有罪判決が確定した者が，副業又は名誉職として少年援助の任務を遂行する中で，児童若しくは少年を監督し，世話し，教育や専門教育を行い，又はそれらと同様の接触を持つことがないことを確保するものとする。このために，少年援助の主体は，第 1 項 2 文の行状証明書から判明した内容に従い，児童並びに少年との接触の種類，頻度及び継続時間に基づいて，第 1 文に挙げられた者が行うことが許される活動について決定するものとする。

⑷　公的少年援助の主体は，民間の少年援助の主体及び第 54 条にいう団体との合意により，その責任において，第 1 項 1 文の犯罪行為を理由として有罪判決が確定した者が，副業又は名誉職として少年援助の任務を遂行する中で，児童若しくは少年を監督し，世話し，教育や専門教育を行い，又はそれらと同様の接触を持つことがないことを確保するものとする。このために，公的少年援助の主体は，民間の少年援助の主体と，第 1 項 2 文の行状証明書から判明した内容に従い，児童並びに少年との接触の種類，頻度及び継続時間に基づいて，第 1 文に挙げられた者が行うことが許される活動に関する合意を締結するものとする。

⑸　公的少年援助の主体及び民間の少年援助の主体は，第 3 項及び 4 項に従い閲覧された情報のうち，行状証明書が閲覧された事情，行状証明書の日付及び行状証明書の本人である者が第 1 項 1 文の犯罪を理由として確定的に有罪判決を受けたかどうかの情報のみを収集することが許される。公的少年援助の主体及び民間の少年援助の主体は，行状証明書閲覧の理由となった活動から当該人員を排除するために必要な限りにおいて，これら収集したデータを保存，編集，利用することが許される。データは無権限者からのアクセスから保護されなければならない。閲覧の結果，第 3 項 2 文又は第 4 項 2 文の活動が行われないときは，データは遅滞なく消去されなければならない。活動が行われた場合には，データは活動の終了後遅くとも 3 か月が経過したときには消去されなければならない。

⑻　法律上の救済手段の教示に関する法律（Gesetz zur Einführung einer Rechtsbehelfsbelehrung im Zivilprozess und zur Änderung anderer Vorschriften – RechtsbehelfsbelehrungsG. 2012 年 12 月 5 日，BGBl. I S. 2418）

　最後に，「法律上の救済手段の教示に関する法律」という，その名称からは

改正内容を，推しはかることができない法律の中でなされた改正を挙げることができる。

　ここでは多くの法律改正が，他の法律と関係づけられてなされることが分かる。すなわち，この法律はFamFG162条の改正を内容とするものであり，そこでは第2項で，少年局はBGB1666条及び1666条aの手続のすべてにおいて参加させられなければならないと定められている。すなわち，かつてFGG-RGで改正されたときのように，少年局が相応の申立を行った場合に限ってではなく，法律の規定によって参加させられなければならないのである。その理由は，少年局の参加を少年局の申立にかからせていたFamFG162条旧規定は，少年局が「多数の」申立を行うことを期待したが，そのような結果にはつながらず，極めて慎重な態度をもたらしたのだからである[9]。

RechtsbehelfsbelehrungsG によるFamFG162条（現行規定）
(1)　子の身上に関する手続において，裁判所は少年局に審問しなければならない。遅滞が危険をもたらすことだけを理由として審問を行わないときは，遅滞なく審問が追完されなければならない。
(2)　少年局は，BGB1666条及び1666条aの手続に参加しなければならない。その他の場合には，少年局は自らの申立に基づき，手続に参加する。
(3)　子の身上に関する手続において，少年局は期日を通知されなければならず，またすべての裁判が知らされなければならない。少年局は，裁判所の決定に対して抗告する権限を有する。

4. 法は子の福祉を確保することができるか？

　この表題には意識的にクエッションマークを付した。そうすることで，私は，法が人間の行動を統制することができるということを無限定に肯定することはできないということをほのめかしたかったのである。様々な領域において法による統制は可能であるといったとしても，私たちがここで関わらなければならないのは，人間相互間の行動の領域，加えてきわめて私的な，親密な領域，すなわち親子関係という領域であるということを考えてみなければならない。この領域で，法は人間の行動，すなわち子に対する親の行動を

---

[9]　旧規定については，本節3(6)参照。

統制できるであろうか。このような人間相互間の領域における人間の行動は，むしろずっと，他の規範，例えば道徳規範や，人間相互に期待される自制，その他それに類するものによって統制されていないであろうか。

では，さらに一歩を進めてみよう。立法者自身は，人間の行動は，これらのすべての規範によって，機能的に，すなわち統制という意味において，影響されるということを出発点に置いているのであろうか。私はこのことを，最初に本稿で述べた一つの改正に照らして明らかにしたいと考える。それは，BGB1631条2項の，屈辱的な教育手段は法的に許容されるべきではないという趣旨の文言への改正である。このような改正を行うことによって，屈辱的な教育処置が無くなると立法者自身は考えたのだろうか，また私たちはそのように考えるだろうか。すなわち，この改正法が施行された1998年7月1日の時点において，改正後直ちにではなくとも，1年，2年たつうちに徐々に自分の子に対する親の屈辱的な処置はなくなると考えたであろうか。私は，この疑問を肯定するには，極めて控え目でなければならないと考える。これに関しては，「シンボル的な立法」という概念が用いられる。それは，立法者が，法という手段を用いて機能的に，すなわち統制することによって結果を引き出すということを第1の目的とはしておらず，むしろ自分たちが，このような領域においてあるべき人間らしい行動様式をどのように考えているのかを言葉にしたいと意図していることを意味する。つまり，立法者は，この法による規律が直接的な統制力を有していると期待することなく，自分の言わんとすること，何が人間の適切な行動なのか，すなわちこの場合についていえば，親が子に対してとるべき適切な行動なのかを，シンボル的に表現しているのである。それはあたかも，法律家が多くの場合軽蔑する，法律による「叙情詩」のようなものである。それは硬い退屈な散文ではない。その限りで，必ずしも無条件に統制的効力を期待すべきものではない。

この関係における立法者の活動全体を観察してみると，立法者が統制的効力を期待しているのがどこか，が明らかとなる。すなわち，実体法的規律よりも，手続法的規律にずっと期待しているのである。

旧FGGにおいて，また新しいFamFGにおいて，広範かつ数多くの改正が行われているのは偶然ではない。これらの改正においては，手続法という手

段によって，実際に何かを達成させようとしているのである。立法者が3か月後に裁判は再審査されなければならないと規定すれば，その再審査が3か月後になされたかどうかも確認される。立法者が，子の福祉の危険化を理由とする手続は優先的かつ迅速に実施されなければならないと規定すれば，そのことが再審査され，またこれがなされているかどうかについて配慮されることになる。手続補佐人が選任されなければならず，BGB1666条の事件においては選任が必須であると規定されれば，そのことが原則として実際にそのようになされるよう配慮されることになる。満14歳以上の子の直接的な審問が規定されれば，それが実施されているかどうか確認することができる。それゆえ，この（手続の）領域に重点があることは，不思議なことではないのである。

　このことは少年援助の活動にも当てはまることである。SGBⅧ8条aは，子の福祉の危険化に関する手掛かりを知ったときにはどのような手順が踏まれるべきか，極めて詳細な方法で規定している。これらの規定は，まさに正確なプランのように，一歩一歩規定されており，それゆえにこの法律に規定された，専門的な任務に合わせて少年局や少年援助等の施設の専門職員が行動したかどうか確認することができるのである。

　少なくともこれらの意識的に機能的な規律においては（シンボル的な規律とは反対に），まさに，それらの規律を通じて，子の福祉の危険化があった場合に，より強い保護が達成されるという期待を持ちうるのである。

　しかし，この場合にも，このことが実際にそれほど単純かつ簡単になされるかどうか，疑うことは必要である。そのことを，私は「付随効果とリスク」という概念でとらえている。もしかすると，やはりこれらの規定によっても，専門職員が一つひとつ歩を進め，処理していくということは，第一次的には達成されないのではあるまいか。というのも，これらの規律に従うことによって専門職員は自分たちが安全な側に立つから，すなわち，これらの規律に従うことによって，自分たちに対して自分たちがこれらのケースにおいて専門的に十分に適切な行動をとらなかったという批難は生じないからである。

　とりわけ少なからぬセンセーショナルな刑事事件のせいで，本来の達成すべき目的，すなわち子の福祉の危険化からの保護という目的が焦点から外れ，

その代わりに専門職員の防護ということが重視されていないだろうか。ひょっとして，官庁や施設においては，問題が起きた場合に，安全な側にいることができるように，また法律が定めたことのすべてを行ったと立証できるように，定められた進行通りに，こまごまと，かつ正確に自分のハーケンを据え付けることができることが重視されているのではなかろうか。

　私たちが調査において確認できることは，どの程度まで法律の改正が実務の変化を，手続の変化を，そして行動様式に関する変化をもたらしたかということである。私たちは，調査結果を通して，法律による規律によって，今問題とされている子の福祉がより良く保護されるという問題に答えることができるか。この問題はさらになお議論が必要である。

第3章　少年援助と司法の間の子の福祉
——ドイツ側調査からの知見

> 本章においては，第2章で概観した法的枠組を踏まえ，ドイツで児童福祉行政に属する少年援助と司法との連携関係の実態について，第1章で紹介した，2014年12月から2016年12月にかけてザイデンシュトゥッカー教授が代表となって全ドイツ規模で行われた調査の結果の概要を示すこととする。しかし，その調査結果を理解するためには，その前提としてドイツにおける少年援助と司法の連携の仕組みに関する知見が必要である。そのため，調査結果に先行して，まず第1節として，連邦法レベルで，少年援助と司法の連携がどのような形で作り上げられているか概観し，その上で調査結果を示すこととする。なお，この第2節に掲げる調査結果の概要は，2017年3月20日に早稲田大学で開催されたシンポジウムで，ザイデンシュトゥッカー教授によって行われた報告を翻訳したものである。

第1節　ドイツにおける少年援助と司法の連携の仕組み

岩志和一郎

1. 子の福祉の危険化と法的対応の段階

すでに述べたように，ドイツの場合，児童虐待に特化した法的対応は存在せず，虐待を含む，より広い「子の福祉の危険化の回避」という枠組で，法的対応がとられている[1]。

子の福祉の危険化とは，「子の身体的，知的若しくは精神的な福祉，または

---

1) ドイツの児童虐待への対応と親権制度全体を詳細に扱う文献として，西谷祐子「ドイツにおける児童虐待への対応と親権制度（1～2）」民商141巻6号565頁（2010），民商142巻1号1頁がある。

財産が危険にさらされる」状態になることをいうのであり，その具体的な事象として，ネグレクト，身体的虐待，精神的虐待，性的虐待といった，わが国で児童虐待という概念範疇でとらえられているものが挙げられ，さらには，子の自己決定（自主性）をめぐる衝突，離婚の場合等にみられる大人同士の争いの客体化といったものも挙げられる。子の福祉の危険化がありながら，親がその危険化を回避しようとしないとき，又はその危険化を回避できる状態にないときには，国家が介入し，裁判所（司法）の決定によって危険化の回避のために必要な措置が講じられることで，強制的に子の福祉が確保される（BGB1666条）。

　しかし，このような「子の福祉の危険化の回避」のための国家の介入は，子の福祉が危険化していると評価されて初めて始まるわけであり，子の福祉の確保という観点から見れば，その段階はすでに最終レベルの対応ということになる。そこで従来から，ドイツでは，そのような段階に至る前の段階から，種々の公的支援を投入し，予防的に子の福祉の危険化を防止し，ひいては児童虐待を防止するという対応がとられてきている。このような，より広範な子の福祉の確保のための対応は，「児童保護（Kinderschutz）」という概念でとらえられ，特に2000年代に入ってからは，連邦レベルでも，州レベルでも，活発にシステム化が進められてきている。

　このような児童保護のための対応は，大別して4つの段階に分けることができる[2]。まず，第1フェーズは，特定の親や家族に向けられたものではなく，親や場合によって子一般に向けられた危険化予防のための対応，すなわち一般予防，第一次予防の段階である。これに対して，第2フェーズは，「子の福祉の危険化」こそ生じていないが，特定の親や家庭において「子の福祉に合致した教育」が行われていない場合に，必要な限りで，相当な援助を与え，それによって危険化の回避を目指す段階，すなわち特定予防，第二次予防の段階である。親に援助を受け容れ，状況の改善を図る意思と能力があれば，この段階で事態の解決がつくことになる。これに対して，第3フェーズは，緊急の危険が生じた場合や，第2フェーズで示した援助にもかかわらず子の福

---

[2] このような段階分けについては，本書第1章注8）所掲の，Johannes Münder, Barbara Mutke, Reinhold Schone, S. 157 以下の分析を参考とした。

祉の危険化が生じた場合に、それを回避するために国家が介入する段階であり、この場合には、必ず司法判断が必要になる。第4フェーズは、介入的措置が行われた後の段階である。この段階では、場合によって子に対する官庁後見・保護が開始し、里親養育や施設養育などの社会的養護が問題となり、親については再教育プログラム等、何らかの援助が与えられる。また、その援助等によって親の状況が改善しているかどうか、裁判所が定期的に審査し、場合によって措置を取り消すなどの検証も行われる。これらの各段階のうち、第1、第2フェーズは少年援助など、行政レベルの対応であるが、第3フェーズは親の配慮への介入であり、司法作用の段階、第4フェーズは、行政、司法の事後処理と親子再統合の試みの段階である。

　これらの段階分けからわかるドイツの児童保護のあり方の特徴は、「(親の養育権への)介入より援助の優先」というコンセプトが貫かれているところにある[3]。この点については、すでに詳しく述べたように（第2章第1節4）、ドイツ基本法（GG）6条2項が「子の世話と教育は親の自然の権利であり、かつ何よりもまず親に課せられた義務である」と規定していることに負うところが大きい。たしかに、GG6条2項は、その第2文で、「この義務の実行については、国家共同体がこれを監視する」とも規定し、国家が監督、介入し得ることを明確にしている。しかし、連邦憲法裁判所もいうように、親の「『自然の権利』は国家によって付与されたものではなく、国家により、所与の権利として承認されたものである。親は原則として、自己の子の世話と教育をどのように行い、それによって自らの親の責任を果たそうとするのかについて、国家の干渉や介入を受けず、自由に自らの考えに従って決定することができる。」[4]という理解が原則であり、それゆえ、国家の介入については、客観的に子の福祉の危険化があっても、親が自覚的にそれを回避しようとしない場合、あるいは回避することができない場合に限って許容されるものという、抑制的な理解が原点となっているのである。

---

[3] 岩志和一郎「子の権利の確保のための諸力の連携――ドイツ親権法の展開」早稲田法学85巻2号11頁（2010）。

[4] BVerfG Beschluß v. 9. 2. 1982, BVerfGE 59, 361 (376).

2. 第1フェーズ

(1) すでに述べたように，第1フェーズは，親や場合によっては子一般を対象とした危険化の一般予防の段階である。この予防は，法律上の根拠をもって提供される様々な社会的な支援やサービスを通じて行われるが，その中でも，中心となるのは，SGB Ⅷ 16条ないし21条に規定される家庭内での教育の助成（Förderung der Erziehung in der Familie）である。

これらの助成は，SGB Ⅷが定める少年援助の給付の一部であり，その内容は，一般的教育助成（allgemeine Erziehungsförderung, SGB Ⅷ 16条）と，特殊的な教育助成から成っている。一般的教育助成として，SGB Ⅷ 16条2項は，各家族の必要や利益並びに経験に即した家族教育の提供（1号），若者の教育と発達の一般的問題に関する相談の提供（2号），困難な状況にある家庭への余暇及び保養サービスの提供（3号）の3つを挙げている。しかし，これらの列挙は制限的というわけではなく，親の教育能力や関係能力の増成等に関する相談と援助もこれに含まれるし（SGB Ⅷ 16条3項），州法で内容と範囲を定めることもできる（同条4項）。

特殊的な教育助成としては，パートナー関係・別居並びに離婚の諸問題に関する相談（同17条），身上配慮及び交流権の行使に関する相談と支援（同18条），母若しくは父と児童のための共同居住施設（同19条），緊急状態における児童の世話と配慮（同20条），就学義務の履行のための必要的収容に関する支援（同21条）[5]が挙げられている。

(2) これらの家庭内教育の助成は，その内容によって，身上配慮義務を負っている母や父，義務を負ってはいなくても事実上配慮を行っている母や父，その他の教育権者，場合によって若者自身からの請求に基づいて実施される。またSGB Ⅷ 16条3項の親の教育能力や関係能力の増成等に関する相談と援助については，母や父だけではなく，妊婦やこれから父になろうとする者に対しても請求権を認めている。このSGB Ⅷ 16条3項は，子の出生前後からの早期援助のシステム構築を目的とした，2011年のBKiSchG（連邦児童保護法）

---

5) SGB Ⅷ 21条1文は，「身上配慮権者がその職業活動との関係で恒常的に居所を移転するために，児童若しくは少年の就学義務の履行を確保することができず，そのために別途児童若しくは少年を託置する必要があるときは，身上配慮権者は相談と支援を求める権利を有する」と規定する。

によって挿入されたものである。BKiSchGは，その中で制定されたKKG（児童保護のための協力と情報提供に関する法律）2条で，この点につきより詳細に，「親及び母となる者及び父となる者は，妊娠，出産並びに生後数年間の児童の発達に関する相談及び援助のための地元での給付提供について，情報が提供されるものとする。」（第1項），「前項の目的を果たすために，州法によって第1項の親への情報提供を管轄する機関は，親に直接の面談を申し出る権限を有する。直接の面談は，親の希望に基づき，その住居で行うことができる。州法に別段の定めがない限り，本項1文に規定された権限は地域の少年援助の主体に与えられる。」（第2項）と規定している。

(3) これらの助成の給付は，第一次的に公的少年援助の主体の義務的任務であり，公的主体は，自ら能動的にこれにかかわるか，そうでなければこれを実施する民間の少年援助の主体を支援するか，いずれかの義務を負う。

そのことは，これらの諸給付の多様性は，費用の分担についても現われている。SGB Ⅷ 16条2項1号の家族教育の提供や3号の余暇及び保養サービスの提供については，SGB Ⅷ 90条1項2号によって費用の高騰を理由として，受給者に分担を求めることができるが，SGB Ⅷ 16条2項2号の若者の教育と発達に関する相談や，同条3項の親の教育能力の増成に関する相談，さらにはSGB Ⅷ 17条ないし21条の特殊的助成の諸給付はこれから外されており，無料で実施されなければならない。これらの給付の経費については，ドイツの連邦予算の少年援助分のうち，上限1.6パーセントと取り決められているが，それでも2013年度においては5億ユーロ（少年援助の総予算355億ユーロ）に上っている[6]。

3. 第2フェーズ

(1) 第2フェーズは，特定の親や家庭において，「子の福祉の危険化」こそ生じてはいないものの，「子の福祉に合致した教育」(eine dem Wohl des Kindes oder Jugendlichen entsprechende Erziehung) が行われていない場合に，

---

[6] Johannes Münder/Thomas Trenczek, Kinder und Jugendhilferecht, Eine sozialwissenschaftlich orientierte Darstellung, 8. Aufl., Nomos 2015, S.114.

必要な限りで，相当な援助を与え，それによって危険化の回避を目指す段階，すなわち特定予防，第二次予防の段階である。

　この段階で中核となる援助は，SGB Ⅷ27条ないし35条に規定された教育援助（Hilfe zur Erziehung）である。教育援助とは，特に困難な生活状態にあり，教育の問題に対処している若者やその家族に支援と援助を与える少年援助の給付のことであり，「正常な」日常生活への当事者の（再）統合を目指すものである（ノーマライズ活動）。

　(2)　教育援助は，「特にSGB Ⅷ28条ないし35条までの定めに従って」行われる（SGB Ⅷ27条2項1文）。すなわち，教育相談（SGB Ⅷ28条）[7]，ソーシャル・グループワーク（SGB Ⅷ29条）[8]，教育補佐・世話援助（SGB Ⅷ30条）[9]，少年社会教育学的家族援助（Sozialpätagogische Familienhilfe – SPFH, SGB Ⅷ31条）[10]，デイグループでの教育（SGB Ⅷ32条）[11]，里親養育（SGB Ⅷ33条），ハイム（ホーム）での教育・その他の世話を受ける居住形態（SGB Ⅷ34条），集中的な少年社会教育学的個別の世話（Intensive sozialpätagogische Einzelbetreuung, SBG Ⅷ

---

7) 個人的な問題や家族に関する問題及びその根底にある諸要因の解明と克服，教育問題の解決，教育上の疑問の解決，さらに別居や離婚に関する問題の解決のために，ソーシャルワーク，少年社会教育学，心理学，児童少年心理療法，医学，教育学，法学など，異なる方法論的アプローチに習熟している様々な専門領域の専門家によって実施される。
8) 発達障害，問題行動の克服のための，集団教育学的方法による援助。
9) 親子間の葛藤，アイデンティティ形成，学校・職業教育・労働の問題，友人関係，健康，基本的な財産関係（住居，収入など）など，社会的負担や心理的負担，社会的不利益に起因していると思われる，困難な発達上の問題を克服することを目的とした支援であり，十分な教育を受け，経験を有する専門職によって，継続的（1～3年）に，児童や少年，その親との相談を通じ，現に児童並びに少年が置かれている社会環境を考慮に入れて実施され，家族との生活関係を維持したまま自立を促進する。
10) 財産や家族について問題を抱えた家庭に対して向けられる，少年社会教育学的援助と日常の実践的援助を結びつけた家族の自助能力を強化することを目的とした援助であり，自助のための助言や相談，模範的行動の提示，実践的援助から成り，生活や教育に関する具体的な相談，教育上の課題の世話，日常の段取りの指導，親子の活動の支援などが含まれ，専門家である家庭支援員と家族との積極的な協働によって実施される。
11) 通所型援助と固定型援助の中間形態の援助であり，家庭関係を維持しつつ，少年社会教育学的及び治療的援助を柔軟かつ集中的に提供することを目的とし，通学の助成，親ワーク，家庭ワークが随伴して行われる。

35条)[12]) がそれに当たるが、給付はこれらの典型的なものに限定されるわけではない。そのことは、SGB Ⅷ27条2項1文が、「特に」という文言を置いていることから明らかであり、複数の典型的給付を併合したり、変形させたり、あるいはまったく新しい「非典型的な」形態の援助を展開することも可能である。

(3) 請求権者は身上配慮権者である (SGB Ⅷ27条1項)。しかし実際には、突然に身上配慮権者である親から請求があるということはほとんどなく、多くの場合には、第1フェーズで触れた家庭内教育の助成として行われる各種の相談の相談員や、医師や助産師、看護師あるいは学校の教員や保育所の職員など、児童若しくは少年、あるいはその家庭と身近に接触する者から教示を受け、勧められて、給付請求をすることが多い。少年局が何らかの情報を得て家庭に接触し、請求を勧めることもあるが、請求は身上配慮権者の権利であり、身上配慮権者が援助を拒絶する場合には、援助を強制することは許されない。

援助請求がなされた場合、少年局は審査を行い、「子の福祉に合致した教育」[13]) が行われていないと判断されたときには、児童若しくは少年の発達に「適切かつ必要」な援助を行う。給付に当たっては、少年局は援助の基礎として、身上配慮権者及び児童若しくは少年とともに、必要性についての確認、提供される援助の種類や内容について援助計画 (Hilfeplan) を作成する (SGB Ⅷ36条2項)。給付の種類や内容については、不相当に過度な支出を伴わない限り、身上配慮権者の選択 (選択権 Wahlrecht) と希望 (希望権 Wunschrecht) がかなえられなければならない[14])。少年局が給付を決定して行う援助につい

---

12) 社会的統合を可能にし、自らの責任によって生きていく生き方を身につけるために、集中的に、相当の長期間にわたって提供される少年社会教育学的な支援であり、少年のみが対象となる。
13) 児童並びに少年の福祉に合致した教育が保障されているかどうかは、児童にとって身体的、知的並びに精神的に必要な基本要素(愛情、思いやり、結びつき、配慮と評価、世話と保護、健康への配慮、危険からの保護、精神的並びに社会的な陶冶など)を基準として、ケースごとに判断される。
14) 少年援助の受給は、受給者の権利である。SGB Ⅷ5条は、「給付受給者は、様々な主体の施設及びサービスの中から選択し、援助の具体化について希望を述べる権利を有する。給付受給者は、この権利があることを教示されなければならない。」(第1項)、「選択と希望は、それが不相当な超過出費を伴わない限り、かなえられるものとする。」(第2項1文) と規定する。

図1

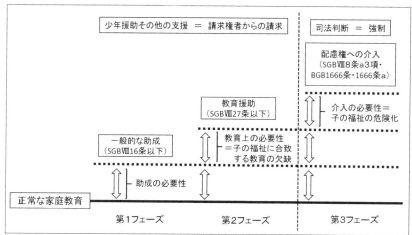

ては，受給者の費用の分担はない。2013年の連邦予算では，65.2億ユーロが，この教育援助に当てられている[15]。

　教育援助は，身上配慮権者たる親が自覚的に協力する意思をもって受給することで状況の改善が図られる。親が最初から教育援助の請求を拒否したり，給付が開始しても親の協力が不十分であったりすることで，子の福祉の危険化がもたらされると判断されるときには，少年局は，危険化回避のための強制的措置を求めて，家庭裁判所の手続を喚起することになる（SGBⅧ8条a2項）。

4．第3フェーズ

　(1)　第3フェーズは，子の福祉の危険化が存在し，その危険化を強制的に回避するため，BGB1666条ないし1667条に従って，裁判所（司法）によって親の養育権（配慮権）に対する介入的な措置がとられる段階である。

　すでに述べたように，BGB1666条は，「子の身体的，知的若しくは精神的な福祉又は財産が危険にさらされており，かつ親がその危険を回避しようとしないとき，又はその危険を回避できる状態にないときには，家庭裁判所は危険の回避のために必要な措置を行わなければならない。」と規定し，職権で措

---

[15] Johanes Münder/Thomas Trenczek, a.a.O., S.194.

置決定の手続の開始をすることになっている。しかしながら，家庭裁判所自身が子の福祉の危険化を発見して手続を開始するといったことは極めて稀であり，通常は他者からの危険化の情報を得て，手続を開始するか否かを判断する。その情報をもたらす他者はほとんどの場合，少年局である。

(2) 少年局は，児童若しくは少年の福祉の危険化があることについて重要な手掛かりを得たときは，複数の専門職員の共同によって危険化の度合いを評価しなければならず（SGB Ⅷ 8条a1項1文），評価の結果，家庭裁判所の活動が必要であると考えるときは，裁判所の手続を喚起しなければならない（SGB Ⅷ 8条a2項1文）。危険化の度合いの評価も，家庭裁判所の手続の喚起も，少年局の任務である。

危険化の重要な手掛かりは，すでに第2フェーズで触れたような教育援助を行っている家庭については少年局自身が発見することが多いが，医師や助産師，保育所の保母や学校の教師，家庭相談員や教育相談員，少年相談員など，児童や少年とかかわる職にある者からの通報によって把握することもある。この点について，それらの者がより少年局に通報をしやすくするため，2011年に連邦児童保護法の中で制定されたKKGは，「職業活動を行う際に，児童若しくは少年の福祉の危険化に関する重要な手掛かりを得たときは，児童若しくは少年及び身上配慮権者とその状況を討議し，必要な場合には，児童並びに少年の効果的な保護に問題がない限りにおいて，身上配慮権者に援助の請求を行うよう働きかけるものとする」（KKG4条1項）とともに，「第1項の危険化の回避が失敗し，又は第1項の働きかけが成功せず，かつ第1項に挙げられた者が，児童若しくは少年の福祉の危険化を回避するために少年局の活動が必要であると考えたときには，これらの者は，少年局に通報する権限を有する。」（同条3項）と規定して，情報提供につき，それらの者の職業上の守秘義務を免除した。

(3) 少年局による子の福祉の危険化の度合いの評価は，必ず複数の専門職員が共同して行わなければならない（SGB Ⅷ 8条a1項1文）。また児童若しくは少年の効果的な保護に問題がない限りにおいて，身上配慮権者及び子を含めて行わなければならず（同2文），さらに専門的な評価のために必要とされる限りにおいて，家庭訪問などによって，児童やその児童と身近な関係にあ

る者たちから直接的な印象を取得しなければならない(同3文)。

　評価の結果,危険化の回避のために援助(特に教育援助)を行うことが適切かつ必要であると考えるときは,少年局は教育権者にこれを提供しなければならないが(SGB Ⅷ 8条a1項4文),他方で裁判所によって,子の福祉の危険化の回避のために「必要な措置」がとられるべきと判断するときは,少年局は家庭裁判所にその職権による手続の開始を喚起しなければならない(SGB Ⅷ 8条a2項1文)。

　(4)　緊急の危険があり,かつ裁判所の判断を待つことができないときには,少年局は児童若しくは少年を一時保護する義務を負う(SGB Ⅷ 8条a2項2文)[16]。この一時保護は,少年局のみに委ねられた任務であり,SGB Ⅷ 42条1項1文により,「1.児童若しくは少年が保護を求めるとき,又は,2.児童若しくは少年の福祉にとっての差し迫った危険が保護を必要とし,かつ,a)身上配慮権者が異議を唱えないとき,若しくは,b)家庭裁判所の判断を適時に得ることができないとき,又は,3.外国人の児童若しくは外国人の少年が付き添いなしにドイツに到来し,かつ,身上配慮権者も教育権者も国内に滞在していないとき」という,3つの場合に許容されるとされている。

　一時保護を行う場合には,通例,少年局は子を親あるいはその他,子を手もとに置いている者の下から引き離すことになるが,その点については,SGB Ⅷ 42条1項2文に「緊急一時保護は,児童若しくは少年を,適切な人,適切な施設若しくはその他の居住形態の下に一時的に託置する権限を含み,また第1文第2号の場合には,児童若しくは少年を他人から取り上げる権限をも含む」と規定され,法的根拠が与えられている。

　一時保護に当たっては,あらかじめ裁判所の判断を得る必要はない。しかし,親から子を引き離すことは親の権利への大きな介入となるため,少年局は親やその他の身上配慮権者若しくは教育権者に一時保護について遅滞なく通知し,事後的にその同意を得なければならない。もし親やその他の身上配慮権者あるいは教育権者が一時保護に反対するときは,子を身上配慮権者若しくは教育権者に引き渡さなければならず,それでもなお,一時保護を継続

---

16) 緊急一時保護については,岩志・前掲注3)32頁,西谷・前掲注1)民商142巻1号23頁参照。

する必要があると考えるのであれば、遅滞なく[17]、その子について子の福祉のために必要な措置に関する家庭裁判所の判断を仰がなければならない（SGB Ⅷ 42条3項）。この判断は事柄の性質上迅速性を有することから、親の審問を簡略化し、保全命令（einstweilige Anordnung: FamRG157条3項）の形で行われることも多い。

(5) 子の福祉の危険化が存在し、かつ身上配慮権者にその回避の意思が存在しない場合には、家庭裁判所は職権で手続を開始し、子の福祉の危険化の回避のために必要な措置を行わなければならない（BGB1666条1項）。この親の養育権（親の配慮）への介入の基本規定ともいうべきBGB1666条の現行規定は、すでに第2章1節及び2節に示したように、幾度かの改正を経て、2008年の介入簡易化法によって導入されたものである。

現行1666条の特徴は、まず、「子の身体的、知的若しくは精神的な福祉又は財産が危険にさらされており、かつ親がその危険を回避しようとしないとき、又はその危険を回避できる状態にないときには、家庭裁判所は危険の回避のために必要な措置を行わなければならない。」（第1項）とした上、「第1項にいう裁判所の措置には、特に次のものが属する。1.児童並びに少年援助の給付や保健福祉援助等の公的援助の請求を求める命令、2.就学義務の遵守に配慮を求める命令、3.一時的若しくは無期限的に家族の住居又は他の住居を使用すること、住居周辺の一定範囲に滞在すること、又は子が通常滞在する他の特定の場所を訪問することの禁止、4.子と連絡を図ること、又は子との遭遇を試みることの禁止、5.親の配慮を有する者の意思表示の補充、6.親の配慮の一部又は全部の剥奪」（第3項）として、とりうる措置を列挙しているところにある。

ここにいう子の福祉の危険回避のための措置は、「必要な措置」という文言からも窺えるように、2008年の改正前から家庭裁判所の裁量に委ねられており、必要性の原則と相当性の原則によって弾力的に決定されるものと予定されていたが、現実には、配慮権の一部又は全部の剥奪という重い措置が多か

---

[17] 自傷他害の恐れがあり閉鎖施設へ収容したような場合等、子の自由を剥奪する措置をとった場合には、2日以内に裁判所の決定を得なければならない（SGB Ⅷ 42条5項）。これに対して、それ以外の場合には、具体的な期間の定めはない。一般には、数日中、遅くとも2週間以内と言われている。

った。このような配慮権の一部又は全部の剥奪は，BGB1666条aが，「親の家庭からの子の引き離しを伴う措置は，公的援助を含め，他の方法では危険を回避できないときに限り，許される。」(第1項1文)，また「身上配慮は，他の措置に効果がないとき，又は他の措置では危険の回避のために不十分とみられるときに限り，その全部を剥奪することが許される。」(2項)と規定するところからも分かるように，いわば最終措置とでもいえるレベルのものである。にもかかわらず，剥奪が多かったのは，事態が深刻な状況になってから介入を求められることが多く，より穏やかな措置では済まない事案が多かったことによるといわれている。そこで，危険化のより早期の段階での介入の判断を促し，より軽度の介入で効果的に子の危険を回避することを意図し，ハードルの低いものも含めて，とり得る措置を列挙することとなったのである[18]。なお，この列挙は，BGB1666条3項が「特に」という文言を使用していることからも明らかなように，限定列挙ではなく，例示列挙であり，それゆえ家庭裁判所は，従来通り，列挙された措置以外にも，その裁量で弾力的に，相当と思われる措置をとることができる。

(6) BGB1666条ないし1667条に関する裁判所の現行手続は，2008年制定のFamFG（家事事件並びに非訟事件手続法）に規定されている。その大きな特徴は，子の福祉の危険化に関する裁判手続の優先，迅速の規定（FamFG155条）と，手続のうちの最初の1期日を，いかに子の福祉に危険が及ぶ可能性を，特に公的援助によって回避できるか，また必要な援助を受給しない場合にいかなる結果が生じるのかについての討議（Erörterung）に当てるとする規定にある（FamFG157条1項）。これらの規定は，すでに述べたように，いずれも2008年の介入簡易化法によって旧FGGに導入され，その後FamFGに引き継がれたものである（第2章第2節3(5)及び(6)参照）。

FamFG155条の規定する優先・迅速の要請は，子の福祉に関する事件については，手続開始後1か月以内に第1回期日を入れなければならないとするものであり，4週間ルールと呼ばれている。また，「BGB1666条及び1666条aの手続においては，裁判所は遅滞なく保全命令を出すことを審理しなければ

---

18) 前掲・科研費報告書93頁（第1章注9）参照）。

ならない。」(FamFG157条3項)とされ，必要に応じて，必要な審問を省略して暫定的措置をとることができる。

　FamFG157条にいう討議の目的は，裁判所という機関の権威をもって親に対して公的援助の請求及び少年局との協力を働きかけ，介入的な措置に至ることなく子の福祉の危険化を防止するところにあるとされる(討議の実務については第5章参照)。この討議には，親はもちろん，場合によって子，さらにはその関係者，少年局が召喚される(FamFG157条1項)。このことは，家庭裁判所の裁判官は，子の福祉の危険化と必要な配慮権への介入に関する単なる糾問者であるだけではなく，児童保護の機関でもあるということを示している[19]。

　(7)　BGB1666条及び1666条aの手続を開始する場合，家庭裁判所は子のために手続補佐人を選任するのが普通である。特に身上配慮の一部ないし全部の剥奪が問題となる場合には，原則として選任されなければならない(FamFG158条2項2号)。手続補佐人が選任された場合には，討議の場に手続補佐人も出席することができる。

　討議の段階で親が公的援助を請求する意思を表明したような場合には，家庭裁判所は，その後の援助の状況を観察した上，「措置を行わない」という決定を行うことができる。これに対して，討議を行ってもなお解決がつかない場合には，家庭裁判所が必要な措置の決定を行う。その決定にあたっては，家庭裁判所が職権で調査し(FamFG26条)，自らの裁量で行うことはいうまでもないが，少年局は手続に召喚され(FamFG162条1項)，過去に提供した給付についての情報を提供し，子の発達についての社会的見解を示し，援助の新たな可能性(援助計画)を示す(同2項)。実際には，少年局は裁判所の手続を喚起する際に，措置に関する一定の提案を付することが多く，その提案と裁判所の判断の相関関係は強い[20]。

5. 第4フェーズ

　(1)　裁判所によって措置が決定されたときには，配慮権者の意思にかかわ

---

19) Staudingers, BGB Kommentar §§1638-1683 (2016), Rz. 265 zu §1666 (Michael Coester).
20) ヨハネス・ミュンダー「子の福祉に危険が及ぶ場合における少年援助と司法の協力」(岩志和一郎訳) 比較法学99頁以下 (早稲田大学比較法学研究所 2011)。

らず，その措置が実行される。もっとも重大な措置は親の配慮の一部あるいは全部の剥奪であるが，この場合には，親の他方が親の配慮を行使する場合を除き，裁判所によって，一部剥奪の場合には当該職務の部分について保護人（Pfleger: BGB1909条1項）が，全部剥奪の場合には後見人（Vomund: BGB1774条）が選任される。保護人や後見人は個人や法人でもなりうるが，配慮権剥奪の場合には，進んで引き受ける者が少ないこともあって，少年局が選任されることが多い。これを官庁保護（Amtspflegeschaft），官庁後見（Amtsvormundschaft）という[21]。

　少年局が官庁保護人，官庁後見人となった場合，その職務は個別的に少年局の公務員または職員に委託されて行われる（SGB Ⅷ 55条）。しかし，官庁保護，官庁後見の数が多いこともあって，先に触れたケビン事件に典型的に見られるように，その職務の遂行がおざなりになるという問題があった。そのため，2011年6月29日の「後見法及び世話法の改正に関する法律」（BGBl. I. S. 1306）により，「後見人は被後見人と直接に接触しなければならない。後見人は，個別事案において訪問間隔の長短又は場所について別段の必要がない限り，原則として月に1回，通常の環境の中で被後見人を訪問するものとする。」（BGB1793条1項a）とするなど，直接的関係の中で任務の遂行を求める規定や，1人の公務員あるいは職員に委託できる官庁保護や官庁後見の件数を上限50件に制限する規定（SGB Ⅷ 55条2項，3項）などが新設された[22]。

　(2)　親の配慮の一部あるいは全部の剥奪があり，保護や後見が開始した場合には，少年局は援助計画を作成して，子の教育援助にあたる。教育援助の請求者は身上配慮権者であるから（SGB Ⅷ 27条1項），後見人あるいは身上配慮について代行権を有する保護人が援助の請求を行うことになり，援助計画の作成にも協力することになる（SGB Ⅷ 36条2項）。

　親の配慮の全部あるいは身上配慮を剥奪された親は教育援助の申請をする権利を有さず，それゆえに，援助計画の作成にあたっても参加を予定されて

---

21) 官庁後見には，本文中に紹介した家庭裁判所の選任による選定官庁後見のほか，婚外子が後見人を必要とする場合に認められる法定官庁後見（BGB1791条c）も存在する。
22) この改正については，合田篤子「未成年後見制度改正の方向性──ドイツ法を手がかりにして」法経論叢28巻2号13頁以下（三重大学法律経済学会 2011）参照。

いない。しかし、教育援助が里親養育（Vollzeitpflege: SGB Ⅷ 33条）や施設養育（Heimerziehung: SGB Ⅷ 34条）の形で行われる場合（親の配慮の剥奪の場合はこの形が通常となる）には、「養育人若しくは施設内で教育に責任を負う者と親は、児童若しくは少年の福祉のために協力するよう努めるものとする。」というSGB Ⅷ 37条1項1文を根拠に、この協力義務を補完するものとして、親子関係の維持あるいは確認に役立ち、その結果児童若しくは少年が良好に世話されることになる場合や、元の家庭への子の復帰あるいは親の配慮の回復が可能である場合には、配慮権を剥奪された親であっても、援助計画作成への参加が望ましいとされている[23]。

　里親養育や施設養育など、元の家庭から分離して子が他者養育されている場合には、その期間的な見込みが援助計画の中に示されるべきものとされる。元の家族への子の復帰は他者養育の重要な目的であるが、その復帰には元の家族の教育条件が、再び子を自ら教育できるほどに改善されている必要がある。その改善のために、少年局は、教育相談、精神治療、家族治療など、社会教育学的あるいは治療的援助、就職、居住条件の改善、父母間の葛藤の緩和など、家族のインフラを改善するための援助などを給付し、親の教育の能力の強化や、教育困難の原因の除去のための支援を行う（SGB Ⅷ 37条1項2文）[24]。

　また、他者養育に付されている間も、子と元の家族との関係を助成する（同3文）。ドイツでは、子と親との交流は親の義務であり権利であるが、それにもまして子の権利であると位置づけられる（BGB1684条1項）。交流権は親の配慮の帰属とは無関係であり、したがって、親の配慮が剥奪された親との間でも、援助計画の中で親と子の接触の機会を設定することは行われてきている。ただ、子の福祉のために必要である場合には、家庭裁判所は交流権を排除することができ（同条4項）、重大な虐待事案では、たとえ親が交流を求めても、そのような排除がなされる可能性が高い。

　長期間他者養育の措置がとられる場合には、その期間内に養子縁組、養子縁組の可能性が考慮されなければならない（SGB Ⅷ 36条1項2文）。また、他者養育の措置がとられている期間内に、元の家庭での教育条件の持続的な改善

---

23) Münder=Meysen=Trenczek, Frankfurter Kommentar SGB Ⅷ, 6. Aufl., S. 344 (Meysen).
24) Münder=Meysen=Trenczek, a.a.O., S. 366 (Meysen). Reinhard Wiesner, SGB Ⅷ, 3. Auf., S. 680.

が達成されなければ、関係者と協力し、子の福祉を増進し、かつ永続的に構想された他の生活設計が策定される（SGB Ⅷ 37条1項4文）。

(3) 裁判所は、ある程度長期間継続する子の保護権に関する措置をとったときには、適当な周期をもって再審理しなければならない（FamFG166条2項）。ここにいう「子の保護権に関する措置」とは、子の福祉の危険化の回避のため、又は子の福祉のために必要な場合にのみとることが許される、BGB1666条及び1666条aの措置、又はその他の民法上の措置のことをいう（BGB1696条2項）。この周期について具体的な定めはないが、親の配慮の剥奪の場合には2年ほどといわれている。BGB1666条ないし1667条の措置をはじめとする子の保護権に関する措置は、子の福祉に対する危険が存在しないとき、又は措置の必要性が認められないときには、取り消されなければならない（BGB1696条2項）。

BGB1666条ないし1667条の措置を見合わせたときは、裁判所は適当な時間的間隔を置いた後、原則として3か月後に、一度だけこれを再審理するものとされる（FamFG166条3項）。

これらの見直しは裁判所の職権によるものであるが、少年局になおその措置の必要性があるか否かを確認して行うのが通例である。

第2節　少年局と家庭裁判所の間における子の福祉の確保のための判断根拠と手続の発展について
―― ドイツ側調査の報告

バルバラ・ザイデンシュトュッカー（岩志和一郎・髙橋由紀子　共訳）

1.　調査のテーマと方法について

「少年援助と司法の間の子の福祉」という研究プロジェクトについて報告する。このプロジェクトは2014年12月から2016年12月の間、ドイツの3つの

異なる専門大学の学際的なプロジェクトとして実施されたものであり，ドイツ連邦家族省の支援を受けている。そのプロジェクトの中心的テーマは，子の福祉に危険が及ぶ可能性（子の福祉の危険化）がある諸ケースにおいて，少年局と家庭裁判所の協力がどのように展開しているかということである。

このプロジェクトは，内容的に，同じテーマを扱う2つの先行的な研究プロジェクトとつながりを持っている。それらのプロジェクトは，1970年代と1990年代に，子の福祉の危険化に関係する少年援助と司法の間の手続の実態を分析したものであった。一つは，1979年にジミチス等によって書籍化されたものであり[1]，いま一つは，私たち，すなわち，ミュンダー，ムツケ（＝ザイデンシュトュッカー），ショーネによって2000年に出版されたものである[2]。

今日，前回の私たちのプロジェクトから18年間が過ぎ，児童保護に関する基本的法律状態は，家族法においても，児童並びに少年援助法においても，著しく発展し，詳細になった。その結果として，私たちは，おそらくそのような状況が，少年局と家庭裁判所の協力の展開にも影響を及ぼしているであろうという仮説を持つに至った。このプロジェクトの目的は，児童保護のための少年社会教育学的手続と司法的手続に関する（新たな）現状調査を行い，前回調査以後の法律の諸改正によって「得られたもの」と，場合によって「失われたもの」を探ることにある。

このプロジェクトの中心的なテーマ設定は次の通りである。

- 今日，少年援助と司法との間で，民事法的な児童並びに少年保護は，どのような量的な局面に達しているのか？
- 少年局並びに裁判所の活動の根底には，いかなる個別的な，また制度的な行動パターンと処理戦略があるか？
- 少年局と家庭裁判所の，児童保護に関する専門的な協力はどのように展開されているか？

---

1) Spiros Simitis／Lutz Rosenkötter／Rudolf Vogel／Barbara Boost-Muss／Matthias Frommann／Jürgen Hopp／Hartmut Koch／Gisela Zenz, Kindeswohl: Eine interdisziplinäre Untersuchung über seine Verwirklichung in der vormundschaftsgerichtlichen Praxis, Suhrkamp taschenbuch wissenschaft, 1979.

2) Johannes Münder／Barbara Mutke／Reinhold Schone, Kindeswohl zwischen Jugendhilfe und Justiz, Professionelles Handeln in Kindeswohlverfahren, 2000.

- 少年局と裁判所の手続は，当事者である親と子をどのように保護しているか？
- 最近の15年間における法律改正の結果として，児童保護の改善のために，どのような特徴的な専門的な行動の変化が確認されるか？

これらのテーマに接近するについては，経験上，以下のような方法を選んだ。

- 第1段階では，第二次資料（特に，少年援助統計と，家事事件統計のデータ）を用いた分析を行った。
- （第2段階では）その分析を，参加した少年局の個別事件に関する量的なアンケート調査によって増補し，深めた。
- 第3段階では，調査地域の，参加した少年局の関係者（一般社会サービスの専門職），区裁判所の家庭裁判官，手続補佐人との91件のインタビューを行った。
- 第4段階では，以上のような職業的専門家の視点からの見方を，過去に家庭裁判所でBGB1666条の手続を経験したことのある親（11件）と青少年または若者（13件）とのテーマに焦点を当てたインタビューによって増補した。

内容的には，本プロジェクトは，子の福祉の危険化のケースの手続展開の過程の全体を視界に入れた。すなわち，家庭や子と少年局の最初の接触，援助の提供，裁判後の状態に至るまでの家庭裁判所の手続について目を配ったのである。

2. 量的調査結果について

最初に，量的な調査の結果を2，3紹介したいと思う。それは私たちが，2つの調査段階において，児童並びに少年援助統計の分析結果と，少年局員に対する個別事件アンケートの結果から，組み上げたものである。

まず，**グラフ1**は，親の配慮の剥奪に関する児童並びに少年援助統計の推移である。第1には，毎年どのくらい少年局が親の配慮の剥奪を求めて裁判所（の手続）を喚起しているかという数を明らかにしている。それを示しているのが，①である。そして第2に，いかに多く最終的に配慮権が剥奪され

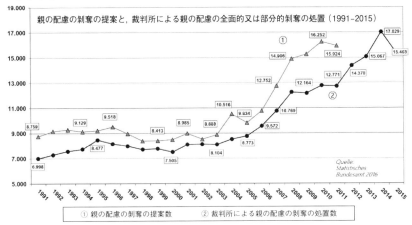

グラフ1

親の配慮の剝奪の提案と、裁判所による親の配慮の全面的又は部分的剝奪の処置（1991–2015）

① 親の配慮の剝奪の提案数　② 裁判所による親の配慮の剝奪の処置数

ているかが示されている。それが②である。1991年と2005年の間では、毎年年間8,500から9,500件という数の、配慮権剝奪の提案が見られる。それに対応して、この間7,000から8,000件の、裁判所による剝奪の処置が存在する。このことから推測できるのは、裁判所が少年局の提案に従わないのは若干のケースだけでしかないということである。しかし、2005年以降、両グラフは増え続けている。少年局の提案の数は、2009年以降、特にはっきりと増加している。ドイツでは年々未成年者が明らかに減少し、近年のいくつかの法律改正が、裁判所による他の措置に席を譲ることによって配慮権への侵襲を回避するという目的を有していたにもかかわらず、配慮権剝奪の数は2014年では少なくとも1991年以降最も高い数字を示した。2015年には、初めて再び減少を示しているが、依然として高いレベルにあることに変わりはない。

　統計からは、配慮権の剝奪と並んで、家庭裁判所が親に対して言い渡すことができる家庭裁判所による他の措置の数もわかる（表1）。例えば、少年援助の給付を請求する様にとの義務付けや、親に対するその他の命令や禁止といったものである。これらは2012年より前は統計がないので、ここでそれと比べることはできない。しかし、はっきりとわかることは、全体として、2012年以降は年々配慮権の剝奪が数的に多いというだけでなく、全体としての裁判所の措置は、28,000から30,000件の間であるということである。

第3章　少年援助と司法の間の子の福祉　75

表1　2012年から2015年までの家庭裁判所の措置の総数

	2012	2013	2014	2015
BGB1666条3項1号による，児童並びに少年援助の給付請求の命令	8.970	8.360	8.446	8.730
BGB1666条3項2号ないし4号による，身上配慮権者又は第三者に対するその他の命令又は禁止	3.355	3.337	3.678	3.637
BGB1666条3項5号による，身上配慮権者の意思表示の補充	2.102	1.534	1.598	1.635
BGB1666条3項6号による，後見人／保護人としての少年局あるいは第三者への，親の配慮の全部又は一部の移譲	14.370	15.067	17.029	15.403
裁判所の措置の総数	28.797	28.298	30.751	29.405

　児童並びに少年援助の統計については，前回のプロジェクトの中でもすでに，1994年からの数字を分析しているが，当時その数字は私たちに謎をもたらした。当時は，連邦レベルで平均すれば，10万人の未成年者当り49件の配慮権剥奪がなされていた。ドイツは16の州に分かれており，それぞれに独自の統計データが存在する。そのデータは，州ごとに著しい違いを示している（**図1**）。例えば，当時一番少ない数字だったのは，バーデン＝ヴュルテンベルクであり，未成年者10万人当たり26件の配慮権剥奪であったが，もっとも多かったのは，ハンブルクで，101件であった。全体的に言えば，ベルリン，ハンブルク，ブレーメンの3つの市州がおおむね高い数字を示した。そのことから当時私たちが後づけた理由は，大都市では当然他の州と異なる問題状況があり，援助の必要性や親の配慮権に介入する必要性も大きいからだということであった。もちろん社会構造や経済力に関してそれほど違いがない州においてもはっきりした違いがあるということは，私たちを驚かせたのであった。例えば，当時，バイエルンでは42件，ノルトライン＝ヴェストファーレンでは64件であった。私たちは，当時，このことを，連邦諸州内部の少年局や裁判所で行われている方法が明らかに異なっていることの徴表と考えた。しかし，私たちは同時に，統計のデータが実際上まだしっかりしていないのかもしれないと考え，それゆえこのことを，可能な解釈ではあるが，無理には主張しないことにした。

　前回調査の21年後である2015年の数字（**グラフ2**）を見ると，個々の州の間の相違はさらに大きくなっただけではない。全体的には，配慮権への侵襲の数は明確に増えている。1994年に未成年者10万人当たり49件だったのが，

図1　1994年に何人の未成年者が（部分的な）配慮権剝奪に見まわれたか？
（若者 junge Menschen 100,000人当たり）

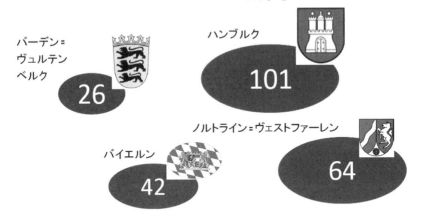

グラフ2
2015年　連邦全州　未成年者10万人当たりの配慮権剝奪数

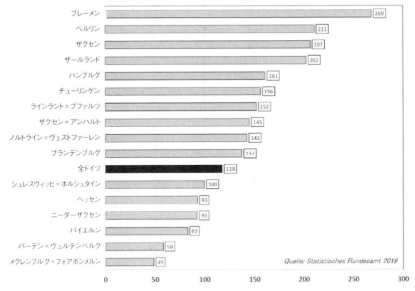

2015年には118件と，2倍以上になった。連邦諸州間のばらつきは，この年においてはもっとはっきりと増大しており，未成年者10万人当たりの配慮権剝奪はメクレンブルク＝フォアポンメルンの49件から，ブレーメンの269件ま

表2

	人口	失業保険金Ⅱ（ALGⅡ）受給者の割合	配慮権剥奪 未成年者100,000人当たり
レバークーゼン市	161,540	7.0%	100
ゾーリンゲン市	156,771	6.8%	144
アムベルク市	41,535	4.2%	226
ストゥラウビング市	46,027	4.7%	553

で拡大している。このことは，ブレーメンでは配慮権剥奪がなされる蓋然性が，メクレンブルク＝フォアポンメルンの5倍半の高さであるということを意味している。

　地方公共団体レベルで見ても，州についての比較と全く同じ図表が見られる（表2）。例えば，レバークーゼン市やゾーリンゲン市は，人口も，失業保険（ALGⅡ）受給者の割合もほぼ同じであるが，配慮権剥奪の割合は違う。レバークーゼンは100件，ゾーリンゲンでは144件であった。もっと明確なのはバイエルン内での相違である。例として，2つの小さなバイエルンの市であるアムベルクとストゥラウビングを見てみよう。人口も，失業保険受給者の割合もほぼ同じであるが，配慮権剥奪の件数は明らかに多く，そしてはっきりと異なる割合が示されている。すなわち，アムベルクがレバークーゼンの2倍以上の226件であるが，ストゥラウビングではさらに553件である。

　本プロジェクトに参加している私たち，ショーネとザイデンシュトゥッカーの大学がある2つの市，ミュンスターとレーゲンスブルクについてみても，その差異は極めて大きい。2つの美しい，歴史のある大学町は，極めて健全な社会構造を有しているが，こと配慮権剥奪の割合に関しては，著しい相違がある。すなわち，ミュンスターは，配慮権剥奪に関しては，2015年には，未成年者10万人当たり25件であったが，レーゲンスブルグは486件であった。

　当然ここでは，そのような差異はどう説明できるのが，問題になる。

- 統計が不十分なのか？
- レーゲンスブルクでは家庭裁判所は，明らかにミュンスターにおけるより（介入の）ハードルを低くしているのか？
- あるいは，レーゲンスブルクの結果は専門職がより積極的に児童保護に従事し，そのおかげで被害を受ける子が少なくなっているからだとする

と，もしかすると，ミュンスターにおいては，レーゲンスブルグと比べて，子は良く保護されていないのではないか？

　20年以上が経過する間に，統一ドイツのための統計が導入され，今日では少なくとも，統計はかなり信頼できると期待できるようになった。しかし，州レベルでの著しい相違は，今日でも，20年前と同じく，条件付きでではあるが，社会文化的なものと説明せざるをえない。互いにほぼ匹敵するような州の間であっても，大きく異なるデータを示しているのである。

　個々の地方自治体に関しては，説明はさらに難しくなる。ここでは，自治体ごとに個別的な行動論理が異なっていると推測される。極端な揺れ幅は，おそらく，個々の少年局の実務の中や，家庭裁判所の裁判実務の中に，様々な処理戦略が浮き出ているということを示すものとして捉えることができる。それらの処理戦略とは，ローカルな——そして明らかに全く異なった——文化や，個々の専門職のきわめて多様な個人的かつ専門的行動，及び，若しくはあるいは（非難を受けないように）安全を確保する必要性によるものである。

　次にもう一つ紹介したい少年局に関するデータがある。それは，少年局がどのくらい子の福祉の危険化の評価に関する手続に取り組んでいるかを示すものである。少年局のソーシャルワーカーたちは，例えば，学校や，医師，親族あるいは近所の人たちなどからの，子の福祉の危険化の疑いに関する通報によって，いわゆる子の福祉の危険化の評価を行う。2015年では，ドイツの少年局全体で，そのような子の福祉の危険化の評価の数は約13万件であった。

　私たちの目から見ると相当な数字であるが，そのような数字となっている理由は，第三者からの通報が最近明らかに増えてきたということにある。このことには，高度の蓋然性がある複数の理由がある。第1は，ドイツにおいて児童保護というテーマは，特に2006年以降，メディアにおいて頻繁に取り上げられてきたということである。2006年に幼いケビンが自分の継父のネグレクトと虐待の結果死亡した。そのことは，その家庭が少年局に知られており，その土地を管轄する少年局によって援助を受け，さらにその子のために少年局が後見人に選任されていたにもかかわらず，起きたのである。メルケル首相は，そのとき，児童保護は「連邦首相マターである」と述べ，この役

グラフ3
2015年における子の福祉の危険化の評価に関する少年局の手続

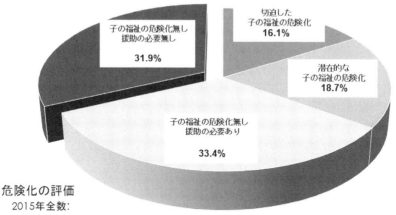

所の怠慢が解明されることを求めるとともに，ドイツ公民に対して，子どもたちにその福祉の危険が迫っているときには，警戒を怠らずにいるべきことを呼びかけたのである。その結果，数多くの児童保護に関する法律改正が行われ，学校ソーシャルワークが広く普及することになったのである。

その意味で，今日もっと多くの通報が少年局に寄せられているということに，広く社会のフォーカスが当たっていることは驚くことではない。しかし，ここで同時に分かるように，現実に子の福祉の危険化が問題となっているのは，すべての通報においてというにはほど遠い数の通報においてだけなのである（**グラフ3**）。約3分の1のケースで，潜在的あるいは切迫した危険化が問題となっている。さらに3分の1のケースでは，たしかに危険化は存在しないが，児童あるいは家庭が支援を必要としている。そして，最後の3分の1のケースでなされている通報は，子の福祉の危険化も，また援助の必要性も存在しないのである。

3．個別アンケートの結果について

次の調査のステップにおいては，19の少年局に対して個別事件のアンケートを行った。このアンケートは，少年局のソーシャルワーカーが，2014年中

に，社会法典第8編8条a第2項によって子の福祉の危険化との関係で家庭裁判所の活動が必要であるとみなし，それゆえに家庭裁判所の手続喚起を行ったすべてのケースに関して行われた。

プロジェクトチームの側としては，1996年から1999年の間に行った調査に参加したのと同じ少年局に協力をしてもらいたいと考えた。しかし，12の少年局ではそれが達成できたものの，一部の少年局からは負担が重いことを理由に拒絶されてしまった。このことは，ドイツでは，とりわけ2014年においては，特に重要な意味を持つ。なぜなら，少年局はたくさんの数の難民の世話を求められ，そのために他の事柄は優先権を譲らなければならなかったのである。また一部は，構造改革のために，1996年から1999年当時の状況とは比較できない変化が生じていた。

全体として，私たちは少年局の選択に当たり，代表的な観点から少年局のできるだけ大きな多様性をカバーすることを心がけた。すなわち，100万人都市，25万から100万人の都市，25万未満の都市，そして郡部の少年局を選んだのであり，さらにできるだけ多くの州から少年局を選ぶことにした（**表3**）。

参加した少年局は，メールで送付された電子式のアンケート用紙を受け取り，それぞれの少年社会教育学士によって作業が行われた。アンケート用紙は，索引カードデザインのエクセルデータであり，専門職が埋めやすいものである。設問は，身上に関するデータ，家庭の状況，問題及び危険化の状態，

表3

参加した少年局

人口100万人以上の大都市
ベルリン：ノイケルン・パンコウ　（ベルリン）
ケルン：エーレンフェルド（ノルトライン=ヴェストファーレン）
ミュンヘン（バイエルン）

人口25万人未満の都市
ツェレ（ニーダーザクセン）
コトブス（ブランデンブルグ）
アイゼナッハ（チューリンゲン）
エムデン（ニーダーザクセン）
カッセル（ヘッセン）
キール（シュレスヴィッヒ=ホルシュタイン）
レーゲンスブルグ（バイエルン）
ウナ（ノルトライン=ヴェストファーレン）

人口25万人以上100万人未満の大都市
ドレスデン（ザクセン）
シュトゥットガルト（バーデン=ヴュルテンベルク）

郡　Landkreise
フランケンタール（ラインラント=プファルツ）
ミンデン-リューベッケ（ノルトライン=ヴェストファーレン）
オスナブリュック（ニーダーザクセン）
オストプリグニッツ（ブランデンブルグ）
ストーマールン（シュレスヴィッヒ=ホルシュタイン）
ヴェッテラウクライス（ヘッセン）

第3章　少年援助と司法の間の子の福祉　81

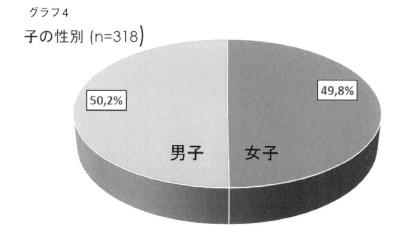

グラフ4
子の性別 (n=318)

少年局の活動，家庭裁判所との協力，家庭裁判所の対応，さらに裁判後の状況などを含んでいる。データは一つのデータ項目ごとにまとめられ，社会科学で通常用いられる統計分析プログラムであるSPSS (Statistical Products and Service Solutions) にかけて評価した。その結果再取得されたのが，318件の個別ケースの記録である。

本日は，その中から得られた結果を，いくつか紹介したいと思う。

第1は，子ども及び，子どもが生活している家庭の状況について，分かったのは何かということである。性別としては，少女と少年が同じほど，おおよそ50パーセントずつで当事者となっている（**グラフ4**）。年齢に関しては，すべての年齢グループがほぼ同じ程度で子の福祉の危険化と関わりを有していた（**グラフ5**）。ここで例外をなしているのは，3歳未満の年少子で，31パーセントと，平均値を大きく上回っている。当事者となった子のほぼ3人に1人が，裁判所への情報提供の時点で3歳未満であった。これを90年代の調査と比較してみると，約6パーセントの増加が確認される。

親の一方が移民背景を有しているかどうかも，質問された（**グラフ6**）。約半分のケースで，父又は母，あるいは父母双方が移民背景を有していた。前の研究のときには，このデータは問われていなかった。しかし，全体的には，移民背景を有する親が，この調査のグループにおいて数値的に優位を占めていることは前提となり得る。2014年において，ドイツ全体では，移民背

グラフ5
子の年齢 (n=318)

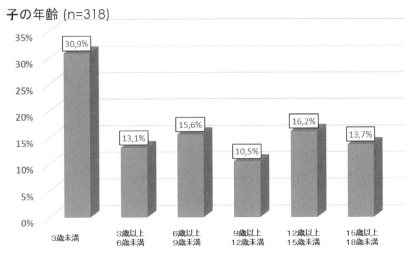

グラフ6
父または母が移民背景を有しているか？ (n=318)

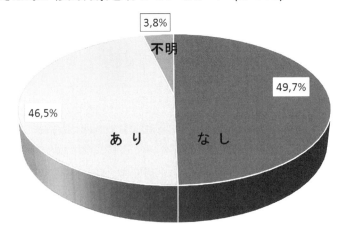

景を有する人の割合は20パーセントに達している。しかし同時に，われわれのデータの中では，移民背景を有する人の割合は，調査の地域によって著しく異なっていること（0パーセントから78パーセントまで）も明らかになっている。

第3章　少年援助と司法の間の子の福祉　83

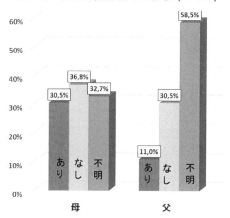

グラフ7
親自身が教育支援を受けた経験 (n=318)

　当事者たる子の父又は母が，自分自身，教育援助を受けた経験を有しているかどうかということも問われた（**グラフ7**）。全体としては，母あるいは母の親の少なくとも30パーセントが教育援助を受けたことがあり，父では少なくとも11パーセントが受けたことがあった。もちろん目を引くのは，専門職がこの点について知らないケースが明らかに多いということである。父に関しては，このことはそれほど驚くべきことではないかもしれない。なぜなら，相対的に多くの事案では，父が不在であるからである。しかし，母についても3分の1のケースで無回答であったことは驚きである。家族の援助の歴史を知ることは，ケースの全体を理解するためには重要なことである。

　ほとんどの家庭は，相対的に小さい経済力で生計を立てなければならない家庭である（**グラフ8**）。3分の2以上の家庭は，失業保険Ⅱあるいは社会法典第12編の給付を受けて生活している。自立労働あるいは非自立労働で収入を得ているものは30パーセントを下回っている。これらの結果は，以前の調査のデータとほぼ一致している。

　当事者たる子の4分の1は，1人っ子であり，半分が1，2名の全血兄弟姉妹あるいは半血兄弟姉妹を有し，残りの4分の1が3人あるいはそれ以上の兄弟姉妹を有していた（**グラフ9**）。ここでも家庭に関しては，平均以上の数の子がいる家庭が問題となり，特に半血兄弟のいる家庭の割合が高かったので

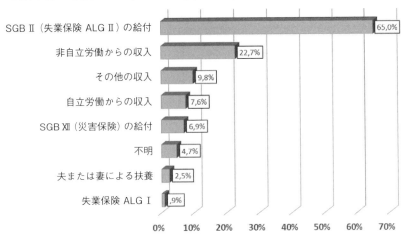

グラフ8
未成年者の家庭の収入(複数回答) (n=318)

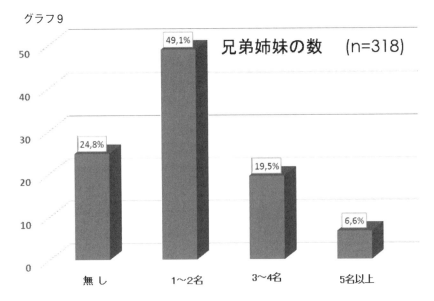

グラフ9
兄弟姉妹の数 (n=318)

ある。全体的には、兄弟姉妹のいる家庭の62パーセントにおいて、子の福祉の危険化を理由とする手続がなされていた。この手続がなされていたのは、1, 2名の兄弟姉妹の家庭では58パーセント、3, 4人の家庭では61パーセント、

グラフ10
兄弟姉妹が子の福祉の危険化に関する手続にかかっている割合（n=239）

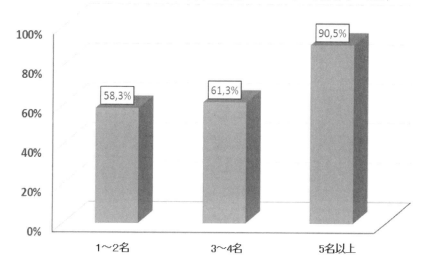

グラフ11

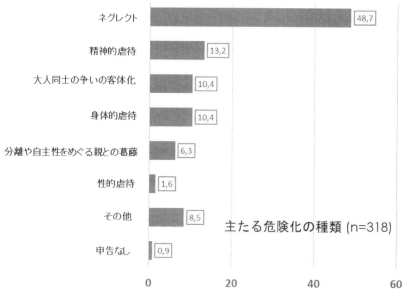

主たる危険化の種類 (n=318)

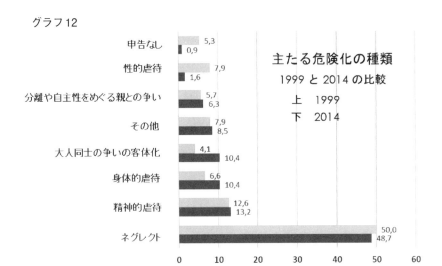

5人あるいはそれ以上の家庭では91パーセントであった(**グラフ10**)。

個々の事案においてどのような子の福祉の危険化が主要なものとして存在したかも，質問された(**グラフ11**)。最も多く挙げられたのはネグレクトであり，ほぼ2分の1のケースで挙げられている。大きく間が空くが，第2番目は精神的虐待で，13パーセントであった。身体的虐待並びに大人同士の争いは，それぞれ10件に1件であった。分離(親離れ)や自主性をめぐる葛藤は6パーセント，性的虐待は1.6パーセントである。興味深いのは，少しではあるが，基本的な危険化の状態が前回調査のときと変わっていることである(**グラフ12**)。このグラフで，上のグラフが1999年のデータである。ネグレクトは，1999年では今日と同様に中心的な危険化状態である。身体的虐待と大人同士の争いは少し増加したが，2014年では性的虐待が，主たる危険化状態としては稀なものになっている。

同じことは，根本的には，高度の，あるいは極度の負担と評価される家庭の問題状況についても当てはまる(**表4**)。平均してみれば，一家庭当たり，7.4の高度あるいは極度の負担を伴った問題状況が申告されている。個々の問題状況について詳しく入り込むつもりはないが，子の福祉の危険化の領域においては，私たちは，多数の問題状況によって極めて強い負担にさらされ

表4
家族にとって高度又は極度の負担となっていた問題
（複数回答）（n=318）

問題	%	問題	%
重荷に耐える親の能力の不足	68.6%	家族構成員の犯罪	30.8%
パートナー間の争い、別居／離婚	66.0%	親の中毒問題：薬物・アルコール・大麻	30.2%
家庭内でのトラウマ的事件	57.9%	失業	29.6%
子に対する単独責任	51.9%	居住地における家族の孤立	25.8%
貧困	48.7%	移民経験	20.4%
親自身の子ども時代における経験の不足	47.2%	言語能力の不足	17.3%
自己の家庭内における社会的分裂	39.6%	親の中毒問題：合成薬物（クリスタル・メス等）	17.0%
親の精神病／精神障害	39.6%	親の疾病／身体障害	13.5%
住居環境の貧弱	35.8%	望まない妊娠（危険にさらされている子について）	7.9%
配慮権／交流権をめぐる紛争	31.1%	親の知的障害	3.5%
		親の中毒問題：バーチャルゲーム、遊戯機械等	2.5%

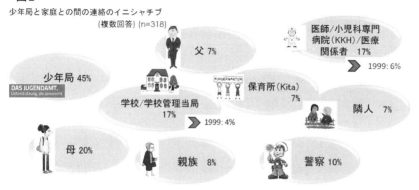

図2
少年局と家庭との間の連絡のイニシャチブ
（複数回答）(n=318)

少年局 45% ／ 父 7% ／ 医師／小児科専門病院(KKH)／医療関係者 17%（1999: 6%）／ 学校／学校管理当局 17%（1999: 4%）／ 保育所(Kita) 7% ／ 隣人 7% ／ 母 20% ／ 親族 8% ／ 警察 10%

ている家庭と関わらなければならないのだということは，はっきりとさせておきたいと思う。特に多く挙げられたのは，父母の一方の精神的な負担に耐える能力の低さ，パートナーとの紛争，トラウマとなっている家庭内の事件，子に対する単独責任及び貧困であった。全体的には，報告された問題状況に関する申告も，90年代とほぼ同じであることが明らかとなった。唯一，特に目立ったのは親の精神病に関する申告である。その数は，今日では，1999年と比べると2倍以上になっている。

その他，興味深かったのは，誰が最初の少年局と家庭との間の接触を持ったのかということである（図2）。圧倒的多数のケースでは，少年局によって取られており，全ケースの45パーセントである。5件に1件は当事者たる母自身であり，少年局に対して接触を求めてきた。割合は1999年と似ているが，それでも2つの顕著な相違がある。すなわち，家庭と役所との間の接触をも

図3
なぜ、少年局の判断として、家庭裁判所への通告が必要だということになったのか (n=318)

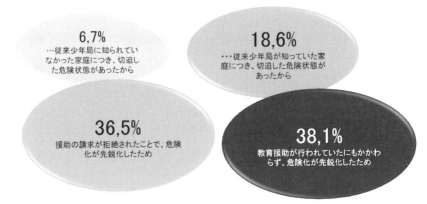

たらした学校あるいは学校管理者の割合が，約17パーセントで，1999年より明らかに高く，さらに同様のことは，医療職の専門家に当てはまり，これも17パーセントとなっている。比較してみると，いずれも前回は，4パーセントあるいは6パーセントであった。このことは，児童保護に関する立法者の意図が第一次的な効果を発揮し，児童保護が，ますます子の福祉について配慮するすべての機関の，共同の任務として理解されるようになってきたことの現れとしての意味を有している。

私たちは，次の結果によって前回のプロジェクトの結果が正しかったことを確認した（図3）。それは，それまで少年局に知られていなかった家庭において子の福祉が危険にさらされる可能性があることについて，裁判所への情報提供がなされることは，むしろ例外であるということである。私たちの調査では，それは6.7パーセントにすぎなかった。若干増えたのは，従来から少年局に知られていたが，突然，家庭裁判所の喚起を必要とする切迫した危険状態が生じた家庭である。それは18.6パーセントであった。ほとんどのケースで問題となるのは，すでに知られてはいたが援助を拒絶していた家庭の中で，子の福祉の危険化がゆっくりと先鋭化していったケースである（36.5パーセント）。あるいは，さらにそれより若干多いのであるが，少年局に知られていた家庭で，援助給付がなされていたにもかかわらず，子の福祉の危険化

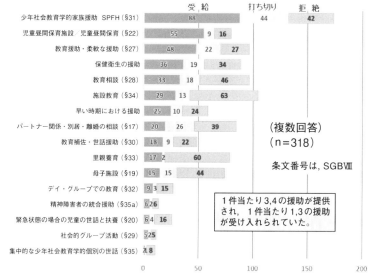

グラフ13 先行的に、どのような援助が提供され、受け入れられ、打ち切られ、拒絶されたのか

の状況が先鋭化したケースである。すなわち、それらの（裁判所へ情報提供される）家庭は、通常の場合、少年局が長期にわたって知っており、確かに割合に多く援助が提供されてはいるが、その受給が拒否されたり、十分に効果を発揮していない家庭である。問題なのは、明らかに、裁判所の喚起を決定するに至る確固としたきっかけに達するまでのプロセスが、どちらかといえば緩慢であるということである。

次の結果もこのことと対応している。このグラフは、家庭裁判所の喚起の前段階において、どのような援助が提供され、受け入れられ、打ち切られ、あるいは最初から拒否されていたかを示したものである（**グラフ13**）。平均的には、1ケース当たり3.4の援助が提供されており、断面的に見ればそのうち1.3の援助が受け入れられている。ここに示されているように、少年社会教育学的家庭援助がとりわけて最も多く提供された援助である。その援助は、少なくとも2件に1件のケースで提供されていた。4分の3の家庭は、この援助を受け入れてもいた。ただし、約3件に1件の家庭は、この援助を後で再び打ち切っていた。比較的に多数提供されているのは、SGBⅧ27条2項の柔軟

表5
提案された援助について、若者は了解していたか

	同意	アンビバレント	拒絶	不明
全未成年者	17,6	13,8	11,6	56,9

	同意	アンビバレント	拒絶	不明
15-18歳の者	37,2	18,6	18,6	25,6

な援助で，その内容は教育相談，全日保育（里親養育），施設教育（ホーム入所），保健衛生機関の援助である。特に里親養育や施設教育，また母子施設のような介入的色彩の強い援助は，拒否されることが平均よりも多いという結果であった。

　未成年者自身が裁判所の介在を受けて提案された援助について同意していたかどうかも質問した（表5）。まず，すべての子どもたちについて特徴的なのは，専門職が，児童並びに青少年が提案に同意していたかどうか述べることはできなかったケースの割合が極めて高く，57パーセントということであった。若者のうち，17.6パーセントについてだけ，彼らが提案に同意できているということがわかった。青少年のデータだけを見れば，同意の割合は37パーセントである。青少年の4人に1人が，自分がどのように援助を受けているということを全く知らず，37パーセントのみしかその援助を積極的に欲しがっていないということは，興ざめな結果だと思う。

　未成年者の審問については，データ全体に関してみれば，未成年者の39パーセントが手続の中で家庭裁判官の審問を受けていた（図4）。特に驚くことではないが，未成年者の年齢が上がれば上がるほど，審問の割合も高くなることが示されている。その割合は，7歳を超える者では61パーセント，14歳を超える青少年では79パーセントであった。裁判所の裁判が重大なものであればあるだけ，その割合も高くなっている。最終的に配慮権の剥奪があったケースでは，その割合は，7歳を超える者について92パーセント，12歳を超える者については100パーセントであった。

　この点について，私たちは，実際のところ，1999年のデータと比較して明

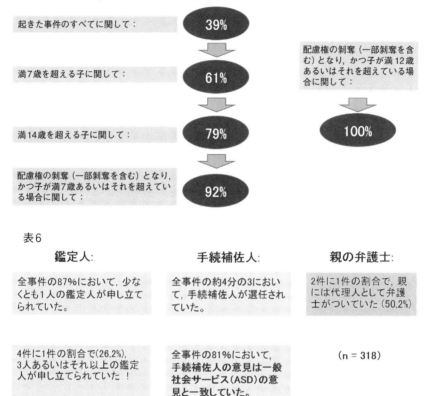

図4 どのくらいの割合で，未成年者は裁判官から審問されたか

表6

らかに高くなるだろうと期待していた。しかしそのことは，少なくとも未成年者の全数に関しては，証明されなかった。割合はほとんど一緒だったのである。

　次に鑑定人と手続補佐人である（表6）。まず鑑定についてみると，87パーセントのケースで少なくとも一つの鑑定が申し立てられており，4件の手続に1件は3つ及びそれ以上の鑑定が申し立てられている。ここでは，1999年の状況との関係ではっきりとした差が見られる。当時鑑定が求められていたのは，3件に1件の割合であった。

　手続補佐人は，全ケースの4分の3で選任されていた。手続補佐人の意見

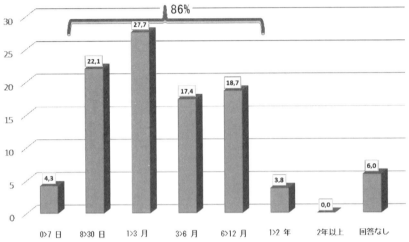

グラフ14
裁判所への通告から本案裁判が下されるまでの期間 （n=235） 2014年

はその81パーセントにおいて一般社会サービス（ASD＝少年局）の評価と一致していた。

　2件に1件は，親に弁護士がついていた。この点においても，1999年と比べて，10パーセントの増加が見られた。

　配慮権の手続にかかる期間の長さは，何年来繰り返し批判にさらされてきており，その結果，迅速化の法律の導入によって，手続が明確に短縮されることが期待された。それゆえ，私たちも，この調査で継続期間の調査を行った。その結果見られるのは，ほぼ平均的な分布である。ほとんどの手続は1週間から1年の間継続している。全手続の86パーセントがこの継続期間の中に納まっており，1年以上あるいはさらにそれ以上継続しているのは，きわめてわずかである（**グラフ14**）。ここで現在の数字①と，1999年の数字②を比較してみると，即，われわれが調べたケースでは，手続の短縮は取り立てて言うほどではないということになる（**グラフ15**）。1999年は1週間内に終結した手続の割合が明らかに高かったのであるが，一方で，特に長い手続の割合も高かった。全体を平均すると，手続の継続期間は大体同じであった。

　裁判所の判断そのものに関しては，裁判官がBGB1666条の中に挙げられ

グラフ15

**裁判所への通告から本案裁判が下されるまでの期間
1999（n=242）と2014（n=235）の比較**

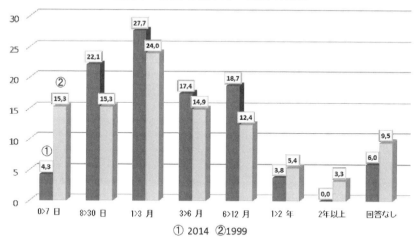

① 2014　② 1999

グラフ16
裁判所の本案裁判の内容　（複数回答）（n=243）　（　）内は，BGB1666条2項の該当号

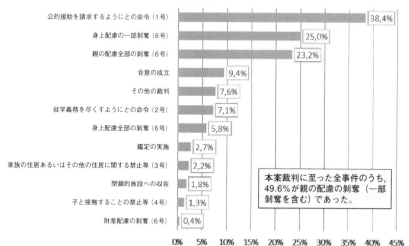

た取りうる措置のパレット全体を使用し尽くしているということがわかる（**グラフ16**）。特に，教育援助の受給の命令が多くなされているが，合意や，その他の命令若しくは禁止も，しばしば行われている。しかし，依然として親

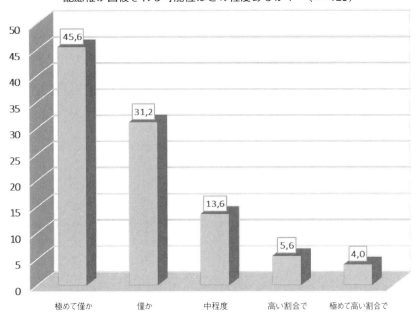

グラフ17
配慮権が回復される可能性はどの程度あるか？ （n=125）

極めて僅か 45,6
僅か 31,2
中程度 13,6
高い割合で 5,6
極めて高い割合で 4,0

の配慮への侵襲が，量的には重要な役割を果たしている。親の配慮権は2件に1件の割合で侵襲されている。ここでは，1999年の調査との関係で，元に戻ったような展開が確認される。1999年には，68パーセントのケースで配慮権の剥奪が行われていた。

専門職に行った量的調査の最後の質問は，いわば将来に目をやったものである。その質問とは，専門職たちは，親に配慮権が戻る可能性をどの程度と評価しているのかということである（**グラフ17**）。

専門職の目からは，回復は明らかに極めてまれなものと見られている。約10件に1件の割合で，可能性は高い，あるいは極めて高いと評価されているが，4分の3以上のケースでは，僅か，あるいは極めて僅かと評価されている。

4．インタビューから

最初に述べたように，量的な調査に加えて，少年局のソーシャルワーカー，

家庭裁判所裁判官，手続補佐人，当事者である親及び青少年とのインタビューを行った。次に，これらのインタビューから得た，いくつかのくっきりと浮かび上がった知見について，短くスケッチ的に述べたいと思う。

- 前回調査の結果と異なって，今日，すべての少年局には，子の福祉に危険が及ぶ場合にどのように，専門的に，適切に行動しなければならないかについて，拘束力のある基準が存在する。
- 今日，（自分たちで作成した）危険化の評価のためのツールを持たずに活動している少年局は一つもないであろう。ただし，ツールは，形式的に，場合によって保身のために利用される危険がある。
- 子の福祉に危険が及ぶケースにおいて，連邦児童保護法によって新たに導入された「その分野に経験のある専門職員」が携わるのは，どちらかといえば稀である。
- 少年局と家庭裁判所は，家事事件非訟事件法（FamFG）の影響によって，より密接に繋がっている。早い時期における協力は，両機関の行動の多様性を，適法かつ効果的に拡大するものとして理解されている。
- 多くの裁判官たちが，ひとつのまとまった理解を刻み込まれている。そのことは，裁判官たちが自分を少年局と一体的なものとして理解する傾向があり，また少年局の専門的な評価を極めて高く信頼しているということを意味している。
- 児童，少年及び親の手続への参加は定着してはいるものの，少年局及び家庭裁判所では様々な実務が行われている。
- 当事者である親や青少年の目から見ると，家庭裁判所の手続における手続進行や行動方法は，きわめて多くの場合，不透明かつ不可解なものと感じられている。
- 若者との対話からは，子と専門職との関係が児童保護における重要な成功要素となることが明らかになった。

5. まとめ

　一般的には，手続において多くのことが変わったが，次のようないくつかのことは，以前と同じままであった。

- 個別的局面に関する危険化の状態の分布
- 扱われた家庭のほぼ4分の3が最低生活条件で生活しているという事実
- 年齢層の分布（3歳以下の層が25％から30％にわずかに増加）
- 裁判所の介入の動因（25％切迫事例；90％数か月前あるいは数年前から少年局に知られていた事例）
- 裁判所による抑制的な子の審問
- 手続の期間の平均的な長さ（最初の4週間内の裁判のわずかな減少）

これに対して，以前と変わった点は，次の通りである。
- 連邦統計における配慮権剥奪の明確な増加
- 州及び地方自治体内部におけるバリエーションの一層の明確化
- 他の機関から少年局に寄せられる危険化の通報の数の増加（保健関係機関6％から17％；学校4％から17％）
- 鑑定人選任の明確な増加
- 精神的疾病に罹っている親の割合の顕著な増加

　私たちは，多くの点で調査結果に関して驚くとともに，もっとはっきりとした変化を期待していた。特に手続の継続期間の短縮や，配慮権剥奪が，それ以外の裁判所の措置にとって代わられ，減少しているのではないか，といったことなどについてである。

　私たちは将来に向けて少年局と裁判所による役割遂行の新たな調整という点に，最大の行動の必要性を見出した。少年局と裁判所は，私たちの目からすれば，今日明らかに多くの場で生じているように，緊密になりすぎてはならない。

　第2の重要な課題は，親，あるいは児童並びに少年を，手続のすべての段階に適切に参加させ，その権利を強化するよう努めることである。それによって手続の中においても，子の福祉が最大限保護されることになる。

第4章　ベルリンにおける子の福祉の危険化回避のシステムの展開

岩志和一郎

第1節　ベルリン市州の児童保護対応の経緯

1. AG-KJHGの制定

　すでに述べてきたように，ドイツでは，2000年代に入って子の福祉の危険化に対する対応のため，集中して立法作業が行われた。その中でも，2005年のKICK（「児童並びに少年援助の更なる発展のための法律」）によって，子の福祉の危険化に対する少年局の役割に関する中核規定として，SGB Ⅷに8条aの規定が新設されたことは重要な意味を有している。

　SGB Ⅷ8条aの前身は，1990年の制定時にSGB Ⅷ50条に第3項として定められていた「少年局は，児童若しくは少年の福祉の危険化の回避のために裁判所の活動が必要と考えるときは，裁判所を喚起しなければならない。」という規定である。ドイツにおける後見裁判所や家庭裁判所の手続のほとんどは非訟手続であり，職権主義がとられているが，わが国と異なり，裁判所には家庭裁判所調査官のような独自の調査手段が存在しない。そのため，SGB Ⅷは，少年局は子の身上配慮に関するすべての措置について，後見裁判所及び家庭裁判所を支援し，また養子縁組や一定の親の配慮に関する後見裁判所及び家庭裁判所の手続（旧FGG49条，49条a）に協力しなければならないとされていた（SGB Ⅷ50条1項）。旧SGB Ⅷ50条3項は，それら少年局の裁判所に対する支援及び協力の義務の一環として置かれていたのである。しかし，その規定ぶりは極めて簡単であり，少年局がどのように危険化を判断し，本来の少年援助の任務との関係でどのような手順を踏まなければならないのかなど，詳細な基準は存在しなかった。そのため介入の必要性を見過ごしたり，必要性を認めても介入に慎重を期すあまり重大な悪結果をもたらしたりする可能

性が問題とされた。その点を考慮して，旧SGB Ⅷ 50条3項の規定を独立させ，裁判所の手続喚起の要件と喚起までの少年局の活動の手続を定める規定（SGB Ⅷ 8条a）が置かれることとなったのである。このようにして成立したSGB Ⅷ 8条aであるが，子の福祉の危険化への対応はこの規定のみによって行われるわけではない。実務上はこの規定を基礎としつつ，各州が定める州法の取決めに負うところが大きい。

　SGB Ⅷは，児童並びに少年援助に関する連邦の法律である。連邦国家であるドイツでは，連邦と州との立法権限の範囲が問題となるが，児童並びに少年援助は，競合的立法分野に関するGG 74条1項7号の「公的扶助」の中に含まれるものであり，それゆえGG 72条に従い，連邦が立法権限を有する。もちろん連邦がその立法管轄権を行使しなかった場合は，その限りで，諸州が相応の法律を定める権限を有する（GG 72条1項）。このことは，SGB Ⅷにおいてもそうであり，諸州は，SGB Ⅷに規定がない部分については，独自の州法を公布する権利を有するし，SGB Ⅷ自身に州法に委ねる特段の定めがある部分についても同様である。そのため，すべての州で州法としてSGB Ⅷに関する施行法が制定されており，ベルリンでは，1995年5月9日の「児童並びに少年援助法の施行に関する法律（Gesetz zur Ausführung des Kinder- und Jugendhilfegesetzes – AG-KJHG）」（GVBl. S. 300）がそれにあたる。その後，同法は，2001年4月27日の法律（GVBl. S. 134）による改正，2005年6月30日の法律（GVBl. S. 322）による改正を経て，今日に至っている。

　2005年改正による現行AG-KJHGの規定の基礎となっているのは，問題解決のためには，子の福祉の危険化を発見してからの対応以上に，それ以前の段階で危険化を未然に防ぐ，あるいは危険化を抑制することが重要であるとの認識，すなわち，児童や少年の保護は，もはや少年局と家庭裁判所だけの力で実現できるものなのではなく，児童や少年と関わる社会の諸力，すなわち保健機関や病院，学校や保育所，家族援助サービスに当たる民間の主体や施設，さらには警察や検察まで含めた諸力の連携があって初めて達成できるものであるという認識である。その結果として，前面に出てくるのが，「児童保護（Kinderschutz）」という枠組であり，この点について，AG-KJHG 16条1項は，「若者は，家庭内においても，虐待，ネグレクト及び暴力から保護され

なければならない。少年援助の官庁は広報活動を通して，また少年援助の施設，学校並びに警察及び司法の場において専門職を教育することを通して，保護のために適切な措置を講じ，実施するべきである。」と規定している。

　この児童保護という枠組の中には，世話と教育に関する啓発，情報提供，そして相談といった第一次的予防措置，子に対する危険を埋蔵している負荷のかかった生活状況にある親の支援という第二次的予防措置，そして最後に子の福祉の危険化の際の介入に至るまでの，SGB Ⅷ 8条a及びBGB1666条にいう保護の任務による措置という，3つの段階的な措置が含まれる。それらの措置については，危険化の状態によって，様々な接近方法が準備されるべきであり，また統一的な連携や協力を基礎としつつも，児童や少年と接する種々の職にある者それぞれによって，専門的なリスク評価がなされなければならない。さらに支援のための給付や介入については危険の段階に応じた細かい要件の設定がなされるべきであり，また様々な社会的データとの連繋も必要となる。

2．児童保護ネットワーク構想の策定と保護法制の整備

　2005年9月にKICKによってSGB Ⅷに8条aが挿入されると，12月には，上記のAG-KJHGの要請を踏まえ，具体的にとられるべき施策について検討するため，ベルリン州議会によって，作業部会「児童保護ネットワーク（Netzwerk Kinderschutz）」が立ち上げられた。

　この作業部会は，2006年4月19日には，「児童保護ネットワークに関する構想（児童保護の改善——子に対する暴力の防止）」と題する報告書（Konzept für ein Netzwerk Kinderschutz, Abgeordnetenhaus Berlin, Drs. 15/5016）を提出し，その中で，「産科病院，助産師，児童並びに少年保健サービス，少年局の地区社会サービス，社会医療サービス，小児科開業医の協力のための『リスク要因』に関する拘束力を持った定義を書面形式で確定し，さらにそれに従って必要な作業段階に関する取決めを行うこと——早期発見と介入のシステムの構築」，「児童並びに少年保健サービスと行政区の少年局の間の拘束力を持った連携協定を締結し，また毎年更新される共通の書面による随伴プランを確定すること」，「緊急児童サービスにホットラインを設置すること，行政区

の少年局及び保健所に，民間の主体，市民，親並びにその他の関係者のための窓口としての児童保護担当職（コーディネーター職）を設置することの検討」，「SGB Ⅷ 8 条 a の基準の実現をベルリン全体規模で確保すること（少年局，給付契約，財政のための基準）」など，多数の提案を行った[1]。

このような提案を受けて，ベルリン州政府は児童保護に向けた種々の施策を実行に移した。その重要なものは以下の通りである。

第 1 は，「ベルリン児童保護ネットワーク（Netzwerk Kinderschutz Berlin）」の立上げである。作業部会の提案にある，少年局との連携や，子どもの出生後の早い段階での子の福祉の危険化の発見と介入のあり方等をめぐる具体的な施策の策定や実現のシステムの構築のために設立されたものであり，その背景には，児童保護は少年局に義務化するだけで実現できるものではなく，種々の支援に当たる専門職の連携が必要であるという視点が存在する。このネットワークは，後述（本章第 5 節 1 参照）する通り，一つの新しい機関や役所をつくるということではなく，プロジェクトベースで官民諸種の既存の主体や専門職が連携する，まさにネットワークとして構築されるものである。

第 2 は，緊急対応態勢の確立である。すでに述べたように，ベルリンには全部で 12 の行政区があり，そのそれぞれに少年局が置かれている。しかし，少年局の執務時間は，月曜から金曜日までの 8 時から 18 時までであり，夜間や休日の対応に問題があった。そこで，24 時間，365 日体制で，ベルリン全体に管轄を有する，少年局と同等の権限を持った公的児童保護機関として，「ベルリン緊急児童保護サービス（Berliner Notdienst Kinderschutz）」（BNK）が

---

1) そのほかには，○児童保護が法律によりより良い形で確立される可能性があるか，また拘束力を持った少年局との連携は将来どのように規律されるべきかを検討し，さらにそれに従って必要な作業段階に関する取決めを行うこと，早期発見と介入のシステムの構築，○モデルプロジェクト「親の援助の探索」の構築，例えば，現存の援助サービスと並ぶ特別の問題状況に対応する方法として，出生前後の予防的な児童保護を検討すること，○児童保護ネットワークのすべての参加者の，拘束力を持った連携協定を確定すること，○「最初の家庭訪問」と「保健上の児童保護」について，政治指導部レベルと質の基準の範囲と充足に関する目標協定を締結すること，○保健に関する家庭訪問及び斡旋された援助サービスの実施に関して，ベルリン全体の統一的な基準と専門家の基準を作成すること，○「児童保護コーディネーター」として，少年局によって，保育所及び学校のための拘束力を持った窓口担当が備えられること，○少年局へのデータ転送を目的とした通報法の基盤の変更を検討すること，等が挙げられる。

設立された[2]。このBNKは相談サービス等にも当たるが、主たる活動時間が少年局が業務を行っていない夜間や休日ということもあって、緊急一時保護を扱うことが多く、独自に児童保護所（14歳未満）、少年保護所（14歳〜18歳未満）、女子保護所（12歳〜21歳未満）を開設している。

第3は、「児童保護のための通報並びに情報提供に関するベルリン統一システム」を立ち上げたことである（図1参照）。虐待などの通報は少年局や保健所などへの電話によることが多かったが、それら通報を受けても部署間での横の繋がりは構築されておらず、また執務時間外の対応も存在しなかった。そこで、24時間態勢で通報を受け付ける電話サービスとして、2007年5月2日にベルリン児童保護ホットライン（Hotline-Kinderschutz）が設置され、その運営は上記のBNKに委ねられた[3]。またそれとは別に、執務時間内ではあるが、区の少年局や保健所には代表番号に55555をつけることで直接児童保護コーディネーターに繋がる緊急電話が設置された。通報を受けた児童保護コーディネーターは、少年局及び保健所相互間で情報提供し、またそれぞれの専門職に対応を繋げていくこととなっている。

第4として、2008年4月8日に、「ベルリン州区役所の少年局及び保健所における児童保護のための措置の実施に関する共通施行規程（Gemeinsame Ausführungsvorschriften über die Durchführung von Maßnahmen zum Kinderschutz in den Jugend- und Gesundheitsämtern der Bezirksämter des Landes Berlin – AV Kinderschutz Jug Ges）」が制定された（以下、共通施行規程。本書末**資料1**参照）。この共通施行規程は、上述の少年援助法施行法（AG-KJHG）の要請に従って、区の少年局と保健所の任務の内容について規律するものであり、上に触れた緊急電話等の整備による少年局や保健所へのアクセシビリティの確保（3条）、児童保護に関する少年局と保健所の間、警察など他機関との間、あるいはそれぞれの部署間での対応のコーディネート（4条）、任務遂行のた

2）予算執行と家庭裁判所の管轄との関係で、フリードリクスハイン＝シェーネベルク区に属するが、同区の機関ではなく、後述するようにベルリン児童保護ネットワークのプロジェクトである。

3）通報数は、2010年に1,255件であったが、2014年には2,006件となっている。また通報の内容は、精神的虐待の疑い（313件）、ネグレクト（260件）、身体的虐待の疑い（257件）、性的虐待の疑い（96件）などが多数を占める。BNK Jahresbericht, 2015, Teil 2. Statistik – Überblick 2010-2014, http://www.berliner-notdienst-kinderschutz.de/（以下、BNK報告書）。

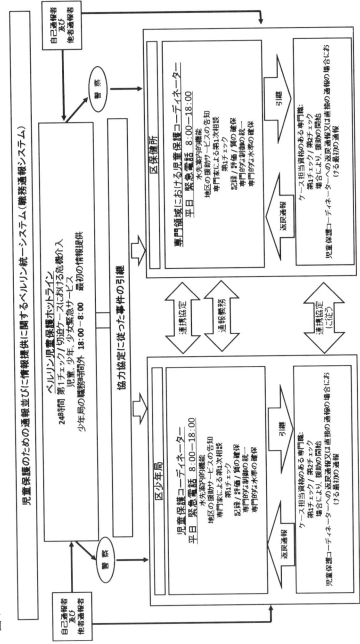

図1

めのデータの取扱（10条，11条）などについて定める。中でも特に重要なのは，SGB Ⅷ 8条aで求められている危険化のリスク評価の手続基準を定めたこと（5条），またリスク評価のために立ち入り調査が必要となる場合の実施方法について定めたこと（6条）である。

第5には，2009年12月17日の法律として，「児童の健康及び児童保護の促進のための法律（Gesetz zur Förderung der Gesundheit von Kindern und des Kinderschutz）（ベルリン児童保護法 Berliner Kinderschutzgesetz – KiSchuG）」（GVBl. S. 875）を制定したことが挙げられる（全文について，本書末**資料2**参照）。子の出生間もない頃からの早期対応，さらにはまだ懐胎中の母親に向けた支援について，すべての関係団体，機関，施設，公務員らの連携とネットワークの整備について定めるものであり，2012年の連邦児童保護法（本書第2章第2節3(7)参照）に先んじて制定されたものとして評価されている。とりわけ，保健制度との関係については詳細なものとなっており，この点については後述する（本章第5節2(1)参照）。

第6には，以上のような作業グループ「児童保護ネットワーク」の提案に基づくものというわけではないが，州司法省が主体となって立ち上げた臨時作業グループ「少年局と家庭裁判所の協力（Kooperation Jugendamt-Familiengericht）」により，2006年にまとめられた，「テンペルホーフ＝クロイツベルク家庭裁判所，パンコウ＝ヴァイセンゼー家庭裁判所，ベルリン上級地方裁判所と行政区の少年局の間の協力に関する勧告（Empfehlungen zur Zusammenarbeit zwischen den Familiengerichten bei den Amtsgerichten Tempelhof-Kreuzberg sowie Pankow / Weißensee, dem Kammergericht und den Jugendämtern der Bezirke bei der Mitwirkung im familiengerichtlichen Verfahren, gemäß §§ 8a Abs. 3, 50 SGB Ⅷ i. V. m. § 49a FGG)」を挙げておく必要があるであろう。この勧告には，親の配慮と交流に関する裁判手続での少年局と家庭裁判所の協力一般に関する勧告とともに，SGB Ⅷ 8条aによる少年局による家庭裁判所の手続喚起に関する詳細の取決めが含まれている。

現在ベルリンでは，連邦法の実現のために，おおよそ以上のような法的整備あるいは諸合意等により，児童保護の態勢が組まれている。私たちの調査を通じて見えてきた，そのより具体的な展開については，以下に示すとおりである。

第2節　子の福祉の危険化の評価
―― 少年局の活動

1. 調査対象

　すでに第3章第1節で述べたように，ドイツの児童保護の4つの段階のうち，一般予防の第1フェーズ，特定予防の第2フェーズは少年援助を中心とした行政の対応段階であり，その活動は公的少年援助の主体が自ら，あるいは多くの場合は民間の少年援助の主体に委託して行う。この段階の少年援助をはじめとする援助給付は，請求権者たる親（配慮権者）の意に反して行うことはできないが，裁判所が子の福祉の危険化の存在を確認し，その回避のためにBGB1666条に従って相当な措置の実施を命ずる決定を行えば，第3フェーズとして強制的な介入が可能となる。この第3フェーズの手続は，BGB1666条の法文上裁判所の職権によって開始することになっているが，これもすでに述べた通り，実際には公的少年援助の主体が任務遂行のために設置する少年局からの手続の喚起があって，職権が発動されるのが通常である。

　SGB Ⅷ 8条aによれば，「少年局が児童若しくは少年の福祉の危険化について重要な手掛かりを得たときは，少年局は複数の専門職員（Fachkräfte）の共同によって危険化の度合いを評価しなければなら」ず（1項1文），「危険化の回避のために援助を行うことが適切かつ必要であると考えるときは，身上配慮権者若しくは教育権者にこれを提供しなければならない」（同3文）が，「家庭裁判所の活動が必要であると考えるときは，裁判所を喚起しなければならない」（3項1文）とされる。すなわち，少年局は裁判所に介入的措置の決定を求めるにあたり，子の福祉の危険化の慎重な評価と，援助による危険化回避の可能性の検討をしなければならない。このような評価や検討がどのようにして行われるのかについては，連邦法であるSGB Ⅷには規定はなく，州法に委ねられている。

　ベルリンは市州であることから，市州が一体的に公的少年援助の主体となっており，SGB Ⅷの任務の実行のために，一つの州少年局と，12の行政区ごとに少年局が置かれている。私たちは，この子の福祉の危険化の評価と回避

可能性の検討の具体的な方法と内容を知るため，旧西ベルリン地区に位置するシャルロッテンブルク゠ヴィルマースドルフ区とノイケルン区の少年局，旧東ベルリン地区にあるパンコウ区とリヒテンベルク区の少年局[4]，さらに先述（本章第1節2参照）した「ベルリン緊急児童保護サービス（BNK）」に対して，また大都市との比較という観点から，ベルリンの隣接州であるブランデンブルグ州のコトブス市の少年局に対して，インタビューを行った。

2. 子の福祉の危険化に関する手掛かりの取得

SGB Ⅷ 8条a1項1文によれば，少年局は子の福祉の危険化について重要な手掛かりを得たときは，その危険化の度合いを評価しなければならない。この「重要な手掛かり」は，少年局が従来から少年援助の給付を提供するなど関わりを有している家庭の場合には，その関わりの中で兆候が発見されることが多いといわれる（例えば，家事援助サービス事業者からの通報）。また前述の児童保護ホットラインや各少年局の緊急電話を通じた通報，医師や教員，諸種の相談員など，子や親（配慮権者）と接する機会の多い職にある者からの通報，さらに警察からの通報によって手掛かりを得ることも少なくない。

ベルリンでの通報数は，区によって数え方が異なっている関係で一概には言えないが，それぞれ年間500件から1,500件程度である[5]。先に触れたように，ベルリンでは，2012年に連邦法としてKKGが制定される前，2009年に州法として（ベルリン）児童保護法が制定され，守秘義務免除の情報提供のシステム整備がなされていた。そのため，インタビューでは，KKGの制定によって通報数に大きな進展があったというわけではないという声がほとんどであっ

---

[4] 各少年局の管轄地区の児童並びに少年の数，少年局の職員の数などの概要は以下のとおりである。シャルロッテンブルク゠ヴィルマースドルフ区の人口は325,000人（内18歳未満40,438人），ノイケルン区361,000人（54,000人），パンコウ区384,000人（62,500人），リヒテンベルク区260,000人（43,000人）であり。コトブス市は人口99,600（12,700人）である。少年局の職員数は，シャルロッテンブルク゠ヴィルマースドルフは行政職員とソーシャルワーカーを合わせて300人（内，直接児童保護に当たる地域社会サービス（RSD）担当者63人），ノイケルンは339人（131名），パンコウ360人（70人），リヒテンベルク280人（45名），コトブス市156人（20人）であった。

[5] シャルロッテンブルク゠ヴィルマースドルフ995件（2014年），ノイケルン1,334件（2015年），パンコウ600件，コトブス456件（2014年）などであるが，多くは新規の通報数であって，従来から長期にわたって対応してきた家庭についての通報はカウントしていないところが多い。

たが，ただ，KKGの方が州法より幅広い職種の人々を守秘義務免除の対象としている点で評価できるとする意見（パンコウ職員）もあった。

3. 危険化の度合いの評価の方法

　重要な手掛かりを得た場合に求められる専門職によるリスクの度合いの評価は，2段階となっており，全区共通のシートを使用して行う。このシートは，共通施行規程（本書末**資料1**参照）5条5項に基づいて，少年局と保健所のために作成，導入されたものであり，2つの段階の目的に沿った2種類のシートから成っている[6]。

　第1段階の評価の目的は，最初の手掛かりを記録し，最初の審理を行って，直接的及び深刻な危険化が起きているか，また2時間以内の即時的行動（家庭訪問など）が必要かという問題に対する解答を得ることにある（共通施行規程5条1項）。この評価作業は，他の少年局の通常の任務に優先し，重要な手掛かりを得たその日になされなければならない（同2項，3項）。使用するシートは，「子の福祉の危険化の可能性の通報に関するベルリン統一第1チェックシート」と呼ばれるA4版用紙6枚から成るものであり，担当専門職が，印刷された評価項目に沿ってメモ風に書き込み，チェック事項を埋める形式で「援助及び保護の案」をまとめるようになっている（本書末**資料3**参照）[7]。SGB Ⅷ 8

---

[6] この規定に基づいて定められたベルリン統一記入用紙は，当時充実したものと評価されていたシュトットガルトの評価表を改良して作成されたものであり，最初の版は2008年に作成されたが，現在の版は，2013年に改訂されたものである。なお，SGB Ⅷ 8条a の第4項には，民間の主体の専門職員は，自らが世話にあたっている児童若しくは少年の危険化について重要な手掛かりを得たときは，危険化の評価を行い，自らが必要と認めるときに教育権者に対して援助の受給を働きかけなければならず，またもはや危険化を回避できないときには少年局に通知することを義務づける規定が置かれている。2012年からは，このような民間の少年援助の主体の危険化評価のためにも，独自の統一的な評価シートが準備されている（「子の福祉の危険化が疑われる場合のベルリン統一第一評価シート Berlineinheitlicher Ersteinschätzungsbogen bei Verdacht einer Kindeswohlgefährdung (Ersteinschätzungsbogen)」）。

[7] 記入項目として，通報者が誰か，また問題家庭とどのような関係にあるか，通学，通園の状況，具体的な危険化の内容（誰が何を見たのか，なぜ今通報が行われたのか），問題家庭に対する支援の状況，問題家庭の特異性（中毒，家庭内暴力，精神病等），親の潜在力，自力救済の可能性などが用意され，それらに記入した上で，子の福祉の危険化のリスクの3段階評価（「存在しない」「可能性を排除できない」「存在する」），即時の接触の要否の判断（「2時間以内に」「当日中に」），家庭訪問の結果に基づく子の福祉の危険化の評価を行い，それを基礎に「援助及び保護の案」をまとめ

条a1項では,「複数の職員が共同して危険の度合いを評価しなければならない」とされていることから,必ずもう1人の専門職と相談して行う。すでに少年援助の給付を受けている家庭が問題となっているときには,給付の受給者の担当専門職が評価に含められるべきであるとされる（共通施行規程5条3項）。これを2人原則あるいは「4つの眼」原則というが,このリスク評価を決定するにも,「援助及び保護の案」をまとめるにも,最終的に,書面上上司（チームリーダー）の副署が必要となるので（同4項）,実際には3人で評価していることになる。この第1段階の評価の結論は,「子の福祉の危険化はない」,「完全には危険化を否定できない」,「子の福祉の危険化が存在する」,という3つのカテゴリーに分かれる。そして評価の結果,第2と第3のカテゴリーに当たる場合には,第2段階の評価作業に移行する。第1段階で終了するものと,第2段階に移行するものの割合は,シャルロッテンブルク＝ヴィルマースドルフでは,ほぼ7対3の割合である[8]。

　第2段階の評価は,「児童保護シート」（通例「第2チェックシート」と呼ばれる）を用いて行う。この第2チェックシートは,0歳から3歳未満,3歳から6歳未満,6歳から14歳未満,14歳から18歳未満と別れており,各年齢層につき10〜15頁に上る詳細なもので,記入項目も内容記述式の形式をとるものが多い（0歳〜3歳用につき本書末**資料4参照**）[9]。このシートの記述内容は,保

るようになっている。この「援助及び保護の案」は,危険化への関与の方法（一時保護,身上配慮権者の同意を得た上での第三者の下への収容,医療機関を介在等）,家裁への手続喚起をするか,少年局レベルでの対応の方法（家庭との話し合い,子との話し合い,学校・保育所との連絡,家庭や周囲の潜在資源の活性化,他機関の介在,援助の継続等）等をチェック式で示す形式となっている。

8) 2014年のデータとして,ベルリン全体では,評価が行われた総数は11,772（全ドイツ124,213）件,そのうち,①喫緊の危険があると判断されたもの2,369（18,630）件,②潜在的な危険があるとされたもの3,660（22,414）件,③危険はないが援助が必要とされたもの3,280（41,543）件,④危険もなく援助も不必要とされたもの2,457（41,621）件である。また,調査対象区については,パンコウ604件（うち,①113②181③187④123）,シャルロッテンベルク＝ヴィルマースドルフ1,197件（うち,①151②354③375④326）,リヒテンベルク945件（うち,①200②283③307④155）,ノイケルン568件（うち,①156②245③96④74）であった。なお,ベルリン全体のデータとして,①の危険の原因は,ネグレクト1,612件,身体的虐待519件,精神的虐待718件,性的虐待72件,②の危険の原因は,ネグレクト2,165件,身体的虐待686件,精神的虐待1,136件,性的虐待142件である（重複あり）(Statistisches Jahrbuch Berlin, 2015, 05. 31)。

9) 例えば,0歳から3歳未満のチェックシートでは,大きな項目として,子の外観的状態,子と主た

護の計画を立てる基礎となるものである。このシートの作成は，診断的に状況判断をするのに大変重要であるが，同時に，裁判手続になったときに，少年局の審査は正確なものであり，親が危険を回避できないということを証明するものとなる。

評価に当たって，少年局は，「当該児童若しくは少年の効果的な保護に問題がない限り，少年局は身上配慮権者並びに児童若しくは少年を危険の評価の中に含めなければならず，また専門的な評価によって必要とされる限りにおいて，児童及びその児童と身近な関係にある者たちから直接的な印象を取得しなければならない。」(SGB Ⅷ 8条a1項2文)とされている。各少年局へのインタビューでは，身上配慮権者（親）が，リスク評価への参加について抵抗を示すということはほとんどないということであった[10]。

子については，その子が自分の状況について話すことができる年齢，状況にあれば，必ず評価に入れるとする。直接的印象が必要と判断すれば，子の状態の目視も兼ねて子と面談を行う。子と会う場所は，家庭や保育所，学校など様々な場が含まれるが，それらの場所で会うことができなければ，家庭訪問を行う。家庭訪問は，遅滞なく，かつ通告なしで，原則として2名の，可能ならば女性専門職と男性専門職によって共同で行われなければならないとされる（共通施行規程6条1項）。

子の福祉に緊急の危険が迫っている場合において，配慮権者が抵抗して立ち入りを拒絶するときには，職務援助及び執行援助という方法で警察官を参加させることができる（同2項）[11]。警察官が同行してもさらに鍵を開けない

る関係者あるいは他の関係者との相互関係，子の基本的な世話と保護の確保の状況，虐待やネグレクト又は高度の危険化のリスク要因（社会的要因，家庭的要因，関係者の要因，子自身の要因，援助歴の特徴），活用できる資源と可能性などが挙げられ，それがさらに細項目に分けられている。これらの項目に基づいて，第一チェックシートの場合と同様，最終的に子の福祉の危険化の存否の評価と，「援助及び保護の案」が作成される。

10) 時として協力を拒む親がいるが，そのような拒絶は刑事処罰を企図しているのではないかといった，少年局に対する誤解から生じる場合が多く，粘り強く説得するとのことであった（ノイケルン，パンコウ）。
11) 区の少年局と管轄警察本部との間においては，保健関係及び少年社会教育学的な相談と介入のための連繋的行動及び迅速なアクセスを確保するために，話し合いの上，対応手続が取り決められている（共通施行規程9条3項）。

場合には，警察官のいるところで鍵開けサービスの業者を利用して強制的に立ち入る[12]。ただ各少年局のインタビューでは，実務上の経験として，警察官が同行していて，業者を呼ぶといえば，通常はドアを開けてくれるので，本当に業者を呼んで開けさせるところまで行く例は稀とのことであった。

　以上のような，2段階の評価の結果，子の福祉の危険化が存在すると判断された場合，少年局としては，まず配慮権者に少年援助の受給を促し，その同意が得られれば保護計画を立てて必要なサービスを提供する。しかしながら，配慮権者が少年援助の受給を拒絶する場合，あるいは評価の結果，少年援助の給付ではもはや危険化を回避できないと判断される場合には，介入的解決を求めて，家庭裁判所に通報し，BGB1666条の措置に関する裁判手続を喚起することになる（SGBⅧ8条a2項1文）[13]。

第3節　子の福祉の危険化の回避のための措置
　　　　――家庭裁判所の活動

1. 調査対象

　すでに幾度か述べてきているように，子の福祉の危険化の回避のために介入的な措置をとる必要がある場合には，家庭裁判所が職権でその措置の決定

---

[12] ベルリンではなく，コトブス市の少年局の調査で説明を受けたことであるが，ドアを開けるのは警察ではない。もちろん，明らかに中で子どもの生命が危険にさらされているという状況であれば，警察がドアを開けることになるが，そこまで行っていない場合には，開扉は少年局の判断である。少年局は，開扉が必要と判断したならば，鍵開けサービスを呼んで開けさせる。その際，裁判所の許可は必要ない。ただし，少年局ができるのは，中に入って子から直接的印象を得るということであり，家から子を連れ出すことはできない。その場で子を連れ出すかどうかは警察が判断することであり，警察が連れ出しを行った場合には，少年局に渡すというのが通常である。

[13] 家裁の裁判手続の喚起にまで至ったケースの数については，各区役所では統計の取り方が異なり，比較可能な数値で知ることはできなかった。シャルロッテンブルク＝ヴィルマースドルフでは，2014年にあった995件の通報のうち，実際に子の福祉に危険が迫っているというのは114件，危険化を排除できないというもの249件，危険は迫ってはいないが，少年援助を必要とするケースが341件，危険化もなく，援助も必要ないというケースが251件であり，最終的に裁判手続の喚起に至ったのは27件であったということであった。これに対して，パンコウでは，第1段階の評価をするのが年間約600件，このうち裁判所に繋げるのは200件ほどであるということであった。ノイケルンさらにコトブスでは，統計を取っていない。

のための手続を開始する（BGB1666条1項）。ベルリンには，現在4つの家庭裁判所（家事部を置く区裁判所）と，一つの上級地方裁判所が存在する。このうち今回の調査では，シェーネベルク家庭裁判所（Amtsgericht Schöneberg 家庭裁判官10名），パンコウ家庭裁判所（Amtsgericht Pankow – Weißensee 家庭裁判官21名），テンペルホーフ＝クロイツベルク家庭裁判所（Amtsgericht Tempelhof – Kreuzberg家庭裁判官54名）の3つの家庭裁判所から各1名ずつの家庭裁判官と，ベルリン上級地方裁判所（KG，家事部裁判官30名）の民事第3部（家事事件）の部長裁判官にインタビューを行ったほか[14]，上述した少年局，さらに手続補佐人にもインタビューを行った[15]。

2．職権による手続開始と優先・迅速裁判手続

　子の福祉の危険化防止のための手続の開始は家庭裁判所の職権によるが，実際上は，そのほとんどが少年局からの手続の喚起に基づいている[16]。手続の喚起は，各家庭裁判所の窓口で受け付けられ，順に各裁判官に割り付けられる。事件の担当が割り付けられた裁判官は，少年局へ電話をし，事件の詳細を聴いた上，そこに危険化の兆候があると判断すれば，手続開始を決定する。手続開始を決定した場合，優先・迅速裁判の要請（FamFG155条1項）と，いわゆる4週間ルール（同条2項1文）に従い，ケース・バイ・ケースであるが，

14）ベルリンには，2016年3月から1ヵ所家庭裁判所（Amtsgericht Köpenick）が増えたが，今回の調査では対象となし得なかった。インタビューを行った裁判官は，ハルトマン判事（Kathi Haltmann：シェーネベルク区裁判所），ブリーガー判事（Sabine Brieger：パンコウ＝ヴァイセンゼー区裁判所），アベル判事（Christiane Abel：テンペルホーフ＝クロイツベルク区裁判所副所長），エルンスト教授（Rüdiger Ernst：ベルリン上級地方裁判所家事部長）である。

15）手続補佐人は，ハンネマン氏（Anika Hannemann）であり，ベルリンでは数少ない職業手続補佐人である。

16）稀であるが，刑事事件との関係で，警察や検事局から回ってくることもあるし，親の配慮をめぐる事件を担当する手続補佐人からの通報によって喚起される場合もある。アベル判事によれば，裁判所に直接通報があった場合には，裁判官から少年局に対して，書面で，当該児童及びその家庭，あるいは当該通報事案について情報を得ているかを確認し，少年局に具体的にリスク評価を含めて協力を求めるのが通常であるが，裁判官の判断として直ちに手続を開始するに足る危険化が存在すると判断したときには，直ちに期日を定め，手続を開始する場合もある。またハルトマン判事からは，親の配慮の帰属をめぐる事件の中で裁判官自身が子の福祉の危険化を発見し，職権発動したこともあるという経験が示された。

早ければ10日以内，平均は2～3週間以内に第1回期日を入れる。

　少年局が保全命令（Einstweilige Anordnung）を求めてきたときには，当日あるいは少なくとも翌日には裁判官のところに上ってくる。この場合，少年局と電話連絡をとって事件の詳細を確認した上，「即時的に措置をとる差し迫った必要がある」と判断したときには，親に対する審問を簡略化して，保全命令で措置を決定することができる（FamFG49条1項，51条2項）。FamFG157条3項によれば，BGB1666条及び1666条aの手続において，「裁判所は遅滞なく保全命令を出すことを審理しなければならない」とされているが，通常の場合に保全命令が出されることはない（アベル判事）。保全命令が問題となるのは，ほとんどが少年局によって児童が一時保護され，その一時保護に親の同意が得られない場合においてである（後述第4節参照）。保全命令が出されるまでの期間は，多くの場合数日中，遅くとも1，2週間ほどである。保全命令があった場合，関係者は本案の開始を求めることができる（FamFG52条）。

　少年局からの手続喚起にあたっては，単に事件の通報だけではなく，少年局がとられるべきと考える措置に関する具体的な提案が付されるべきであるとされる（「テンペルホーフ＝クロイツベルク家庭裁判所，パンコウ＝ヴァイセンゼー家庭裁判所，ベルリン上級地方裁判所と行政区の少年局の間の協力に関する勧告」3.1.1）[17]。その際には，少年局は，当該未成年者並びに配慮権者の個人情報，その時点での親の配慮の状況，当該未成年者の危険化の具体的な内容，チェックシートの内容のまとめ，危険化回避のために少年局が行ってきた支援の実施歴，家裁の介入を必要と考える理由，少年局が提案する措置の目的，少年局が得ている情報のすべての情報源などを報告するものとされる。一方，家庭裁判所は，少年局以外から手続の喚起に向けた通報があったときには，前述のとおり，書面により，遅滞なく少年局に協力を求める。

---

[17] すでに述べたように，この勧告は2007年に臨時作業グループ「少年局と家庭裁判所の協力」によって作成されたものである。今回インタビューを行ったエルンスト教授及びアベル判事はそのメンバーであった。アベル判事によれば，その後家庭裁判所の数が増加し，家事事件に関する法律規定も変わったが，現在もこの勧告が基本として守られてきているということであった。

3. 手続補佐人の選任

　各裁判官とも，手続補佐人の役割の必要性，重要性については共通認識がある。ただ，手続開始後，どの段階から手続補佐人を選任するかについては，裁判官により対応が分かれている。アベル裁判官は，毎回必ず，手続開始後，第1回期日に先行して，なるべく早期に選任するとし，エルンスト教授も，第2審に回ってくる書面から見て，第1回期日に手続補佐人が出席するというのが一般的であるとする。これに対して，ブリーガー判事は，親の配慮の一部又は全部の剥奪や親子分離が求められるときには選任が必須であるから（FamFG158条2項）早期に選任するが，それ以外の場合には第1回期日に少年局が述べる意見に基づいて決定するとする。

　手続補佐人は，FamFG158条4項で，第一次的に，子から話を聴き，子の利益を確認して，それを手続の中で主張する任務を与えられ（1文），必要がある限りにおいて，裁判所は，手続補佐人に対し，子の親並びにその他の関係者とも話し合いを行う付加的な任務を委ねることができるとされている（同3文）。しかし，各裁判官及び手続補佐人からは，子の福祉の危険化に関する手続では，原則としてこの付加的な任務を付与されて選任されるということが示された（アベル判事，ハンネマン手続補佐人）。任務を拡大することで第1回期日までに多くの情報が集められるというメリットがあるためといわれるが，各裁判官とも，手続の透明性を保持するという観点から，第1回期日より前に非公式に手続補佐人，さらには少年局あるいは鑑定人と会うということはしていないということを強調していた。

4. 子の福祉の危険化に関する討議 (Erörterung) の意義と運営

　第1回期日においては，「裁判所は親と，また相当な場合には子とも，いかに子の福祉に危険が及ぶ可能性を，特に公的援助によって回避できるか，また必要な援助を受給しない場合にいかなる結果が生じるのかを討議すべき」とされる（FamFG157条1項）。

　この討議は，2008年のKWGMaErlGによって導入されたものであるが，エルンスト教授の説明によれば，非訟事件である家事事件手続の第1回期日の審問を関係者の意見のやり取りという形態で行うことにしたものであり，そ

の意味では，まったく新たな制度を創設したわけではない。この討議の目的は，事実関係の解明とともに，裁判所という機関の権威をもって親に対して公的援助の請求及び少年局との協力を働きかけ，強力な介入的措置に至ることなく子の福祉の危険化を回避しようというところにある。このことは，家庭裁判所が，子の福祉の危険と必要な配慮権への介入に関する単なる糾問者であるだけではなく，国家による予防的な児童保護の機関でもあるということを示している[18]。

討議には，少年局（FamFG162条1項）と親が必ず参加し，すでに手続補佐人が選任されている場合には，手続補佐人も参加する。原則として子も参加させるが，必ずしも同席するというわけではない（例えば，不登校や触法少年の場合には，同席に意義がある）。親の弁護士，事案によって，家庭支援員，学校の教員等を呼ぶこともある。討議の流れとしては，最初のステップとして，少年局の方から，少年局の主張と，どのような措置が必要かについての提案を行い（すでに少年局が手続喚起に際して，一定の提案をしているときには，裁判官の方からその提案を提示し，少年局に補完させるという形をとることもある），またすでに手続補佐人が調査をしている場合には，その調査報告と措置に関する提案も行う[19]。次に親の主張を聴き，その後で子と話しをする[20]。子との話は，親の前ではなく，別室で，手続補佐人がいる場合にはその参加も求めて行い，その後，討議の場に戻って，裁判官から親に子から聴きとった話の内容を伝えるという形をとるのが普通である（ブリーガー判事）。

討議で重視されるのは，何らかの結果を出すことである。それはその結果によって，次のステップが何であるかが決まるからである（エルンスト教授）。

---

[18] Staudingers, BGB Kommentar §§ 1638-1683 (2016), Rz265 zu § 1666 (Michael Coester).
[19] 少年局の主張や提案は，子の福祉の確保を最優先させたものになりがちであるが，手続補佐人は，子どもの利益と子どもの意思を一致させることが任務であり，それが一致しない場合には，子どもとの話し合いの中から最善の解決策を導き出して提案する（ハンネマン手続補佐人）。
[20] 交流権，配慮権の事件の場合にも討議を経なければならないが（FamFG155条2項），この場合には，子の意思を確認するということで，子の審問を先にする。これに対して，子の福祉の危険化の場合には，親の審問を先にし，次に子と話をする。親との話し合いの段階で，すでに親が少年局の提案を受け入れているような場合もあり，そのような場合には子との話し合いの中で，親との話し合いで決まったことを伝えることもある（アベル判事）。

討議の結果の態様は様々であり，少年局の提案に親が同意をするということもあるし，裁判官の方で親に，当面必要な一定の負担（Auflage. 例えば，「次の期日までには歯医者に連れて行く」，「毎日子を登校させる」，「部屋の清潔を保つ」等）を果たすことを約束させるということもある。この討議にかける時間は，各裁判官とも約2時間（長くて3時間）程度ということであった。

　子の福祉の危険化の事件では，親の配慮や交流権の事件のように合意形成で手続を終結させる道は存在せず，終結には必ず裁判所の決定（Beschluß）が必要である。したがって，討議の結果一定の約束が得られたとしても，それはあくまでも仮の決定であり，手続はなお継続する。エルンスト教授の説明によれば，討議の結論は「期日の控え（Terminvermerk）」として作成され，参加者全員にそのコピーが渡される。裁判官は，その中に示された約束が実際に守られるかどうか観察し，守られていないということになれば，職権で新たな期日を設定する（通常は少年局が観察し，期日の設定を喚起する）。一方，約束が守られている場合であっても，手続は簡単に終結されることはなく，ある程度の期間維持される。これは法律上の要請ではなく，裁判官の裁量で単に終結を延期しているだけであり，裁判官はその期間の観察に基づき，何らの措置もいらないと確信できたときに，最終的に措置を行わない旨の決定をすることになる[21]。このBGB1666条から1667条の措置を行わない決定をした場合には，すでに触れたように，FamFG166条2項の規定により，適当な期間を置いて，通常は3か月後に，1度だけ再審査すべきものとされている[22]。

5. 措置の内容

　家庭裁判所は，「子の身体的，知的若しくは精神的な福祉又は財産が危険にさらされており，かつ親がその危険を回避しようとしないとき，又はその危

---

[21] エルンスト教授によれば，裁判が継続しているということで，親のプレッシャーとなり，親の協力が維持できるとされる。この点については，いわば「軟着陸」の解決の道が開かれたとして評価が高い（ハンネマン手続補佐人）。

[22] 再審査の可能性を示すことは，手続が何らの措置なく終了したことで，親に「勝利者」であると誤解させないところに意義がある。

険を回避できる状態にないときには」，危険の回避のために「必要な措置」を行わなければならない（BGB1666条1項）。この場合にとりうる措置については，1666条3項に，①少年援助や保健福祉援助等の公的援助を請求するようにとの命令，②就学義務の遵守に配慮を求める命令，③家族の住居又は他の住居の使用，住居周辺の一定範囲に滞在すること，子が通常滞在する他の特定の場所を訪問することの一時的若しくは無期限的な禁止，④子と連絡，遭遇を試みることの禁止，⑤親の配慮を有する者の意思表示の補充，⑥親の配慮の一部又は全部の剥奪という6つのものが具体的に列挙されている。「裁判所の措置には，特に次のものが属する」（3項本文）という規定ぶりから分かるように，この列挙は例示列挙である。この列挙は2008年のKWoMaErlGによって導入されたものであるが，導入前の段階においても，家庭裁判所は必要性の原則と相当性の原則に従い，裁量で現行規定に例示されたような措置を取りえないわけではなかった。しかし現実には，事態が深刻な状況になってから，少年局が親の配慮の一部あるいは全部の剥奪を求めて裁判所の手続が喚起するということが多く，結果的に，家裁の措置といえば親子分離や配慮権の剥奪の措置と同視されることが多かった。これに対して，2008年の改正後については，今回の各裁判所の裁判官のインタビューでも，より早期の段階で，介入の程度としては軽度の措置を求めて手続喚起をしてくるケースが増えてきており，決定数もほぼ一定しているとのことであった。ただ，その一方で，統計を見ると配慮権剥奪等の重大措置も増えてきている[23]。こ

---

23) 2014年のベルリンにおける家裁の措置のデータとして，総数2,638（ドイツ全体30,751）件，①児童並びに少年援助の給付や保健福祉援助等の公的援助を請求するようにとの命令（BGB1666条3項1号）が662（8,446）件，②就学義務の遵守に配慮するようにとの命令，③家族の住居又は他の住居を使用すること，住居周辺の一定範囲に滞在すること，又は子が通常滞在する他の特定の場所を訪問することの一時的若しくは無期限の禁止，④子と連絡を図ること，又は子との遭遇を試みることの禁止（同2～4号）が，合計して375（3,678）件，⑤親の配慮の権利を有する者の意思表示の代行（同5号）が，127（1,598）件，⑥親の配慮の剥奪（同6号）のうち，全部の剥奪が706（8,497）件，一部剥奪768（8,532）件であった。また一部剥奪のうち，身上配慮のみの剥奪が405（5,925）件，さらにそのうち居所指定権のみの剥奪が237（2,766）件である。統計の取り方が変わったので単純に比較できないが，2010年のベルリンの配慮権の全部及び一部の剥奪合算数は842件，2011年は549件であったのに対し，2012年は全部剥奪748件，一部剥奪603件，2013年は全部剥奪334件，一部剥奪438件であった（Statistisches Bundesamt, Statistiken der Kinder- und Jugendhilfe,

の点について,アベル判事は,困難ケースでは,期日の進行の過程で,討議を通じて裁判所と親と負担を約束しても守られないことが重なるため,最終的に措置を決定する段階では,その内容が厳しいものになることが多いと分析している。

第4節　暫定的保護措置 (vorläufige Schutznahme)
── 一時保護

　子の福祉の危険化の疑いがあっても,親(配慮権者)の同意がないままに,親から子を引き離したり,施設に宿泊させたりすることは,親の配慮への強行的な介入であり,行政機関である少年局は独断で行うことはできない。しかし,「緊急の危険があり,かつ裁判所の判断を待つことができないときには,少年局は児童若しくは少年を一時保護する義務を負う。」(SGB Ⅷ 8条a 2項2文)。この一時保護 (Inobhutnahme) は,児童若しくは少年自身が保護を求めてきたとき,又は子の福祉に,具体的かつ差し迫った危険がある場合に認められる暫定的保護措置であり (SGB Ⅷ 42条1項1文),子を宿泊形態の施設や緊急里親等の下に一時的に託置し,また子を差し迫った危険な状況から連れ出す権限を含んでいる (SGB Ⅷ 42条1項2文後段)。

　一時保護は,公的少年援助の当局,すなわち少年局にしか認められていない任務であるが (SGB Ⅷ 8条a 2項2文,同42条1項1文),ベルリンでは,先に紹介したとおり,12の少年局のほか,それを補完する公的保護機関としてBNKが設立されており,実施権限を有する。2014年の統計によれば[24],ベルリン全体の未成年者の一時保護者数は2,666名であり,そのうち1,929名は移民背景を有する者である。子が自ら保護を希望してきたケースが1,121件,差し迫った危険によるケースが1,545件であり,保護の間施設に収容された子は2,494人,養育人等適切な個人の下に託置されたのは74名であった。またすでに少年局による子の福祉の危険化の評価が先行していた子について,一時

Pflegschaften, Vormundschaften, Beistandschaften Pflegeerlaubnis, Sorgerechtsentzug, Sorgeerklärungen, 2014, Tabelle LT2, 及び Statistisches Jahrbuch Berlin, 2015, 05. 28)。

24) Statistisches Jahrbuch Berlin, 2015, 05. 29。

保護が行われたケースは、921件であった。

　BNKの存在は、ベルリンの大きな特徴となっている。このBNK設立の第一目的は、少年局が活動していない夜間や休日を含めて、ベルリン全体について子の保護活動に当たることであり、一時的な親子分離の際の収容先を24時間確保するというところにある。それゆえ実施数も多く、2014年の未成年者の一時保護数は、児童が733名、少年が1,731名に上るが[25]、後述のように、少年局が開いた段階で保護は当該未成年者の居住区の少年局に引き継がれる（場合によって共同する）ことになる[26]。BNKは独自の一時保護施設として児童保護所と少年保護所を有しており、定員はともに10名である[27]。滞在期間は平均2〜3日であり、その後はその児童の居住区の少年局が用意する一時的収容施設や緊急里親の下に移る者が3分の1強、また親の家等、従前の養育場所に復帰する者が4分の1程度いる。児童保護所は収容率平均80〜95%であり、ほぼまかないきれているが、少年保護所については、近時、同伴者のいない難民の少年の増加もあって全く足りておらず、民間の施設で一時保護に対応できるところに委託して収容しているのが現状である[28]。

　BNKの場合、一時保護のきっかけは、児童の場合には、警察からの通報によるものが多く、そのほか病院や学校から通報があって引き取りに行くこともある（職員が引き取りに行く場合には、必ず2名で出向く）。また、各区の少年局が一時保護したものの、収容しきれなくなった場合に連れてくることや、

---

25) BNK, Bericht 2015, S. 36.
26) 調査の席上、パンコウ少年局では、2014年の緊急一時保護数は全部で340件、そのうち虐待やネグレクトを理由とするものは180件、ノイケルン少年局では2015年の数として全部で132件（理由別の統計はとっていない）と示されたが、これらの数には、BNKから回ってきたものも相当数含まれている。
27) 児童と少年では、精神的にも体力的にも違いがあることから分離して保護している。ただ、その境界は柔軟であり、例えば兄弟姉妹の場合などは、上の子を下の子と一緒に児童の施設に入れるといった対応が図られている。男女については、ゾーン（階）で分けるなど、混合は避けている。
28) BNKについては、その責任者であるケーン氏（Beate Köhn）にインタビューした。BNKの職員配置は、児童一時保護32名、少年一時保護35名、女子一時保護4名、児童保護ホットライン4人、アウトリーチ相談所7人、スリープイン8人である。児童保護担当32名のうち、3分の2が社会教育学を学んだソーシャルワーカー、3分の1が保育士、小児科専門の看護師が1人であり、児童保護ホットラインも、全員がソーシャルワーカーで、ドイツ語のほか、ロシア語、アラブ語、トルコ語で相談できる態勢になっている。

家庭内での緊張が高まり，どうしていいかわからなくなって親が自分で連れてくることも少なくないとのことであった[29]。これに対して，少年の場合には，警察の通報によるものが最も多いが，その次には少年自身の通報によるものが多い[30]。BNKが保護する場合の流れは以下のとおりである。

まず少年局の場合と同様，統一評価シートを利用して，職員2人の目によって，子の現在の危険の状態，家に帰した場合の子の危険の状態を中心に，危険化の度合いを評価する。その評価は，後に裁判所に分離の正当性を疑われないよう，正確に記録する。評価の際には，まず子から年齢に合った形で話を聴きとるとともに（第1ステップ），親（配慮権者）に対して連絡をとり（SGB Ⅷ 42条3項1文），状況を説明するとともに話を聴きとる（第2ステップ）。その場合，児童については，身体的虐待や性的虐待の場合にも，必ずBNKに来所してもらって話を聴くようにしているが（ただし，必ずしも子と会わせるというわけではない），少年の場合には，すでに親子関係が複雑化しているため，来所が子に与える影響も考慮して，電話で事情を聴取するということが多い。

評価の結果，暫定的に親子分離が必要と結論したときは，親の同意を得る必要がある（SGB Ⅷ 42条1項2号a）。もし親が同意をしない場合には，少年局は「遅滞なく」，「児童若しくは少年を身上配慮権者若しくは教育権者に引き渡す」か（同3項2文1号），なお危険回避のために保護の必要性があると考える場合には，「遅滞なく」，「児童若しくは少年の福祉のために必要な措置に関する家庭裁判所の裁判を求める」か（同3項2文2号），いずれかを行わなくてはならない。BNKでは親が同意をする場合が多いということであるが，同意を得られない場合には，BNKからではなく，本来その子の居住区について管轄を有する少年局から，その管轄家庭裁判所に裁判手続の開始を求める[31]。

---

29) 2014年の統計では，警察が48％，社会福祉サービス関係者が16％，親が11％，少年局が8％などとなっている（BNK, Bericht 2015, S. 44）。
30) 警察からが778名，自己通報が707名，民間の主体や施設からが100名などとなっている（BNK, Bericht 2015, S. 49）。
31) 保護の対象となる子（ほとんどは少年）が，そのままでは自傷他害のおそれがあるときは，拘束的施設に収容することになるが，自由剥奪には裁判所の決定を必要とする（SGB Ⅷ 42条5項）。その場合には，BNKを管轄するシェーネベルク家庭裁判所の当直裁判官（Bereitschaftsrichter）の決定を求める。裁判官は電話で親と子に簡単に審問し，ほとんどの場合，1時間ほどで決定が出される。

この裁判は保全命令を求める迅速手続によって行われることも多く、その決定は遅滞なく少年局に送付される[32]。この裁判はBGB1666条、1666条aの措置に関する手続であり、講じられる「児童若しくは少年の福祉のために必要な措置」は、基本的には身上配慮権の全部剥奪、あるいは少なくとも居所指定権の剥奪と少年援助等の請求命令を合わせたものであることが多い。居所指定権を剥奪しただけでは、必要な少年援助の受給の請求権が配慮権者に残り、保護の実を挙げることができないからである[33]。

一時保護中は児童若しくは少年は少年局の保護下に置かれることになる。その間、少年局はそれらの保護児童若しくは少年の福祉に配慮しなければならず、身上配慮権者若しくは教育権者の推定的意思を顧慮しながら、児童若しくは少年の福祉に必要なあらゆる法律行為を行う権限を有する（SGB Ⅷ 42条2項）。BNKで一時保護をしたときは、保護児童若しくは少年の世話を開始するとともに、適時に各管轄少年局に連絡をして当面の支援について話し合うとともに、保護を引き継ぎ、その後の援助計画（SGB Ⅷ 36条）の作成に協力する。

一時保護の期間に関する定めはない[34]。実務においては3日から3か月の間という取決めをしているところもあるが、法的な根拠はなく、適切、必要かつ相応な期間、その限りで認められる[35]。ベルリンは、就学義務を重視しており、その関係で一時保護の期間はあまり長くしないようにしているとされる。

第5節　児童保護のための機関連携

1．ベルリン児童保護ネットワーク

以上のように、少年局と裁判所は行政と司法という異なる機能を担いながらも、児童保護のための責任共同体として緊密に連携してきている。しかし、

32）第1節2に挙げた、臨時作業グループ「少年局と家庭裁判所の協力」の勧告3.2。
33）Trenczek, Thomas, Inobhutnahme. Krisenintervention und Schutzgewährung durch die Jugendhilfe §§ 8a, 42 SGB Ⅷ, 2. Aufl. (2008), S. 234.
34）緊急一時保護の枠内で自由を剥奪する場合についてのみ、裁判所の決定がないときには、剥奪開始の翌日の満了を以って終了させられなければならないと規定されている（SGB Ⅷ 42条5項）。
35）Trenczek, a.a.O., S. 236.

ベルリンでは、その他にも、児童保護のための機関連携のシステムが構築されており、その中心がベルリン児童保護ネットワークである。すでに紹介したように、2005年9月にKICKによってSGB Ⅷに新しく8条aの規定が置かれると、ベルリンでは、12月に、州において具体的にとられるべき施策について検討するため、州議会により、作業部会「児童保護ネットワーク」が立ち上げられた。同作業部会は種々の提案を行ったが、ベルリン児童保護ネットワークはその一環として、2006年に設立され、2007年から本格的に始動したものである[36]。

2016年に行われた私たちの調査では、ベルリン州少年局ネットワーク担当課長ケルシュティン・シュタッペンベック（Kerstin Stappenbeck）氏及び児童保護・予防ワーキンググループ長であり、ネットワーク事務局を担当するベッチーナ・フランク（Bettina Frank）氏にインタビューを行った。

この児童保護ネットワークは、一つの新しい機関や役所をつくろうということではなく、あくまで諸種の、既存の専門職からなるネットワークにとどまり、協力して児童保護のためのプロジェクトを立ち上げ、機能させようというシステムである。組織的には、州政府の青少年省次官を長とし、保健省次官、法務省次官のほか、2名の区長や州議会及び区議会の議員など、全部で11名で構成する管理グループ（Lenkungsgruppe）と、州少年局青少年部長を長とし、州少年局児童保護課職員、各区保健所長・各区少年局長・警察（児童保護担当）、民間の少年援助の主体（例えば、ベルリン児童保護センター、医師会、助産師連盟等）の代表などで構成するプロジェクト・グループ（Projektgruppe）から成り、管理グループから示されたテーマに沿ってプロジェクトグループが具体化したプロジェクトや、逆にプロジェクトグループが児童保護にかかわる現場の意見を吸い上げて計画し、管理グループに提案したプロジェクトを、州が予算をつけて実施するという方式がとられている。そのため、州の

---

[36] 2012年に連邦児童保護法の中で制定された「児童保護のための協力と情報提供に関する法律」（KKG）は、その3条において、各州に対して「児童保護における義務的ネットワーク組織」の構築を求めている。ベルリン児童保護ネットワークは、このKKGに先行して設立されたものであるが、シュタッペンベック氏によれば、KKGの要請との間に離齟はなく、州としてあらためて連邦法に合わせて修正しなければならない点はないと判断しているとのことであった。

ネットワークの管理グループの会合は必要に応じて随時，プロジェクトグループの会合は年4回の例会のほか，臨時的な会合が開催されている。

　重要なことは，すべてのプロジェクトは，管理グループの提案によるものも，プロジェクトグループからの提案によるものも，そのベースになっているのはほとんどがケースであるということである。州の児童保護ネットワークの下には，現実にケースを扱う区ごとに，相似したネットワークが組織されている。シュタッペンベック氏によれば，そのような仕組みを作ることで，各専門職の個別ケース対応の中で不十分だったところから根拠のあるテーマを発見することができ，ボトムアップ型の構造をとることで実務現場のニーズに合致したプロジェクトだけを効率よく立ち上げることができるということであった。

　各プロジェクトはすべて州議会の被選挙期間（Wahlperiode）に合わせた5年の期間付きであり，その期間が経過したときには，成果を検証し，有用であったものは必要な改善を加えた上で更新される。シュタッペンベック氏によれば，この点も，定期的な検証にさらされ，無駄を省き，意味のある改善を図ることができるという利点を重視した結果である。

　調査当時，出産前後の親に対する現場家庭支援プロジェクト，子どもに関する健康・医療相談プロジェクト，少年援助等支援相談プロジェクト，親の教育能力増強プロジェクトなど11のプロジェクトが進行中であり[37]，さらに2016年からベルリン市内の病院に5箇所の診療所を併設し，夜間や休日を含めて小児科医を常駐させ，虐待の疑いのある子の診断（必要な場合には，治療も）に当たる児童保護診療所（Kinderschutzambulanz）プロジェクトなど，複数の新たなプロジェクト開設が予定されていた。なお，すでに紹介した児童保護ホットラインや一時保護を担当する「ベルリン緊急児童保護サービス」（BNK）も，このネットワークのプロジェクトの一つとして成立したものであり，予算の手当てがなされている。

　これらのプロジェクトは，行政の窓口はもちろん，保育所や学校，病院（産

---

[37] これらプロジェクトの内容については，ネットワークのパンフレット（Broschüre "Kinderschutz: Prävention – Unterstützung – Hilfen"）に紹介されている。このパンフレットは，https://www.berlin.de/sen/jugend/familie-und-kinder/kinderschutz/netzwerk-kinderschutzから入手可能。

院を含む）などにも周知され，必要に応じ，対象者（主として親）にプロジェクトの内容となっているサービスの提供を提案できる態勢がとられている。

2. 医療との連携

(1) 早期検診（Früherkennungsuntersuchung）システムの構築

医療との連携で第1に注目されるのは，早期検診システムの構築である。ドイツでは，子どもが生まれると，その子どもに「検診手帳」（Kinderuntersuchungsheft）が交付され[38]，それの中に示されているところに沿って満6歳の学齢に達するまでの間，健康保険証の有無にかかわらず，無料で，年齢に応じて，定期的に健康診断（検診 Untersuchung）を受けるシステムがとられている。その検診の時期や内容については，公的医療保険の連邦合同委員会（Gemeinsamer Bundesausschuss）が作成する指針（一般に，Kinder-Richtlinieと通称される）[39]で定められており，現在はU1からU9までの9段階の検診が準備されている[40]。

すでに述べたように，ベルリンでは2006年の「児童保護ネットワーク構想」を策定したが，その中に挙げられた施策の一つに，医療・保健サービスとの連携による問題児童の早期発見システムの構築があった。それを受けて，2007年から活動を開始したベルリン児童保護ネットワークでは，ベルリン医科大学シャリテ（Charité）を中心とする医療者と保健を管轄する州行政庁が共同して早期検診プロジェクトを立ち上げ，2009年に制定されたベルリン児童保護法（KiSchuG，本書末**資料２**参照）の中で，その基本規定が定められた。

同法によれば，ベルリン州におけるすべての新生児には，スクリーニングID番号が付与され（KiSchuG 3条1項），身上配慮権者は出産施設，助産師及び分娩看護師によって，原則として子の出生前に，またそれができなかった場

---

38) kbv.de/media/sp/Kinderuntersuchungsheft.pdf. 表紙が黄色いので，「黄色の子ども手帳」といわれる。

39) Richtlinie des Gemeinsamen Bundesausschusses über die Früherkennung von Krankheiten bei Kindern. 現行は2017年10月19日改定版である（https://www.g-ba.de/downloads/62-492-1537/RL_Kinder_2017-10-19_iK-2018-03-16.pdf）。

40) U1は出生時，U2は生後3日から10日の間，U3は生後4週から5週，U4は生後3か月から4か月と進み，U9は生後60か月から64か月の間に受けることとなっている（Kinder-Richtlinie §2）。

合でも,遅くとも生後4週間以内に実施される新生児の新陳代謝並びに聴覚スクリーニングの前に,保健を管轄する州行政庁によって統一的に作成された情報紙を使用して,新生児の新陳代謝並びに聴覚スクリーニングの意義,目的及び意図,また手続に伴う個人データの処理,特にスクリーニングIDの使用について,説明される(同条2項)。児童並びに身上配慮権者の氏名や生年月日,居住先,スクリーニングIDなどの基本データは,シャリテに設置された中央機関に集められ,その中央機関は,生後3か月に達してから満10歳が満了するまでの間の各段階に設定される検診に,確実に関係児童を参加させる任務を負う(KiSchuG 5条1項)。中央機関は,データを処理して検診に参加すべき児童を探索し,探索された児童の身上配慮権者に対して検診させるよう要請し,かつ検診の内容と目的,検診に参加しなかった場合のその後の手続の進め方について,情報を提供する(KiSchuG 6条1項)。児童の参加がなかった場合には,管轄行政区の保健所は,任意である旨を示した書面による告知を行った上,探索された児童の身上配慮権者を訪問し(家庭訪問),検診の内容と目的を説明する。この家庭訪問の際に,保健所が児童並びに少年の福祉の危険化に関する重要な手掛かりを察知し,それゆえ危険化の評価を行うため,又は児童若しくは少年の福祉の危険化を回避するために活動が必要であり,かつ身上配慮権者がそれに協力する意思を有さず,又はそれに協力できる状態にないときは,遅滞なく管轄の少年局(児童保護コーディネーター)に連絡する権限を有し,義務を負う(KiSchuG 6条7項)。これによって,早期の児童の健康状態の把握に加え,身体的虐待やネグレクト等の存否が確認されることになる。

(2) 児童保護診療所と暴力保護診療所

ベルリン州司法省,保健省,青少年教育省が協力し,ベルリン児童保護ネットワークのプロジェクトとして,2016年から市内に5箇所の児童保護診療所(Kinderschutzambulanz)が開設されている。この児童保護診療所に配置されている医師は小児科医,あるいは性的虐待に対応できる婦人科医であり,少年局や保健所あるいは警察などから虐待やネグレクトの疑いがあるとして連れてこられた児童や少年,少女について,虐待等によるものか否かの診断(必要ならば,初期治療)にあたる。しかし,ここでの診断は法的手続をとる上

での証拠能力があるわけではなく、あくまでも第一次的な診断にとどまる。この点では、一般の医療機関において診断を受ける場合と同じであり、ただ夜間や休日においても確実に診断を受けることができるという点において異なるに過ぎない。

　これに対して、法医学の立場から診断に当たり、それに基づく鑑定書まで作成する施設として存在するのが、シャリテの「暴力保護診療所（Gewaltschutzambulanz）」である。この施設は2014年に、ベルリン州司法省の事業として試行的に設立されたばかりであり、私たちが調査した2016年には、法医学者である医師1名とシャリテから派遣された秘書1名という小規模な体制で運営されていたが（年間予算15万ユーロ）、その重要性が認識され、2016年からはより大きな規模（年間予算75万ユーロ）で運営されることになっているということであった[41]。私たちの調査は、この施設の創設者であり、施設長であるエツオルド医師（Saskia Etzold）へのインタビューで行った。

　この施設での法医学的検査は月曜から金曜まで、8時から16時まで行うことができ、ドメスティックバイオレンス、身内でない人からの暴力、児童の虐待の診断と検査を行っている[42]。児童虐待の場合には、少年局あるいはBNKから送られてきた子の場合はもちろん、警察や小児科医など他の機関から送られてきた子についても、検査結果を必ず少年局あるいはBNKに送付し、共に対応策を協議する。また鑑定書を作成し、それを少年局あるいはBNKに交付するが、鑑定書を書くには、親の同意があること、親が同意しない場合には、少年局が子を一時保護していることが必要であり、それを充たさずに鑑定書を書いた場合には、裁判所でそれを使用することはできない。鑑定書は、家庭裁判所の依頼で書くこともある。

　少年局が鑑定に同意せず、それに基づいた必要な行動を起こさない場合には、家庭裁判所に直接に連絡し、BGB1666条の手続を喚起することもあり、また刑事手続が必要であると判断した場合には警察にも連絡をする。

---

[41] 診療所での検査だけではなく、新しく創設された児童保護診療所へ出向いて検査をするということも予定しているとのことであった。
[42] 2014年2月に創設以来、2015年9月30日までに819名が来所したが、検査が必要と診断したのが396名、そのうち実際に検査を受けたのは340名であり、その32パーセントが児童虐待であった。

鑑定書が家庭裁判所に提出された場合には，家庭裁判所での審問にも出席する[43]。

3. 警察との連携

　子の福祉の危険化への対応には，少年局や家庭裁判所のほか，警察や検察が大きな関わりを持つ。子の福祉の危険化が極度化し，子の身体や，場合によって生命に被害が生じたときには，犯罪となり得るからである。

　子の福祉の危険化と警察の関係については，大きく2つの場合に分けることができる。

　第1は，子の福祉の危険化回避の段階でのかかわりであり，これはすでに述べた通り，少年局の任務の補助としての役割である。すなわち，少年局が子の福祉の危険化の手掛かりを得て，その評価のため家庭訪問をする必要がある場合に，配慮権者が抵抗して立ち入りを拒絶するときには，職務援助及び執行援助という方法で警察官を参加させることができる（SGB Ⅷ 8条a 2項）。この場合の警察官は，一般の保安を任務とする警察官である。区の少年局と管轄警察署との間においては連携的行動及び迅速なアクセスを確保するため，対応手続が取り決められている（共通施行規定9条3項）。

　第2は，虐待やネグレクトの通報を受けて，犯罪対応として関与する場合である。ベルリン州警察には，1960年代から「被保護者虐待ネグレクト課」（対人犯罪第12課）という部署が存在し[44]，ドイツ刑法225条[45]に規定される

---

[43] エツオルド医師によれば，「暴力被害の検査は法医学的になされる必要があり，またその検査が早ければ早いだけ有用な鑑定をすることができる。的確な児童保護のためには，少年局や警察などはもちろん，発見者が，どこへ行けば確実にそのような検査を受けることができ，鑑定書まで書いてもらえるかわかっているという体制を作っておくことが不可欠である」とする。
[44] 取り扱うのは，児童や少年，年齢と関係なく知的あるいは精神障害者，高齢者で特に老人ホームあるいは老人介護施設に居住している人々等に対するものである。当初は女性に対する暴力犯罪の取扱いが目的であったが，現在は多くが児童虐待と老人虐待である。
[45] ドイツ刑法225条
　(1) 満18歳未満の者又は障害若しくは疾病のために抵抗できない者で，
　　1　自己の世話又は保護の下にある者，
　　2　自己の世帯に属する者，
　　3　世話義務者から権能を委ねられた者，又は，

被保護者に対する虐待（Mißhandlung von Schutzbefohlenen）事件を集中的に取り扱っている（ただし性的虐待については別部署）。私たちの調査は、2015年に、同課課長ジーナ・グライヘン（Gina Graichen）氏へのインタビューで行われたが、同氏によれば、2014年の取扱事件のうち、身体的虐待が658件、ネグレクトが444件であった。

同課の任務の中心は、児童虐待やネグレクトの捜査であるが、その他種々のキャンペーン、独自の通報電話対応など虐待の事前予防のための事業も行っている。取り扱った事件は、犯罪に該当するかどうかを問わず、すべて少年局に通報することになっており、両者は密接な連携を有するが、少年局が支援のための機関であるのに対し、警察は捜査機関であることから、犯罪の構成要件に該当すれば、少年局が動かなくても独自の判断で立件に向けた手続をとる。

第12課の警察官の出動は、基本的には、被害者及び関係者（親、友人、学校の教師、医師等）からの通報による。一般の保安担当警察官が介入した場合にも、第12課に必ず連絡があり、捜査に加わる。その際証拠を確保するということが重要であるため、法医学との連携が不可欠であり、2(2)に示したシャリテの「暴力保護診療所」の存在は高く評価されている。

警察も1に述べたベルリン児童保護ネットワークの構成員であり、プロジェクトグループの協議には参加する。しかし、捜査機関という特別の存在であることから、他のプロジェクトグループのメンバーとは連携協力関係にはなく、相談を受けたときに意見を述べるという程度の関わりにとどまる。

　4　職務若しくは労務関係の範囲で自己に服属している者に、
　　苦痛を与え、若しくは乱暴に虐待する者、又は悪意をもってそれらの者に対して配慮する義務を怠ることによってそれらの者の健康を害する者は、6月以上10年以下の自由刑に処される。
(2)　第1項の未遂は処罰される。
(3)　行為者がその行為によって被保護者を、
　1　死亡若しくは重大な健康障害の危険、又は、
　2　身体若しくは精神的発達の著しい侵害の危険、
　　にさらしたときは、1年未満の自由刑が宣告されてはならない。
(4)　第1項のうち比較的重くない事案においては、3月以上5月以下の自由刑が、第3項のうち比較的重くない事案においては、6月以上5年以下の自由刑が宣告されなければならない。

第6節　小　　括

　以上，ベルリンという限られた場での調査を窓口としてではあるが，BGBや少年援助法という連邦法レベルでの子の福祉の危険化に対する対応の内容が，具体的事件に接する現場ではどのように実現されてきているか，あるいは実現されようとしてきているかについて概観してきた。ここで得た知見も含めて評価は最終章に譲ることとするが，ここでは1点のみ指摘しておきたい。それは，諸種の機関が連携するうえで重要なのは「共通の言葉で話し合う」ということであり，それはベルリンでの調査中，幾人もの専門職から繰り返し強調された。

　かつてベルリンでは，少年局は支援による事案解決が本筋であり，裁判所に措置を求めることはいわば敗北であると考え（ノイケルン少年局），警察や医師はそのような親支援にこだわる少年局の姿勢を生ぬるいと批判していた（グライヘン氏）[46]。また個別事件において子と密着する手続補佐人は，担当事件が多くて個々の事件に時間をかけることができない少年局より，子の利益に即した提案ができると考える傾向があり（ハンネマン手続補佐人），手続開始まで子やその家庭の状況について全く不知である裁判所は，自ずと少年局や手続補佐人あるいは鑑定人の意見や提案をそのまま受け入れがちであった（現在においてもその傾向があることは，ザイデンシュトュッカー報告）。

　このような機関相互の不信感や依存は，子の福祉の危険化の回避という同じ目標を掲げていながら，少年局は少年社会教育学，裁判所は法律学，手続補佐人は社会教育学や児童心理学等など，それぞれに異なるバックグラウンドを持ち，それぞれの専門性の尊重という麗句の下に，実際には協力の基礎となるべき相互理解や情報の共有に努めようとする姿勢を欠いていたからこそ生じたものであると指摘されている（シュタッペンベック氏）。

　たしかに，個人情報の保護という観点からは情報の共有化には限界がある

---

[46] 暴力保護診療所を開設したエツオルド（旧姓Guddat）医師は，この状況につき「親の権利はあっても子の権利はないに等しい」と批判している（Michael Toskos＝Saskia Guddat, Deutschland misshandelt seine Kinder, 2014, S. 257 ff.）。

し，各機関，各専門職にはそれぞれの任務があり，独立してそれを遂行しなければならない。しかし，児童保護は一般予防から国家の介入まで幅が広いのであり，一つの機関の専門職の働きだけで実現できるものではない。ベルリン州がいち早く2006年にベルリン児童保護ネットワークを立ち上げたのは，まさに児童保護に関わりを有する各機関，各専門職が，内容の理解を共通にする同じ言葉を使って協働する場を設けることでこそ，専門職同士の有用な連携を図ることができるという考え方が基礎になっている[47]。子の福祉の危険化に関する統一的な指標の作成，統一的かつ丁寧な行動，情報保管及び記録作成マニュアルの整備，信頼性の高い協力を担保する協定の締結などを通じて，各機関，各専門職が同じ理解でその役割を分担することで，対応の流れに一貫性ができ，それが迅速と的確という，ともすれば矛盾しかねない要請に応えることに繋がっている。それは他方において，形式主義，マニュアル主義に陥りかねないという危険もはらんでいるが，すでに見たように，ネットワークの活動をすべて定期的な検証にさらすことで，システムとしてその欠点を克服する工夫がなされている。子の福祉の危険化の回避は，それを完全に実現することは極めてむずかしい。しかし，不断に点検を行うことで，施策を最善化していこうとする姿勢は大いに注目に値する。

---

[47] 共通理解形成のために，ベルリンでは，新しい裁判例，新しい法制度，その他のトピックなどについて合同で理解を深める場として，裁判官，少年局，弁護士，医師等からなる勉強会が定期的に開催され，また自分の専門外の知識を習得するための研修も準備されている。

第5章　児童保護のための少年援助給付の体系

髙橋由紀子

はじめに

　本書の第2章第2節では，ミュンダー教授によりドイツにおける児童保護法制の法的枠組と2012年に施行された連邦児童保護法[1]までの法の展開が，主として少年援助（少年局）と司法（家庭裁判所）の連携の視点から論じられている。また，第3章第1節ではドイツにおける少年援助と司法の連携の仕組みが解説され，第4章ではベルリン市州における具体的な児童保護のための実務のあり方が紹介されている。

　本章では，家庭裁判所との連携を必要とする前の段階で，日本の児童福祉に相当する児童並びに少年援助（Kinder- und Jugendhilfe，本章では以後「少年援助」と表記する）が児童と少年の福祉を保障するためにどのような給付（援助サービス）を提供しているのかについて，社会法典第8編[2]の少年援助の給付体系を概観した後，連邦児童保護法で少年援助の給付がどのように拡大され，さらに2017年3月の「児童並びに少年強化法案」[3]がどのような法政策のもとで新たな給付を展開させていこうとするのか解説する。

　ところで，ドイツでは児童保護の際に「子の福祉の危険化 Kindeswohlgefährdung」という概念が使われる。これは広範かつ包括的な概念で，親による児童虐待やネグレクト以外にも，児童と少年の健全な発達を阻害するあらゆる個人的，家庭的または社会的要素が含まれる。たとえば，望まない妊娠，

---

[1] Gesetz zur Stärkung eines aktiven Schutzes von Kindern und Jugendlichen (Bundeskinderschutzgesetz – BKiSchG), BGBl. I S. 2975, 2011.
[2] SGB Ⅷ-Kinder-und Jugendhilfe.
[3] Entwurf eines Gesetzes zur Stärkung von Kindern und Jugendlichen (Kinder- und Jugendstärkungsgesetz – KJSG), BT-Drucks 18/12330.

父母間の不和や家庭内紛争，学習障害を含む発達障害，不登校や引きこもり，非行，薬物依存，児童ポルノ，インターネットを通しての性被害などである。親の配慮権の制限・剝奪（BGB），少年司法，児童ポルノ禁止法，身元秘匿出産法など，個別の問題に対応する個別の法律や法規定も用意されているが，「子の福祉の危険化」に対処する横糸としての児童並びに少年とその家族への援助が強く求められている。

また，最近のドイツ国内の事情として庇護を求めて入国する難民の増加に伴う難民の児童の増加がある。特に，親や親族など成人が同伴しないで1人で入国した児童の保護と支援が少年援助だけでなく政治上も大きな課題である。

本章で紹介する児童保護のための給付の体系と法制度の発展は，1991年に施行された現行の社会法典第8編—児童並びに少年援助（SGB Ⅷ）が，施行以来25年間に蓄積してきた少年援助の経験を基に，社会の変化に応じてどのような改正を必要としているのかを知る良い材料であり，似たような社会変化を経験している日本の児童福祉法制の参考になるであろう。

第1節　社会法典第8編（児童並びに少年援助）の概説

本章で扱う児童保護のための法制度の発展を理解するためには，社会法典第8編の基本的枠組の把握が必要であると思われるので，以下に同法の概略を説明する。なお，SGB Ⅷで「児童」とは14歳未満の子どもを，「少年」とは14歳以上18歳未満の者を言う（SGB Ⅷ 7条1項。以下，SGB Ⅷの規定については法律名を省略する）。

1. 社会法典第8編成立の背景

ヨーロッパ各国では，国連児童の権利条約の内容に合わせた親子法（民法）や児童福祉に関する法改正が行われているが，ドイツでは1990年に児童福祉法制の大改正が行われ，1991年から「児童並びに少年援助法」（Kinder- und Jugendhilfegesetz – KJHGと略称される）が施行された（旧東ドイツ諸州では1990年10月から施行）。この法律は，社会法典の第8編を構成しSGB Ⅷ（Sozialgesetzbuch Ⅷ）とも略称されている。

この改正の背景には，当時のドイツ社会と家族の大きな変化と，それに対応しなければならない少年援助実務の法的根拠の欠如があった。

　ドイツ社会と家族の変化としては，まず，出生率の低下と，それとあいまった1人っ子家庭の増加があげられる。これが子どもの教育に与える影響として，家庭や近隣では子どもの社会化が十分に行えなくなったことが指摘された。さらに，女性の就労が増加したための保育施設の不足，離婚や非婚の母が増えた結果として単親家庭の増加，高い失業率，家族機能の全般的な低下，外国人労働者家庭の増加などの問題が生じてきた。

　これらの問題に対処するには，市民の生活状況に密接に関連した相談業務と，きめの細かい援助サービスの提供が必要とされたのである。しかし，改正前の少年福祉法（1961年施行，以下 JWG と表記）[4] は援助サービス提供の根拠としての教育援助（Hilfe zur Erziehung）の規定を有していたが，たった2条で，しかもその概念が曖昧なため，今日の社会で必要とされるサービスの根拠条文としては不十分であった。同法は援助サービス提供よりも，むしろ里子やホーム入所児童の保護（のための里親家庭やホームの規制および監督）規定，後見制度における少年局の役割（たとえば，現在は廃止されたが，非嫡出子の出生と同時に開始される民法上の官庁後見の引き受け）を定めた規定，逸脱行動をする児童や不良化の恐れのある児童若しくは少年の矯正教育のための規定，予防的拘引のための入所措置における警察との協力を少年援助の任務とした規定を主な柱とした取締法的，警察法的性格を持っていたため，児童若しくは少年とその家族のニーズに合った新しい法律が必要とされたのである。

　また，このような国内事情と合わせて，国際的には国連児童の権利条約の影響もあげられる。

2. 社会法典第8編の原則

(1) 憲法上の制約

　ドイツの憲法である基本法はその6条2項で，「子の世話と教育は，親の自

---

[4] Gesetz für Jugendwohlfahrt（Jugendwohlfahrtsgesetz – JWG）．BGBl. I 1961, S. 633. 本法は1922年に制定されたライヒ少年福祉法（Reichsjugendwohlfahrtsgesetz – RJWG）の体系と内容を引き継いだ。

然の権利であり，かつ何よりもまず親に課せられた義務である」と規定し，子を育て教育する父母の優越的権利と自己責任を保障している。したがって，国家には，学校教育の領域以外では父母の教育権に競合する独自の教育権限はない。この制約の下では，少年援助は配慮権のある父母の希望と合意に沿って，父母の教育責任を支援・強化するものとして作用し，父母を通り越して子に直接働きかけることは許されない。

ただし，基本法は続けて同項2文で「この義務の実行については，国家共同体が監視する」と規定し，国家には親がその職務をきちんと果たすかどうかを監視する役割が与えられているので，子の保護のために，民法の配慮権制限規定（BGB 1666条，1666条a）に基づき裁判所の判断を通じて親の権利に介入することは認められている。

SGB VIIIは1条2項で基本法6条2項の文言をそのまま引用して，少年援助の領域でも基本法のこの原則を確認している。親の同意がなく，それに代わる裁判所の判断を通さずに，例外的に行政機関（少年局）が直接子を保護できるのは，一時保護による場合だけである（8条a3項，42条）。一時保護は子が自ら保護を求めてきたときと，子の福祉の危険が迫っているとき，外国人の子が同伴者なくドイツに入国したが国内に配慮権者がいないという三類型の場合に行われるが，少年局は保護の後，遅滞なく配慮権者に一時保護について連絡し，彼らの同意を得るか，同意が得られないときは家庭裁判所に適切な措置について判断してもらわなければならない。

(2) ドイツの伝統的な少年援助の三原則の承継

1922年のライヒ少年福祉法以来，以下の三原則がドイツにおける少年援助法制の基本理念として発達してきた。これらは以下の形で現行法に受け継がれている。

①自己の能力を発達させる青少年の権利の承認[5]

SGB VIII 1条は，すべての若者に，自己の発達を促し，自己責任を負って社会で生活していける教育を受ける権利を認めている。そして，少年援助の義務として，この権利が実現されるよう若者の発達を助成し，彼らの福祉を守

---

[5] JWG1条1項は「すべてドイツ人の児童は身体的，精神的並びに社会的な能力を発達させるために教育の権利を有する。」と規定していた。

るために不利益や危険を除去し，親を支援し，若者とその家族のために積極的な生活条件と，彼らにやさしい環境の維持と創出に貢献することを定めている。しかし，この規定はプログラム規定であって，公法上の権利として児童並びに少年自身に請求権を認めたものではないと解されている。

②家族の教育的役割の優越性

子は実親のもとで育つのがもっとも幸せであることを前提として，少年援助は家族機能の維持・強化・再生をめざして親への援助を行う。公的少年援助機関である少年局は親とパートナー関係に立ち，旧法におけるような介入権限を持った官庁ではない。親には，公的，民間を問わず様々な少年援助団体の提供する施設やサービスの中から選択する権利と，援助がどのように行われるか希望を述べる権利が認められている（5条）。

③補完原則（助成原則）

子の教育は親の自己責任とイニシアティブに委ねられ，親との関係では国家は足りない部分を補完する任務を負うだけである。次に，民間の福祉団体との関係では，国家は民間の活動を助成し，国家と民間団体の活動が競合する場合は民間団体の活動を妨げてはならない。ドイツでは伝統的に社会福祉活動は教会とその関連団体によって担われてきたために，それらの活動を損なわないよう国家は謙抑的になることが求められ，また，多様な民間団体によるサービス活動は，選択と希望の権利を実質的に保障することになる。

(3) SGB Ⅷの少年援助に特徴的な原則

①児童並びに少年の参加の権利と意見を聞いてもらう権利の承認

児童並びに少年には，それぞれの発達段階に応じて，自分に関する公的少年援助の決定に参加する権利が認められる。また，少年局に自分の意見を聞いてもらう権利もある。これに対し少年局には，緊急の場合には親に知らせることなく児童並びに少年の相談にのることができる権限が与えられている。これらの権利は，国連児童の権利条約12条2項の規定を考慮したものである。

②介入より支援へ

JWGは，非行少年や不道徳な行為を行った少年の矯正教育，家出少年や親に虐待された児童の保護など治安維持を重視した伝統的な警察法的性格が強かったが，SGB Ⅷは給付に焦点を当てた予防法的性格へと転換した。したが

って、SGB Ⅷの規定を根拠とする親の配慮権への介入が放棄された一方で、なるべく親子を引き離さないで済むように家庭支援のための相談業務の強化と給付の拡大が行われ、そのために必要とされる少年援助機関の専門性の確立が図られた。

③ 通所型サービスの重視

従来の施設入所型サービスに対し、より多様なサービスが可能な通所型のプログラムを用意し、子を家庭にとどめる努力が続けられる。

④ 援助対象者の拡大

非行や家出、虐待やネグレクト、貧困などの養護問題を抱えた子だけでなく、すべての児童並びに少年を法の対象とすることにより、少年援助を受けるスティグマを払拭することをめざした。

さらに、特に自立が困難な27歳までの若い成人や、外国籍の子に加えて、精神的障害を持つ子までもその対象に含めた。しかし、重い身体障害や知的障害をもつ児童並びに少年の統合援助は従来通り、社会援助法の対象である。

⑤ 特定の家族モデルの放棄

JWGは、父母と子からなるいわゆる完全家族を家族モデルとして想定していたが、SGB Ⅷは特定の家族モデルを持つことを放棄した。

⑥ 個人情報の保護

社会福祉の他の領域で命じられているのと同じ個人情報の保護がSGB Ⅷにも導入された。

3. 公的少年援助を担当する行政機関

(1) 少年局の任務と組織

少年援助の任務は、児童並びに少年とその家族のために援助サービスを提供することと、行政機関としてその他の職務を行うことである。そして公的少年援助の全責任を負うのは、郡、あるいは郡に属さない大都市の地方自治体である。これらの自治体は、SGB Ⅷの定める任務を行わせるためにそれぞれ少年局（Jugendamt）を設置しなければならない。少年局の組織は州ごとに、また設置主体ごとに異なるが、ほとんどの少年局では一般社会福祉サービス（Algemeine Sozialdienst, ASDと略称される）と呼ばれる部署が市民向けの窓口

を設置して様々な相談に応じる。虐待の疑いが通報されれば調査に赴くのもASDのワーカーである。

これら地元の少年局の上級機関として州レベルでは州少年局が設置され，少年局の任務の遂行を補充し，各少年局間の調整を行う。

公的少年援助の実施主体である地方自治体は，管轄内の施設やサービスの現況を確認し，利用者の希望，ニーズ，利益を調査し，それらを満たすために必要な措置を時宜にかなうように計画しなければならない。この計画策定には，早い時期から民間の少年援助団体を参加させなければならない。

(2) 少年局の行政機関としての任務

少年局は援助サービスを提供する一方で純粋な行政機関としての任務を果たさなければならない。児童若しくは少年の一時保護，児童並びに少年の配慮に関する裁判手続や養子縁組手続で専門機関として意見を述べる裁判協力，児童の保育や養育を引き受ける家庭や施設の立ち入り調査，養育家庭や施設の開設許可，許可の取消し，官庁後見や官庁保護の引き受け，管轄の決定や移転などである。児童の保護のために行政機関としてのコントロール権限を与えられている点で，少年局は社会給付を任務とする他の行政機関と異なる。

すでにミュンダー報告でも紹介されているが，2005年に施行された「児童並びに少年援助の更なる発展のための法律」(KICK) は，児童並びに少年の福祉の危険がある場合の彼らの保護の改善を目指した。後述する連邦児童保護法と児童並びに少年強化法案へと続く児童保護法制の改正である。KICKは少年局の児童保護実施責任の強化を目指したが，そのために少年局の情報入手権を明記し，社会的データの保護，保健医療制度など他の領域の援助との連携，少年援助従事者の人的適合性の厳格化などについての規定を置いた。

この中で特に重要なのが，少年局の保護任務を具体化した新設の8条aである。現行規定は以下のように規定する。

SGB Ⅷ 8条a（子の福祉に危険が及ぶ場合における保護の任務）
(1) 少年局は，児童若しくは少年の福祉に危険があることについて重要な手掛かりを得たときは，複数の専門職員の共同によって危険化の度合いを評価しなければならない。当該児童若しくは少年の効果的な保護に問題がない限り，少年

局は身上配慮権者並びに児童若しくは少年を危険の評価の中に含めなければならず，また専門的な評価によって必要とされる限りにおいて，児童及びその児童と身近な関係にある者たちから直接的な印象を取得しなければならない。少年局は，危険化の回避のために援助を行うことが適切かつ必要であると考えるときは，教育権者にこれを提供しなければならない。

⑵　少年局は，家庭裁判所の活動が必要であると考えるときは，裁判所を喚起しなければならない。この規定は，教育権者が危険化の度合の評価に協力する意思を有さないとき，又は協力できる状態にないときにも適用される。緊急の危険があり，かつ裁判所の判断を待つことができないときには，少年局は児童若しくは少年を一時保護する義務を負う。

⑶　危険化の回避のために他の給付の主体，保健援助の施設又は警察の活動が必要である場合には，少年局は教育権者による請求を働きかけなければならない。即時の活動が必要であり，かつ教育権者の協力が得られないときは，少年局は自ら，危険化の回避について管轄する他の部局を介入させるものとする。

⑷　本編の諸給付を提供する施設及びサービスの主体との合意においては，以下のことが確保されなければならない。

1．施設及びサービスの主体の専門職員は，自らが世話にあたっている児童若しくは少年の危険化についての重要な手掛かりを得たときは，危険化の評価を行うこと。

2．その危険化の評価にあたっては，その問題について経験のある専門職員を助言のために参加させること，及び，

3．当該児童若しくは少年の効果的な保護に問題がない限り，教育権者並びに当該児童若しくは少年が危険の評価の中に含められること。

　　この合意の中には，助言のために参加する当該問題について経験のある専門職員の適性に関する基準のほか，特に，当該主体の専門職員の，自らが必要と認めるときに，教育権者に対して援助の受給を働きかける義務，またもはや危険化を回避できないときには，少年局に通知する義務が組み込まれなければならない。

⑸　ある地域主体が児童若しくは少年の福祉の危険化に関する重要な手掛かりを得たときは，給付の提供について権限を有する地域主体に対し，第8条aの子の福祉の危険化の場合における保護の任務を果たすために知ることが必要なデータを伝達しなければならない。そのデータの伝達は，両地域主体の専門

職員の間の話し合いの中で行われるものとし，その話し合いには，当該児童若しくは少年の効果的な保護に問題がない限りにおいて，身上配慮権者並びに当該児童若しくは少年を参加させるものとする。

8条aが制定された背景には次のような必要があった。すなわち，少年局は子の福祉の危険化の手掛かりがあるときに，その危険化は少年援助で十分に対処できるのか，あるいは家庭裁判所を関与させる必要があるのか判断しなければならない。このためには少年局には明確な情報入手権が必要とされるのである。加えて，少年局の専門職員は，児童若しくは少年が虐待行為やネグレクトなどのために死亡し，または傷害を負った場合，それらを阻止しえたはずであるにもかかわらず適切な行動を取らなかったことが保証人としての地位（Garantenstellung）から生じる保護義務違反にあたるとして刑事責任を問われる恐れがある[6]。それを避けるためにも具体的に取るべき手順が定められる必要があったのである。

(3) 援助サービスの提供

すでに述べたように，SGB Ⅷは給付法である。どのような場合にどのような援助サービスを提供するかは法律の中に詳細に定められている。以下，項を改めて紹介する。

4. 少年援助サービスの類型

少年援助サービスは，親又は児童若しくは少年自身の請求に基づいて提供される純粋に社会法上の給付である。これらのサービスは少年局自身の他に少年援助の民間団体も提供する。民間団体は少年局と活動のための協定や契約を締結し，仕事量に応じた費用を少年局から受け取る。

給付はその性格にしたがって以下の4類型に分けられる。

(1) 少年事業，少年ソーシャルワーク，教育的な児童並びに少年の保護（11条～14条）

スポーツ，遊び，レクリエーション，文化的催し，環境教育や健康教育など

---

[6] P. Bringewat, Strafrechtliche Risiken beruflichen Handelns von ASD-MitarbeiterInnen, Haftungsverteilung zwischen öffentlicher und freier Kinder- und Jugendhilfe sowie Formen und Inhalte der Dokumentation unter strafrechtlichen Aspekten, 2002, S. 7ff.

学校教育以外のあらゆる青少年育成事業，民間の青少年団体の助成，義務教育を終了していない青少年や若年失業者のための再教育や職業教育のアレンジなどが含まれる。

この領域でのサービス提供は，親の配慮権の内容と抵触しないので直接若者たちに向けられる。

(2) 家庭での教育の助成（16条〜21条）

子をできるだけ出生家族のもとにとどめるための家庭支援給付である。この類型の援助は家庭での紛争や家庭が直面する問題に相談サービスを提供して，子のニーズに最も合った解決方法を探ろうとする。具体的には，父母間の紛争の仲裁，父母の別居や離婚問題に際しての子の配慮や面会交流の取決めや，父母の別離に伴う新しい状況にうまく適応できるように親子関係の新秩序作りへの手助け，妊娠・妊娠中絶の相談，6歳以下の幼い子を抱えた父子・母子家庭への宿舎と世話の提供，親の失業問題や住宅問題についての相談などが含まれる。

(3) 日中の保育サービス（22条〜26条）

保育園，幼稚園，個人の保育者，学童保育などの施設や制度を利用する児童の助成を目的とする。ドイツ国内を二分する大論争を経ての1992年の法改正により，1996年からは3歳以上学齢に達するまでの児童には幼稚園（保育園を含む）入所の権利が認められたが，ドイツでは以前から保育施設の不足が指摘されており，現実には供給が追いついていない。

(4) 教育援助（Hilfe zur Erziehung [7]，27条〜35条）

この領域での援助はいわゆる要保護児童とその家族向けであり，伝統的にドイツの少年援助の中心であった。ここで使用される教育（Erziehung）の語は，子が自己責任を負う自立した人間になるように能力を引き出し伸ばすという意味で，単なる養育を意味するのでない点に注意が必要である。教育援助は，家庭で子の福祉に合致する教育が保障されない場合で，援助がそ

---

[7] ドイツ語では場面ごとに「教育」を意味する語が異なる。学校教育の場合に使用されるBildung，高等専門教育を意味するAusbildung，家庭や社会で行われる能力を引き出し全人格的発達をめざす教育を意味するErziehungである。教育援助は要保護児童のための援助類型と理解されるが，ここでは単なる「養育」ではなく，教育学的アプローチが必要と考えられている。

の子の発達のために適切かつ必要ならば，親の請求にしたがって開始される。

しかし，現実には，親による虐待やネグレクト，親が精神病などのケースでは親自身が援助を請求することはなく，少年局の説得も拒否されることが多い。憲法上の制約から，そのような場合でも少年局は直接子に援助を行うことはできず，子自身に教育援助給付の請求権もない。最終的には，少年局が親の配慮権の一部制限あるいは包括的剥奪を裁判所に申し立てることになる。この手続はBGB1666条及び1666条aを根拠とするが，子の福祉の保護を目的とした柔軟な規定のために，日本に比べるとはるかに頻繁に利用され効果をあげている[8]。

給付の形態はA．通所型とB．親子分離型に分けられる。前者には，教育相談，ソーシャルグループワーク，教育補佐及び世話援助者，デイグループでの教育，社会教育学的家族援助がある。後者には，里親養育，ハイム教育及びその他の世話を受ける居住形態，集中的な社会教育学的個別の世話が含まれる。

ところで，SGB Ⅷは児童若しくは少年が教育援助給付を受ける際と，すでに受けている援助の種類と範囲が変更される必要が生じた際の手続を詳細に定めている（36条）。

まず，身上配慮権者と児童若しくは少年は決定前に援助について十分な情報と相談が与えられ，援助を受けることで彼らの発達にどのような結果が生じうるか教示されなければならない。そして，長期的な家庭外での援助が行われる前と援助受給中は，養子縁組の可能性が検討されなくてはならない。また，自己の家庭外で援助が必要な場合には，身上配慮権者と本人らは施設や養育場所の選択に参加し，過度の費用支出が伴わない限り，その選択と希望は叶えられなければならない（1項）。

---

[8] 連邦統計局の統計によると，2015年にBGB1666条3項6号により親の配慮権が包括的に剥奪され少年局又は第三者に移転された数は7,585件，配慮権の一部剥奪と移転は7,818件で，合計で15,403件であった。一部移転のうち，身上配慮権の移転は5,658件，そのうち居所指定権だけの移転は2,657件であった。Statistisches Bundesamt 2018, Kinder- und Jugendhilfe in Deutschland, Maßnahmen des Familiengerichts für Kinder und Jugendliche 2015 auf Grund einer Gefährdung des Kindeswohls.

援助が相当長期間行われることが予想されるときは，どのような種類の援助が個別事例に合致するかは，複数の専門職員の共同作業で決定されなければならない（2項1文）。ドイツの少年援助の実務で客観性を担保するためによく言われる「4つの目で見る」ことが要求されているのである。さらに専門職員たちは身上配慮権者及び児童若しくは少年を参加させて援助計画を作成する。児童若しくは少年の今後の生活の見通しを確保するために援助計画作成は極めて重要な手続であり，これには援助の必要性の確認，提供される援助の種類，必要な給付などが具体的に記載される。さらに，専門職員たちは選択された援助の種類が今後も適切かつ必要かどうか定期的に検討しなければならない（2項2文）。援助が少年局以外の機関や施設によって行われる場合には，これらの組織若しくはその職員が援助計画作成と見直しに参加しなければならない（2項3文）。

　また，実親家庭の支援も大きな課題である。37条1項は，家庭外で行われる援助の際に実父母と里親や施設の教育援助担当者が児童若しくは少年の福祉のために協力する義務を定めている（1文）。そして，一定期間内に出生家庭の教育条件が再び児童若しくは少年を自ら教育できるほどに改善されるように支援することが求められている（2文）。同時に，助言と家族支援を通じて，親子分離中の親子の関係を促進する努力がなされなければならない（3文）。しかし，一定期間内に出生家庭での教育条件の持続的改善が達成されないときは，児童若しくは少年のパーマネンシーの保障が考慮されなくてはならない。すなわち，家庭復帰を目指すのではなく，児童若しくは少年の福祉を促進し，かつ永続的に構想された他の生活設計が策定されなければならないのである（4文）。

　里親はじめ他人の子の養育を委託されている者も支援される。彼らには，養育委託の開始前と養育期間中は相談と支援を求める権利が認められている（2項）。他方，少年局は児童若しくは少年の福祉を促進する教育が里親家庭やその他の養育場所できちんと行われているかを現場で審査するものとする（3項）。

　その他に，自己の家庭外で教育援助（下記の32条ないし35条，若しくは35条a2項2号ないし4号）を受ける場合の児童若しくは少年の扶養料と教育費の確

保やその他必要な一時金の支払いについて詳細な規定が置かれている（39条）。また疾病援助（健康保険）の保険料の支払いも公的少年援助が引き受ける（40条）。

以下にそれぞれの援助の概要を説明する。

A. 通所型

a. 教育相談（28条）

b. ソーシャルグループワーク（29条）

主として12歳以上の児童並びに少年を対象とし、教育学的なグループワークを通じて発達困難や行動上の問題を児童と少年が自ら克服し自立に至るように援助する。少年裁判所の指示で開始される非行少年を対象とする援助でもある。

c. 教育補佐及び世話援助（30条）

児童若しくは少年が発達上の課題を克服できるように長期に設定される相談と支援である。教育補佐の標準的な仕事の形態は、個別援助、グループワーク及び余暇活動を通しての教育、家族相談の3種類であるが、もちろんそれぞれの児童若しくは少年の課題とニーズに応じて援助の内容は異なる。教育補佐及び世話援助の目標は児童若しくは少年の学校での行動を変化させることである。教育補佐の任務は高度な専門性を要求されるために、少年局の専任のソーシャルワーカーや社会教育学士（Sozialpädagoge）が任命されることが多い。教育補佐1人が担当するのは平均で25人までの児童若しくは少年であるべきとされるが[9]、教育補佐はすべてを自分で処理するのではなく、具体的な活動はボランティアを利用し、自らは相談や調整の任務を引き受けることが多い。ソーシャルグループワーク同様、少年裁判所の指示で開始されることもある。

d. デイグループでの教育（32条）

家庭補充型の援助類型であり、児童若しくは少年は日中の一定時間施設に滞在するが、(3)で述べた日中の保育とは性格が異なる。これは、子の福祉に合致する世話が家庭で充足されない場合、学校教育の補習や促進が必要な場

---

9) R.Wiesner, SGB Ⅷ Kinder- und Jugendhilfe Kommentar 3. Auflage, S. 463.

合，社会的行動の育成が必要な場合，親の教育能力が不足しているが親子分離をするほどでもない場合，里親委託や施設入所から家庭復帰した児童若しくは少年が実親家庭に完全に統合されるまでの期間の親の負担軽減を目的とする場合などに提供される援助である。

　e. 社会教育学的家族援助（31条）

　他の教育援助と異なり，援助の名宛人は家族全体であり，援助は当該家族の家庭で日常生活の中で提供される。親の養育能力を向上させ，家族間のコミュニケーションを促進し，家族全体の生活条件を改善することによって児童若しくは少年の里親委託や施設入所を防ぐことが目的である。この援助サービスはSGB VIIIにより初めて採用され，その効果が認められている。この援助が対象とする家族の特徴として，親の低学歴，経済的な困難状況，劣悪な住居を含む生活環境，ひとり親家庭，多子家庭，家族員の病気や依存症があげられる。

　援助の内容は，個別の家族の必要に応じて多岐に渡り，たとえば，家事・育児の指導，栄養・健康指導，行政機関やその他の援助機関とのコンタクトの仲介や申請時の付き添い，児童が学校や昼間保育施設に順応できるような支援，補習教育の手配，近隣とのネットワーク作りなど[10]の他，里親家庭や施設で暮らす子との面会交流の付き添いも含まれる。

　B. 親子分離型

　親子分離型の教育援助には里親委託とハイムでの教育（施設養護），集中的な社会教育学的個別の世話がある。

　a. 里親養育（33条）

　どのような種類の里親家庭を用意するかは州により異なるが，ほとんどの州が緊急里親（待機里親），短期里親，長期里親，療育里親を整備している。緊急里親は，いつでも直ちに児童を受け入れることができる準備をして待機している。州により態勢は異なるが，他の類型の里親には委託された児童数と期間に応じて里親手当が支払われるのに対して，緊急里親には委託された児童がいない期間も手当を支払う州，緊張状態の中でストレスが多い緊急里

---

10) Ibid. S. 472.

親とは2年間しか契約を結ばず，リフレッシュ後に再度契約を結ぶ州など運用は様々である。SGB Ⅷはなるべく子を家庭にとどめるための援助類型を多く用意しているので，家庭外養育を必要とする児童若しくは少年は従来よりもいっそう養育困難な状況にあり，療育里親や緊急里親のような専門的教育を受けたプロフェッショナルの里親の必要性が増している。扶養義務を負う親族（たとえば祖父母）も教育援助の枠内で里親となることができる。

なお，養子縁組里親は養子法の領域で扱われるので，教育援助の里親には含まれない。

b. ハイム教育，その他の世話を受ける居住形態（34条）

施設養護の形の教育援助である。ドイツでもかつては伝統的な大舎制施設が主流であったが，1960年代に起こったホスピタリズムへの批判を契機として施設改善の様々な試みがなされ，現在では小規模化され，かつ児童の多様なニーズに対応した様々な形態がある。小規模ハイムの代表的な例として，居住グループ（Wohngruppe）や居住共同体（Wohngemeinschaft）がある。これらでは職員又は組織がハイムと結びついている。また，ファミリーグループはハイムの組織内で，児童若しくは少年が専門的な資格を備えた夫婦と彼らの子どもたちと一緒に暮らす形である[11]。

「その他の世話を受ける居住形態（Sonstige betreute Wohnform）」は，現実にハイム教育から発展した様々な構想を実現した入所型教育施設の総称である。たとえば，世話を受ける自立型居住共同体（Betreute selbständege Wohngemeinschaft）はハイム教育後の自立段階として，またその代替として提供される[12]。世話を受ける独居（Betreutes Einzelwohnen）は，民間の少年援助の主体が少年に住居を賃貸し，24時間連絡可能な世話人を用意する援助類型である。

これらハイム教育の目的は出生家庭への復帰，養育家庭への委託の準備，または長期的に設定されたハイムでの生活を通して自立を準備させることであり，日常生活と教育学的及び療育的サービスを結合させて入所児童の発達を促進し，比較的年長の児童が対象とされる。

なお，ハイム教育を受ける児童と少年の数は難民の児童と少年の増加に伴

---

11) Ibid, S. 510.
12) Ibid, S. 514.

[資料1] 2015年12月31日現在のドイツ全土における家庭外での教育援助数

年齢と国籍	全体数	デイグループ	里親家庭	ハイム教育, 世話付き住居	集中的社会教育学的個別の世話
全体数	173,228	16,204	71,501	81,310	4,213
1歳未満	1,364	21	1,098	245	−
1歳～2歳	5,789	83	4,907	799	−
3歳～5歳	13,463	224	10,682	2,557	−
6歳～8歳	22,176	3,585	13,099	5,492	−
9歳～11歳	30,005	7,469	12,643	9,790	103
12歳～14歳	32,751	3,719	12,341	16,221	470
15歳～17歳	48,162	1,103	12,352	33,005	1,702
18歳～20歳	17,250	−	3,771	11,744	1,735
21歳以上	2,268	−	608	1,457	203
17歳以下合計	153,710	16,204	67,122	66,109	2,275
18歳以上合計	19,518	−	4,379	13,201	1,938
少なくとも父母の一方が外国人のケース	55,455	4,914	15,862	32,877	1,802
家族内で主に使用される語がドイツ語でないケース	33,834	2,332	6,075	23,831	1,596

Statistisches Bundesamt 連邦統計局

い2016年には増加したと報告されている[13]）。

また，少年裁判所の入所命令によりハイムが利用されることもある。

c. 集中的な社会教育学的個別の世話

通常の援助では効果がない深刻な反社会的あるいは非社会的行動をする年長少年や若年成年者に住居を提供し，自立できるように専門家が付ききりで世話をする援助類型である。対象となるのは，売春，アルコール・薬物依存，摂食障害，ホームレス，暴力傾向などの問題を抱える年長少年や若年成年者である。

(5) 精神的障害を有する児童並びに少年のための統合援助（35条a）

知的障害，身体的障害，精神的障害のうち，SGB Ⅷは精神的障害を有する

---

[13] 連邦統計局によれば，2015年には，49,500人の男女の児童・少年・若年成年者のためにハイム又は世話を受ける住居への入所が開始された。この数は前年より25％の増加であった。このうち少年と若年男性の数は32,800人で，増加割合は46％と高かった。

児童若しくは少年たちの統合援助もその任務に含む。すなわち，児童並びに少年の精神的健康が高度の蓋然性をもって，6か月以上，その年齢に特徴的な状態から逸脱し，かつ，そのために児童並びに少年の社会生活への参加が妨げられるか，妨げられることが予想されるときには，彼らは統合援助を請求する権利を有するのである。それに対して公的少年援助の実施主体は，児童精神科医，心理療法医，児童少年期の心理療法士，児童若しくは少年の精神的障害の領域で特別の経験を有する医師若しくは心理療法士のいずれかによる見解を求めなければならず，その見解は国際疾病分類に基づき作成されたものでなければならない。この見解に従い，援助は個別事例の必要に応じて，教育援助の場合と同様に通所形式，児童のための昼間の施設か一時入所型の施設，適切な養育人，完全入所型の施設又はその他の居住形態の形で行われる。

統合援助と同時に教育援助が行われるときは，統合援助の任務を履行し，かつ教育上の必要も満たすのに適した施設，サービス，人が利用されなければならない。学齢に達していない児童に対して治療教育学的措置（heilpädagogische Maßnahme）が児童のための昼間施設で行われ，かつ援助の必要が許すときは，障害のある児童とない児童が一緒に世話される施設が利用されなければならない。

第2節　連邦児童保護法[14]

連邦政府によれば，ドイツの児童保護は近年，SGB Ⅷ や BGB 親子法の法的根拠の改善，各州の児童保護法や地方自治体による児童保護のモデルプロジェクトの活動，とりわけ少年局と民間の実施主体が地域の実務を適性化するために持続的に努力してきたおかげで高度なレベルに達したという。しかし，実務の経験に照らすと，児童保護の予防と介入の領域でさらに立法措置が必要であることが明らかになった[15]。

そこで，予防の領域では地域レベルでの児童保護のネットワーク化，妊娠期からの早期援助，児童保護の改善（少年援助従事者の適性要件，少年局の管轄

---

14) 前掲注1) 参照。
15) BT-Drucks 17/6256, 22.06.2011.

移転時の確実な引継ぎ,少年援助のあらゆる領域において質を発展させる義務など)が,介入の領域では職業上の秘密保持者の少年局への情報伝達と少年局職員による家庭訪問の義務化について新たな規律が定められた。

なお,本法は新設の「児童保護のための協力と情報提供に関する法律 Gesetz zur Kooperation und Information im Kinderschutz (KKG)」,SGB Ⅷの改正,その他SGB Ⅸ及び妊娠葛藤法の改正で構成されている。

以下に,連邦児童保護法の法案理由書[16]を参照しつつ同法の内容を紹介していく。

1. 成立過程

本法はドイツにおける児童保護の広範な改善を目的とし,少年援助団体,関連学会,州と地方自治体の専門家たちの集中的な議論と,「50年代及び60年代のハイム教育」円卓会議調査報告書[17]と「民間及び公的施設と家庭領域における依存と支配関係における性的児童虐待」円卓会議(以下,「性的児童虐待」円卓会議と表記)調査報告書[18]に基づいて立法された。

---

16) Ibid.

17) Runder Tisch Heimerziehung in den 50er und 60er Jahren. 2010年12月に公表された本報告書は1949年から1975年までの旧西ドイツのハイム(入所施設,ホーム)の実態調査の報告と被害者救済措置の勧告を内容とする。該当期間のハイムで行われていた身体的・精神的・性的暴力,労働力搾取,全く行われなかったか不十分な学校教育や職業教育,屈辱的な制裁・処罰方法が被害者や当時のホーム職員からの聞き取り調査で明らかにされた。被害者たちの多くはうつ病などの精神障害,社会的孤立,人間不信などの後遺症に苦しみ,また,低学歴のために就職困難,社会保険に加入することなしに働かされたために現在は無年金や年金額減少で貧困状態にあることが報告された。そのため,被害者のための賠償基金創設が勧告され,州や地方自治体とともにホームを運営していた民間の少年援助団体とその上部機関であるキリスト教教会が基金の原資を負担することになった。2012年1月1日より申請受付が開始された。

18) Abschlussbericht Runder Tisch Sexueller Kindermissbrauch in Abhängigkeits und Machtverhältnissen in privaten und öffentlichen Einrichtungen und im familiären Bereich. カトリック教会やオーデンヴァルト寄宿学校(Odenwaldschule)のような寄宿舎で起きたいくつもの児童の性的虐待事件を契機として,連邦政府のイニシアティヴで2010年に円卓会議が設置され,報告書は2011年5月に公表された。同会議は多くの被害児童や成人に達した被害者,彼らの親から聞き取り調査を行い,施設で性的虐待が起こる背景を検証した。その結果,報告書は,多くの犯行を可能にした制度的機能不全,被害児童を保護する責任を十分に果たさなかった施設,委託された児童の保護よりも施設の評判を優先した施設の設置者や責任者,犯行を見ないふりをしたり矮小化

他方，連邦，州と地方自治体は，すでに本法成立の数年前から児童保護における間隙を埋めるために多様な試みをしてきた。この中には特に，連邦家族省の「早期援助」行動計画，国立早期援助センターの設立，州と地方自治体の多くの児童保護モデルプロジェクトが含まれ，これらから得られた知見も法律の中に取り入れられた[19]。

2．主たる改正内容

(1) 早期援助の推進（KKG 1条3項2号，4項）

連邦と州の様々な児童保護モデルプロジェクトを通して，リスクと過度のストレスの早期発見と子の健康な発達のために，妊娠期間と子の出生後数年間の早期援助が重要であることが確認された。それゆえ，それを通常の実務とするために，少年援助と保健医療制度が交差する場面での改正が必要であった[20]。具体的には以下の規律である。

①出産前の父母への早期援助と信頼できるネットワーク構築

出産前後及び児童の出生後数年間は，家族が容易にアクセスできる質の高い援助サービスを全国的に導入し固定化する法的根拠が創設された。すなわちKKG 1条3項2号は，「個別事例で児童並びに少年の発達にとってのリスクが早期に認識されるように」，親が教育権と教育責任を行使するさいに，必要とされる限りで親を支援することは国家共同体の任務であるとし，4項は，特に生後数年間の児童の発達の観点から，親及び妊娠女性とこれから父になる男性のために，可能な限り早期の複数の専門的なサービスが調整されて提供される（早期援助）と規定する。

さらに，児童保護のために特に重要なのは妊娠期からの早期援助であることを前提に，連邦児童保護法による妊娠葛藤法の改正[21]で妊娠相談も早期援

する社会と監督義務を十分に果たさなかった監督機関，真剣に児童を保護しようとする者たちが警告のサインや援助を求める兆候を見逃したこと，父母が子の訴えを信じなかったことなどを指摘し，今後の予防策と被害児童への救済策を提言した。

19) 連邦家族省による連邦児童保護法の解説による。https://www.bmfsfj.de/bmfsfj/themen/kinder-und-jugend/kinder-und-jugendschutz/bundeskinderschutzgesetz/
20) 前掲注15)，S. 1.
21) 妊娠中絶の相談においては匿名で相談を受ける権利がすでに認められていたが，他の改正点と

助のネットワークに組み込まれた。もともと妊娠相談所は避妊や家族計画,不妊,妊娠女性とその家族の経済問題,望まない妊娠などの相談や養子縁組についての情報提供などを任務としてきた。妊娠中絶の相談は別に妊娠葛藤相談として,より高度な専門性を持った専門職員により対応されなければならないが,ほとんどの相談所は両方の相談に応じる態勢を整えている。また,2014年5月1日から開始された身元秘匿出産[22]においても妊娠相談所は中心的な役割を担っている。

　妊娠相談所は公的にも民間でも設置されることができる。州は原則として人口4万人に最低1名の専任の相談員か,それに相当する複数名のパートタイムの相談員を配置しなければならない。

　このような体制の下,妊娠相談所はアクセスしやすい地元の相談所として市民に信頼され,多くの女性たちによって利用されている。妊娠相談所は,妊娠女性とのコンタクトを通して危険化の状況を出産前に認識し,その状況に合致した援助を特に早期にかつ効果的に提供できる。相談者志向の相談をすることについての相談員の理解,心理社会的・社会法上・保健医療上の問題についての相談員の専門的能力,相談関係の信頼,及び地域の援助サービスについての知識,請求権行使のさいの支援は,広範な援助と相談のための良い基盤である[23]。

　しかも,妊娠相談所は連邦財団「母と子－胎児の命の保護」の費用と,一部はこれに相当する州の財団の費用で運営されているので相談は無料であり,特に早期援助を必要とするグループと接触するのに成功していることは言うまでもない[24]。このような事情から,妊娠相談所のサービスを乳幼児の育成と発達を任務とする他の施設やサービスとより密接に結びつけることが求め

　　して,一般的な妊娠相談でも希望すれば匿名で相談を受けることができるようになった。
22) Gesetz zum Ausbau der Hilfen für Schwangere und zur Regelung der vertraulichen Geburt vom 28. August 2013, BGBl. I 2013, S. 3458. 同法の成立の背景と内容については,髙橋由紀子「ドイツの身元秘匿出産法と新生児養子縁組」帝京法学第30巻第1号(通巻第52号)1-26頁(2016); 同「ドイツの身元秘匿出産法――生みの母の身元秘匿保護と子の出自を知る権利の間で」新しい家族第59号59-79頁(2016)。
23) 前掲注15), S. 30.
24) Ibid.

られたのである。

 KKG 1条　児童保護と国家の共同責任
 ⑴　本法の目的は，児童並びに少年の福祉を守り，彼らの身体的・知的・精神的発達を促進することである。
 ⑵　児童並びに少年の世話と教育は親の自然の権利であり，かつ何よりもまず親に課せられた義務である。この義務の実行については国家共同体がこれを監視する。
 ⑶　国家共同体の任務は，親が教育の権利と責任を行使する際に，必要な限りで以下を目的として彼らを支援することである。
　1．個別事例で，親が責任をより良く果たせるために
　2．個別事例で，児童並びに少年の発達のリスクが早期に発見されるために
　3．個別事例で，児童若しくは少年の福祉の危険化が回避されるために，また，個別事例で回避がもはや可能でない場合は，さらなる危険化や害が阻止されるために
 ⑷　この目的のために，親が教育の権利と責任を行使する際の国家共同体による親の支援には，特に情報，相談並びに援助が含まれる。親及び母となる者及び父となる者のために，とりわけ生後数年間の児童の発達の問題に関して可能な限り早期の，調整された複数の専門的なサービスを提示することが核となる（早期援助）。
 KKG 2条　児童の発達の問題における支援の提供についての父母への情報
 ⑴　親及び母となる者及び父となる者は，妊娠，出産及び生後数年間の児童の発達の問題に関する相談及び援助のための，地元（im örtlichen Einzugsbereich）での給付提供について情報が提供されるものとする。
 ⑵　前項の目的を果たすために，州法によって第1項の親への情報提供を管轄する機関は，親に直接の面談を申し出る権限を有する。直接の面談は親の希望に基づき，その住居で行われることができる。州法に別段の定めがない限り，本項1文に規定された権限は地域の少年援助の主体に与えられる。

②家庭助産師（Familienhebannne）の配置（KKG3条4項）
　家庭助産師とは聞き慣れない職業であるが，助産師の国家試験に合格し，さらに追加の資格を有する助産師である。この者はストレスの多い生活に悩む親の相談にのり支援することができる。また，子が1歳になるまで継続的

に家庭訪問をし，特に健康上の問題解決を支援する。

　ドイツでは，分娩施設で出産後，母子は1日か2日で自宅に戻り，その後は助産師が最初のうちは毎日家庭訪問して母子の健康に配慮するのが普通である。その延長上に，健康管理だけでなく育児や生活上の悩みの相談に応じる身近な専門職員を配置することが有効と考えられたのである[25]。

　(2)　地域レベルでの児童保護のネットワーク化（KKG 3条）

　少年援助は児童と少年の成長のために優先的に責任を負う社会給付システムであるが，連邦児童保護法により，児童と少年の保護に携わる他の給付システムとの協力を義務付けられ，地域のネットワークと広域のネットワークを構築することで今まで以上に他の給付システムと強く結びつけられることになった。

　公的少年援助及び民間の少年援助の施設とサービス以外の他の給付システムとは，社会法典第12編75条3項による契約の相手方である施設とサービス，保健局，社会局，共同のサービス機関，学校，警察及び秩序官庁，労働局，病院，社会教育学的センター，学際的な児童の早期助成機関，妊娠相談所，社会的問題状況のための相談所，母親の恢復及びDVからの保護のための施設とサービス，家族教育機関，家庭裁判所，治療に関係する職業従事者である。

　関係機関のネットワーク化の要請の背景には，児童並びに少年，及びその家族の援助の必要は，縦割りの個別の給付システムによるサービス提供によってではなく，個別的な生活状況に応じて何が必要とされるのか厳密に把握した上で総合的な給付により充足されるべきという立法者の意図があった。後述する連邦児童保護法評価報告書[26]によると，給付システムの結合はより効果的な児童保護の実現に役立つことが証明されたという。

---

25) 家庭助産師の活動は長期の家庭訪問型という点で，SGB Ⅷ 31条の社会教育学的家族援助と競合するために，今後どのように役割を棲み分けていくかが課題とされる。注26)の報告書 S. 43 による。
26) Bericht der Bundesregierung, Evaluation des Bundeskinderschutzgesetzes, 16. Dezember 2015, BT-Drucks 18/7100. 連邦政府は連邦児童保護法の施行から3年後に（2015年12月31日が期限）同法の効果について広範囲に及ぶ分析を行い，評価報告書を提出することが義務付けられた。そのため，管轄の連邦家省により作業チームが設立され報告書が作成された。

KKG 3条　児童保護における義務的なネットワーク組織のための枠組条件
⑴　各州においては，特に早期の援助の領域において，相互にサービス並びに任務の多様性について情報提供し，サービスの形成及びサービス展開の構造的な問題を解決し，さらに児童保護の手続を互いに調整するために，権限のある児童保護の給付主体及び施設の義務的協力組織が全域で構築され，かつ，さらに発展されるものとする。
⑵　第1項のネットワークには，特に公的少年援助及び民間の少年援助の施設及びサービス，社会法典第12編75条3項による契約の相手方である施設及びサービス，保健所，福祉事務所，共同サービス機関，学校，警察並びに秩序官庁，職業斡旋所，病院，児童精神保健センター（Sozialpädiatrische Zentren），早期助成機関，社会問題に関する相談機関，妊娠葛藤法第3条及び8条の相談所，母の恢復及び緊密な社会的関係にある者の間の暴力からの保護のための施設及びサービス，家族教育の機関，家庭裁判所及び治療職に属する者が組み入れられる。
⑶　州法に別段の定めがない限り，ネットワークとしての児童保護の義務的な協力は，地域の少年援助の主体によって組織化されるものとする。ネットワークの構成員は義務的な協力に関する原則を合意によって取り決めるものとする。すでに存在する組織が利用されるものとする。
⑷　本条のネットワークは，家庭助産師を投入することにより，早期援助の促進に向けて強化されるものとする。
以下略

⑶　職業上の秘密保持者が少年局に情報伝達をする権限（KKG4条）
　様々な職業領域を横断するネットワークの構築は児童保護体制全体の改善に資するが，個別事例での協力も改善が必要であった。子の福祉の危険は，学校の教員，医師など子と接する機会の多い職業従事者や様々な相談サービスを提供する者が最初に気づくことが多い。しかし，これらの者には職業上の秘密保持者として守秘義務が課せられている。連邦児童保護法は初めて，一方で職業上の秘密保持者とクライエントの間の信頼関係を保護し，他方で少年局への重要な情報の伝達を可能にする明確な規定を連邦法の中に置いた。
　KKG 4条によると，第1段階として，医師，助産師，心理専門職，社会教育学関連の職業従事者・ソーシャルワーカー，各種相談員，公立学校の教員な

どは，子の福祉の危険化の重要な手掛かりを得た時は，まず児童若しくは少年及び身上配慮権者と状況について話し合い，身上配慮権者に援助の請求を働きかけなければならない（1項）。子の福祉の危険化を回避する第一次的責任は親にあるからである。

　第2段階でも少年局の直接的な介入は起こらない。1項に掲げられた者が判断に迷うときは，彼らは公的少年援助の実施主体に対して，児童保護の領域で経験のある専門職員による助言を求める権利を有する。この求めに応じられるように，公的少年援助の実施主体は各地区に資格のある専門家をプールしておかなければならない。助言を求める者は必要なデータを上記専門職に伝達する権限を有するが，データは事前に仮名とされなければならない（2項）。

　第3段階として，子の福祉の危険化を回避するために少年局に情報を伝達するための要件が規定された。少年局が情報を入手する権限は，他の方法では回避できない子の福祉の危険化が存在するという危険化の評価を根拠とする[27]。すなわち，1項に掲げられた職業上の秘密保持者では子の福祉の危険化を阻止することができないか，または試みが効果なく，かつ1項に挙げられた者が児童若しくは少年の福祉の危険化を回避するためには少年局の活動が必要であると考えるときは，少年局に通報する権限を有する。すでに親の責任ある行動を創出するか再創出させるような援助的・支援的措置が取られたがその効果がなかったため，国家の監視人としての職務に基づく親の権利（基本法6条2項1文）の侵害は正当化される[28]。児童若しくは少年の効果的な保護が問題とならなければ，関係者は事前に少年局の関与について知らされる。少年局に通報した職業上の秘密保持者は少年局に必要なデータを伝達する権限を有する（3項）。

　KKG 4条　子の福祉の危険化がある場合の相談と守秘義務者による情報の伝達
　(1)　以下の者が職業活動を行う際に，児童若しくは少年の福祉の危険化に関する重要な手掛かりを得たときは，児童若しくは少年及び身上配慮権者とその状況

27）前掲注15), S. 20.
28）Ibid.

について討議し，必要な場合には，児童並びに少年の効果的な保護に問題がない限りにおいて，身上配慮権者に援助の請求を行うよう働きかけるものとする。
1. 医師，助産師若しくは産科看護師，又は職の実施若しくは職称を称するために国が定める専門教育を必要とするその他の治療職従事者
2. 国が認める学術的修了試験に合格した職業心理職
3. 結婚相談員，家庭相談員，教育相談員又は青少年相談員
4. 官庁又は公法上の団体，施設若しくは財団により承認された相談機関の依存症のための相談員
5. 妊娠葛藤法3条及び8条により承認された相談機関の構成員又は任務受託者
6. 国家資格を有するソーシャルワーカー又は国家資格を有する社会教育士
7. 公立学校及び国が承認した私立学校の教員

(2) 第1項に挙げた者は，子の福祉の危険化の評価のために，公的少年援助の主体に対して，その問題に関して経験のある専門職員による相談を請求する権利を有する。これらの者はこの目的のために，前文の専門職員に，評価のために必要なデータを提供する権限を有する。ただし提供の前に，データは仮名化されなければならない。

(3) 第1項の危険化の回避が失敗し，又は第1項の働きかけが成功せず，かつ第1項に挙げられた者が児童若しくは少年の福祉の危険化を回避するために少年局の活動が必要であると考えたときには，これらの者は少年局に通報する権限を有する。ただし，児童若しくは少年の効果的な保護に問題がない限りにおいて，関係者は事前にこれについて知らされなければならない。この目的のために，第1文に挙げた者は，少年局に必要なデータを伝達する権限を有する。

(4) 児童に関連する犯罪で有罪判決を受けた者が名誉職や副業として少年援助活動に従事することの排除（SGB Ⅷ 72条a）

児童に関連する犯罪で有罪判決を受けた者が常勤の職員として少年援助活動に従事することを排除する規定である72条aは，すでに2004年の「昼間保育拡充法（TAG）」[29]によりSGB Ⅷに導入されている。同法の法案理由書に

---

29) Gesetz zum qualitätsorientierten und bedarfsgerechten Ausbau der Tagesbetreuung und zur Weiterentwicklung der Kinder- und Jugendhilfe (Tagesbetreuungsausbaugesetz – TAG), BGBl.

よると,「一定の者は過去の行動ゆえに少年援助の任務を引き受けるのに不適であると考えられる。たとえば,小児性愛の傾向のある者は児童並びに少年とコンタクトをする可能性のある活動領域を意識的かつ目的を定めて探すということは実務では知られている (Enders, Ursula, „Das geplante Verbrechen-Sexuelle Ausbeutung durch Mitarbeiterinnen und Mitarbeiter aus Institutionen" Köln 2002)。児童並びに少年の広範な保護を保障するためには,すでに行われた犯罪の後の介入だけでなく,効果的な予防が必要である。それゆえ,関連する前科のある者がそもそも少年援助の領域で働くことができなくなる措置が必要である。これは公的少年援助と民間の少年援助やその他の給付提供者に妥当する」[30]。「確定した有罪判決と結びつける規定があっても,たとえば小児性愛の傾向のある者が少年援助の領域で雇用されることを広く阻止することはできない。しかし,人的適合性を定期的に審査することを義務づけると,それは応募者に対する抑止効果を持ちうる。少年援助の公的実施主体が応募時に行状証明書の提示を求めることを知れば,関連する前科のある者が少年援助の職に応募することを防ぐことができる」[31]。

ところが,小児性愛の傾向を持つ者が常勤として働こうが副業として又は名誉職として働こうが児童とコンタクトする限り,児童にとって危険な状況は存在する。そこで,連邦児童保護法案理由書は昼間保育拡充法案理由書の上記部分を引用しつつ,さらなる措置として活動排除の対象を副業や名誉職として働く者にまで拡大することを提案したのである[32]。

72条aの内容は以下の通りである。公的少年援助の実施主体は,児童への性的行為や児童ポルノ所持などの犯罪[33]で確定的に有罪判決を受けた者を

I 2004, S. 3852.

30) BT-Drucks 15/3676, S. 39.

31) Ibid.

32) 前掲注15), S. 25.

33) 刑法171条(配慮義務若しくは教育義務違反), 174条～174条c(性的虐待), 176条～180条a(児童に対する性的虐待, 性行為の強要, 強姦, 抵抗できない者に対する性的虐待, 未成年者の性行為の奨励, 売春者の搾取), 181条a(売春周旋), 182条～184条f(少年に対する性的虐待, 露出行為, 公然わいせつ, ポルノ文書頒布, 児童ポルノ又は少年ポルノ文書の頒布・取得・所有, メディアによるポルノ上演の拡散, 禁止された売春行為の実行, 少年を危険にさらす売春), 225条(保護責任者による虐待), 232条～233条a(人身取引), 234条(人身奪取), 235条(未成年者の

雇用し，または雇用の仲介をしてはならない。このために，公的少年援助に従事する常勤の職員を採用又は仲介する際と雇用中は定期的に，職員に行状証明書（Führungszeugnis）[34]を提示させなければならない（1項）。

民間の少年援助の実施主体が職員を採用する際に，公的少年援助の実施主体が直接的に同様のことを求めることはできないが，民間の実施主体と行状証明書の提示を義務付ける協定を結ぶことでこの方針を確保するものとする（2項）。さらに，上述の前科者が副業又は名誉職として活動するときは，これらの者が直接に児童若しくは少年を指導・教育し，又は彼らとコンタクトをしないことを公的少年援助の実施主体は自らの責任で確保しなければならず（3項1文），民間の実施主体とは協定を結んで，民間の少年援助活動でもこれら前科者が副業又は名誉職として同様の活動に従事しないことを確保するものとする（4項1文）。

しかし，副業又は名誉職としての活動には様々な形と利用可能性があるので，一律に該当者の活動をすべて禁止する一般規定は見合わせられ，公的少年援助の実施主体は当該前科者と児童並びに少年とのコンタクトの種類，頻度及び継続時間を考慮しつつ，行状証明書を閲覧した上でどの活動なら従事させ

奪取）又は236条（児童取引）に該当する犯罪。

[34] 行状証明書については中央登録と教育登録に関する法律（連邦中央登録法，Gesetz über das Zentralregister und das Erziehungsregister (Bundeszentralregistergesetz – BZRG), BGBl. I 1984, S. 1229, その後の一部改正につき1985, I S. 195, 最新の改正は2017年7月18日で2017, I S. 2732 参照）に規定がある。連邦中央登録とは連邦司法局が管轄し，ドイツの刑事裁判所による確定有罪判決，行政裁判所による特定の決定，少年裁判所の処分，刑の執行停止や執行猶予，責任無能力や特別の裁判所の確認事項などの公式な登録である。同法は，これら事項の登録や登録抹消，登録されている者による証明書発行申請手続，登録内容閲覧申請手続などについて定めている。30条1項によれば，14歳に達した者は自ら，または法定代理人を通して自己に関する登録内容の証明書を申請して入手できる。申請は通常は住民登録局に対して行う（同2項）。本章に関連する30条5項は，「(5) 行状証明書がある官署での提示のために申請される場合，その証明書は直接当該官署に送付される。当該官署は請求があれば申請者に行状証明書への閲覧を認めなければならない。申請者は，行状証明書に記載があるときは，自ら閲覧するために行状証明書がまず申請者が指定した区裁判所に送付されることを要求することができる。住民登録局は申請がなされた場合は，申請者にこの可能性について教示しなければならない。区裁判所は閲覧を申請者個人にのみ認めることができる。閲覧後に行状証明書は当該官署に転送されるか，申請者がそれに反対するときは，区裁判所により廃棄される」と定める。

てよいかを定める責任を負い（3項2文），また民間の主体とは協定を通して彼らの責任の下で同様のことを実現する（4項2文）。いずれにしても，児童に関する犯罪で確定的に有罪判決を受けた者は常勤の少年援助の任務から排除されるだけでなく，副業や名誉職としてでも直接に児童若しくは少年とコンタクトを持つことがないようにして，児童と少年の安全が確保されるのである。

ところで，連邦児童保護法制定前の連邦中央登録法の改正により30条aが追加され，少年援助の活動に関しては拡大行状証明書（Erweitertes Führungszeugnis）[35]が導入された。犯罪者の社会復帰を容易にするために，普通の行状証明書には一定の軽微な有罪判決は記載されない。たとえば，2年未満の保護観察に付された少年犯罪や90日までの日割り罰金刑である。それに対して拡大行状証明書では，性犯罪と人的な自由に対する犯罪を理由とする有罪判決の場合はこれらの記載禁止は適用されない。すなわち，性犯罪や人的自由に対する犯罪が少年犯罪や限定的な罰金刑の対象であっても，それらを理由とする有罪判決はすべて拡大行状証明書には記載されるのである[36]。

現在は応募者に拡大行状証明書を求めることにより，児童並びに少年と接触する職業や活動[37]から人的に不適格とされる者はより厳しく排除される。

なお，前科の情報は高度な個人情報であるので，72条a 5項は収集される情報の範囲と保存・編集・削除の手続についても定めている。

SGB Ⅷ 72条a　関連する犯罪で前科のある者の活動排除
(1)　公的少年援助の主体は，児童並びに少年援助の任務を遂行するために，刑法第171条，第174条ないし174条c，第176条ないし180条a，第181条a，第182

---

[35] 30条aの規定は以下の通りである。「(1) 拡大行状証明書は以下の場合に申請により付与される。1. 本項を参照した法規の中で付与が規定されている場合，又は，2. この行状証明書がa) 職業上の，若しくは名誉職の職員による未成年者の監督，世話，教育若しくは職業教育のために，又はb) aに比肩する方法で未成年者とのコンタクトを開始する活動のために必要とされる場合。(2) 拡大行状証明書の発行を申請する者は，拡大行状証明書を申請者に要求する者が1項の要件が存することを確認する要請書を提示しなければならない。その他の点は30条を準用する」。

[36] 連邦司法省のウェブサイト https://www.bundesjustizamt.de/DE/Themen/Buergerdienste/BZR/Inland/FAQ_node.html

[37] 少年援助以外の領域で代表的な領域はキリスト教教会である。聖職者，修道会の所属員，教区担当者，実習生，教会組織によるコーラスの指導者，家族・教育相談所，電話相談など多岐に渡る任務で拡大行状証明書が求められている。

条ないし184条f, 第225条, 第232条ないし233条a, 第234条, 第235条又は第236条の犯罪を理由として有罪判決が確定した者を雇用し, 又は斡旋してはならない。前文の目的を果たすため, 公的少年援助の主体は, 雇用又は斡旋の際と, その後は定期的に当該人員から連邦中央登録法第30条5項及び第30条a1項の行状証明書を提示させるものとする。

(2) 公的少年援助の主体は, 民間の少年援助の主体との合意により, 第1項1文の犯罪行為を理由として有罪判決が確定した者を雇用しないことを確保するものとする。

(3) 公的少年援助の主体は, その責任において, 第1項1文の犯罪行為を理由として有罪判決が確定した者が副業又は名誉職として少年援助の任務を遂行する中で, 児童若しくは少年を監督し, 世話し, 教育若しくは専門教育を行い, 又はそれらと同様の接触を持つことがないことを確保するものとする。このために, 公的少年援助の主体は, 第1項2文の行状証明書から判明した内容に従い, 児童並びに少年との接触の種類, 頻度及び継続時間に基づいて, 第1文に挙げられた者が行うことが許される活動について決定するものとする。

(4) 公的少年援助の主体は, 民間の少年援助の主体及び第54条が定める団体との合意により, その責任において, 第1項1文の犯罪行為を理由として有罪判決が確定した者が副業又は名誉職として少年援助の任務を遂行する中で児童若しくは少年を監督し, 世話し, 教育や専門教育を行い, 又はそれらと同様の接触を持つことがないことを確保するものとする。このために, 公的少年援助の主体は, 民間の少年援助の主体と第1項2文の行状証明書から判明した内容に従い, 児童並びに少年との接触の種類, 頻度及び継続時間に基づいて, 第1文に挙げられた者が行うことが許される活動に関する合意を締結するものとする。

(5) 公的少年援助の主体及び民間の少年援助の主体は, 第3項及び4項に従い閲覧された情報のうち, 行状証明書が閲覧された事情, 行状証明書の日付及び行状証明書の本人である者が第1項1文の犯罪を理由として確定的に有罪判決を受けたかどうかの情報のみを収集することが許される。公的少年援助の主体及び民間の少年援助の主体は, 行状証明書閲覧の理由となった活動から当該人員を排除するために必要な限りにおいて, これら収集したデータを保存, 編集, 利用することが許される。データは無権限者からのアクセスから保護されなければならない。閲覧の結果, 第3項2文又は4項2文の活動が行われないときは, データ

は遅滞なく消去されなければならない。活動が行われた場合には，データは活動の終了後遅くとも3か月が経過したときには消去されなければならない。

(5) 管轄移転時の少年局間の確実な情報伝達（SGB Ⅷ 86条c）

援助を受けていた児童若しくは少年が他の少年局の管轄に引っ越した場合，従来援助を提供していた少年局は，新しく管轄を有する少年局が援助を開始するまでは従来通り援助を継続することが義務付けられる。これにより，必要な援助の継続が確保される。

また，少年局の介入を嫌う親は引っ越しによっていわゆる「少年局ホッピング」[38]を図ろうとすることがあるが，管轄が移転した事実を知った移転先の少年局は今まで管轄を有していた少年局に遅滞なくその旨を伝えなければならない。連絡を受けた少年局は，新しく管轄を有する少年局に児童を有効に保護するために必要な社会的データを遅滞なく転送しなければならない。

36条2項により策定された援助計画の中の給付（自己の家庭外での長期的援助）を継続する際は，ケースの責任は両方の少年局の担当者が直接会って移転される。この際，身上配慮者や児童若しくは少年，若年成年者若しくは19条の給付権利者は，適切にケース移転の話し合いに参加する。

連邦児童保護法は，このようにして管轄移転の際に援助に空白が生じないようにしたのである。

SGB Ⅷ 86条c　継続的な給付義務と管轄変更の際のケース移管
(1) 給付の場所管轄が変更するときは，今まで管轄権を有した地域の主体は，新しく管轄権を有する地域の主体が給付を継続するまで，引き続き給付を義務付けられる。新しい主体は，援助のプロセス及び援助計画の枠内で合意された援助の目的が管轄変更により危うくされないように配慮しなければならない。
(2) 管轄変更の理由となる状況を知った地域の主体は，遅滞なく他の地域の主体にそれについて知らせなければならない。管轄権を有していた従前の主体は新しく管轄権を有する地域の主体に，援助の付与と管轄変更にとって重要な社会データを遅滞なく伝達しなければならない。第36条2項の援助計画に定められている給付を継続する際は，事案の責任は話し合いの枠組の中で移譲されな

---

[38] 前掲注15），S. 2．

けłればならない。身上配慮権者及び児童若しくは少年と若い成年者若しくは第19条の給付権利者は，移譲の話し合いに適切に参加させられなければならない。

(6) 家庭訪問の規定（SGB Ⅷ 8条a1項2文）

第2文が拡大され，子の福祉の危険化のための重要な手掛かりが確認された場合に，少年局は身上配慮権者と児童若しくは少年を危険化の判定に参加させるだけでなく，特に児童（14歳未満）の場合は，専門的な判定に従い必要と判断されるときは，実際に家庭訪問の形で当該児童とその個人的な環境について直接的な印象を得なければならなくなった。家庭訪問では特に児童の身体的及び知的な発達状況の確認がなされなければならない。「個人的な環境」では，児童の住宅環境及び馴染んだ環境での児童の行動が確認される。家庭訪問の必要性は乳幼児の場合に特に大きい[39]。

子の福祉の危険化が明らかになった過去の事例の検証では，専門職員が当該児童とその個人的な環境を目にすることなく，危機的な状況についての親の説明を鵜呑みにしたとか，親族に子の福祉の危険化の程度を判定してもらった例が報告されたために，専門職員による家庭訪問義務が明確に規定されたのである。

ところで，本規定からは捜索または住居不可侵（基本法第13条）の基本権を侵害し，又は制約する権限は生じない。それゆえ，家庭訪問は住居所有者が立ち入りに同意することを前提とする。児童若しくは少年の身体や命に危険があるときは，警察も（追加して）介入に加わることになる[40]。

(7) 児童保護の改善—拘束力を持つ（verbindlich）少年援助の規律

① 少年援助における質の発展と保障（SGB Ⅷ 79条a）

継続的な質の発展は今や少年援助のすべての領域において義務とされる[41]。そのため79条aは，公的少年援助の実施主体に，給付の提供，その他の任務遂行，8条aによる危険化の判定プロセス，他の機関との協力の質を評価し，適切な措置を講じるための原則と基準を発展させ，それらを適用し，定

---

39) 前掲注15), S. 21.
40) Ibid.
41) 2015年2月9日連邦家族省による連邦児童保護法解説による。https://www.bmfsfj.de/bmfsfj/themen/kinder-und-jugend/kinder-und-jugendschutz, S. 3.

期的に審査することを求めている。民間施設での質の保障を確保するために，公的少年援助は民間の実施主体とも上記の点に関して協定を結ぶことが促される。

少年援助の質の発展に関しては，特に施設内の性暴力からの児童並びに少年の保護が重要とされる。この問題は「民間及び公的施設と家庭領域における依存と支配関係における性的児童虐待円卓会議」[42]で議論された。その内容と，「50年代と60年代における施設教育」円卓会議[43]の最終報告書の中で勧告された予防，ハイムの監督及び施設を利用する児童と少年の保護が本法で考慮されている。

SGB Ⅷ 79条a　少年援助における質の発展
(1) 第2条による少年援助の任務を遂行するために，公的少年援助の実施主体は質の評価のための原則と基準，及び以下の項目を保障するための適切な措置を継続的に発展させ，応用し，定期的に審査しなければならない。
 1. 給付の付与と提供
 2. その他の任務の遂行
 3. 第8条aによる危険化の評価のプロセス
 4. 他の制度との協力
　この中には，施設にいる児童並びに少年の権利の保障及び暴力からの保護のための質の指標も含まれる。公的少年援助の実施主体は第85条2項が定める管轄の行政機関の専門的な勧告と，質及び質の保障のための措置を評価するためにすでに応用された原則と基準に従う。

②親に知られることなく児童並びに少年が相談を受ける権利（SGB Ⅷ 8条3項）
児童並びに少年は危機及び葛藤状態にあるときは，身上配慮権者に知られることなく相談をする権利があることが8条3項で規定された。少年局にはこのような相談に応じる権能があることは，すでに今日までに学説と実務の解釈で認められていたが，児童並びに少年の権利として明文化されることでこの権能はより強い義務性と効果を持つことになった[44]。

---
42) 前掲注18) 参照。
43) 前掲注17) 参照。
44) 前掲注15), S. 20.

危機及び葛藤状態という例外的状況ではあるが，親に知らせることなく援助を提供することは親の権利の侵害とならないのであろうか。このような憲法上の危惧に対して法案理由書は以下のように説明している。すなわち，従前は権能とされてきた規律同様に，子の権利としての構成も基本法1条及び2条と結びついた6条2項2文による国家の保護任務に依拠するものである。親は自らに課せられた教育責任に基づき，基本的に，自分の子のために法律で定められた給付請求権を持ち，子が一定の年齢に達し十分な洞察力を備えているために子の人格権が優先するのでなければ，国家によって提供された児童若しくは少年の相談の結果について知る権利を持つ。しかしながら，一方で相談の背後には親子間で葛藤があることが多く，他方で子の福祉は親の権利の目的であり限界を設けるので，国家の保護任務が子の有効な保護のために必要である限り，親の権利は背後に後退するのである[45]。

また，この権利は児童の意見表明権を明記する国連児童の権利条約12条に合致するものである[46]。

③児童並びに少年の保護のための専門的相談とサポート（SGB Ⅷ 8条b1項）

「性的虐待」円卓会議での議論と結びついて，児童保護のさらなる適性化のために第8条bが新設された。第1項は，具体的な個別事例での危険化判定に関し，児童と少年に接する職業グループ（少年援助以外の領域も含めて）に，地域の少年援助の実施主体に専門的な相談とサポートを求める権利を認め，児童保護における介入の適性化をめざすものである。2項は，児童が通常1日のうち一定時間，または1日中滞在する施設の運営主体が子の福祉の確保と暴力からの保護に関する専門的指針を発展させ適用する際に，少年援助の広域の実施主体（州少年局）に相談する権利を明記し，施設における予防的児童保護の適性化のための専門的な基準を発展させ適用することを視野に入れている。

公的少年援助の実施主体は，上記の相談に応じられるように包括的な責任の枠内でニーズに見合った数の専門職を用意する義務を負う。

---

45) Ibid.
46) Ibid.

SGB Ⅷ 8条 b　児童並びに少年の保護のための専門的な相談と支援
(1)　職業として，児童若しくは少年と接触する者は，個別事案における子の福祉の危険の評価に際して，少年援助の地域の主体に対し，その問題について経験のある専門職員による助言を求める権利を有する。
(2)　児童若しくは少年が終日又は一日のうち一定時間滞在する施設，又は宿泊する施設の主体及び権限のある給付の主体は，専門職員の行動指針の展開と使用にあたり少年援助の広域の主体に対して，以下の事柄に関して助言を求める権利を有する。
1．子の福祉の確保並びに暴力からの保護，及び
2．施設内の構造に関する決定への児童並びに少年の参加の手続及び身上の事務に関する異議申立手続

④施設に入所中又は施設を利用する児童並びに少年の参加と異議申立の権利（8条b2項2号）

児童や少年が通常1日のうち一定時間，または1日中滞在する施設では，彼らと施設職員の間には特に強い依存関係が存在する。施設で世話をする者により行われる性的な侵害とそれについて施設内で公表することは生活空間全体を脅かす可能性があるため，事件は公表されないか，苦痛が高度に達して初めて明らかにされることが多い[47]。そのために，8条b2項2号は，施設の組織に関する決定に児童と少年を参加させる手続と個人的な事項に関する異議申立手続について，施設に専門的な行動指針を作成し適用することを求め，そのための相談の権利を施設に認めた。児童と少年に参加と異議申立の権利を認めることは，特に「50年代と60年代のハイム教育」円卓会議の中心的な提案であった。

⑤施設の運営許可（SGB Ⅷ 45条～48条a）

施設に入所中の，又は施設を利用する児童や少年をその福祉の危険から保護するための法的根拠の改善が45条以下に含まれている。45条は，児童が1日のうち一定時間又は1日中滞在する施設は原則として運営のための許可を得なければならないこと（1項）と，許可要件を定めている（2項）。その他に45条は，許可要件の審査のために施設側が示さなければならない事項（3項），

47）前掲注15），S. 22.

第5章　児童保護のための少年援助給付の体系　163

施設で不足が見つかった場合の処置（6項），許可の撤回（7項）について定めるが，ここでは許可要件について触れる。

　許可が与えられるのは，施設にいる児童と少年の福祉が保障されているときである。そして，以下の3点が満たされていれば原則として福祉は保障されると推定する。すなわち，(1)施設の目的と構想に合致する空間的，専門的，財政的，そして人員に関する運営のための要件が満たされている，(2)施設内で社会的かつ言語的な統合が支援され，児童と少年の健康上の配慮と医学的な世話が確保されている，(3)施設にいる児童と少年の権利の保障のために適切な参加手続と個人的な事項について異議申立の手続が用意されることである。

　施設にいる児童と少年のために参加と異議申立の手続を用意することが施設の運営許可を与えるための最低限の要件とされたのである[48]。

　なお，許可を必要とする施設には，少年援助の施設以外に，学校監督についての州法上の規定に服していない寄宿舎も含まれることになり（1項2文2号），今まで存在していた保護の隙間が塞がれた。

第3節　連邦児童保護法の施行3年後の評価

　連邦政府には，2015年12月31日までに連邦議会に対して連邦児童保護法の効果を検証して評価報告書を提出することが義務付けられていた。同法の効果についての広範囲に及ぶ分析のために連邦家族省は調査報告のための協力体制を整え，ドイツ青少年研究所[49]とドルトムント児童並びに少年援助統計作業機関[50]が中心となって作業を行った。

　この調査報告書[51]では，連邦児童保護法が目標とした4つの領域での目標達成度と課題，実務家による同法の理解度と受容度が詳細に分析された。同法を評価した結果，総体として同法の規律が多くの目標を達成したことが確

---

48) 前掲注15），S. 23.
49) Das Deutsche Jugendinstitut.
50) Die Dortmunder Arbeitsstelle kinder- und jugendhilfestatistik.
51) Bericht der Bundesregierung, Evaluation des Bundeskinderschutzgesetzes, 16. Dezember 2015, BT-Drucks 18/7100.

認された[52]）。

以下に調査報告書の内容を要約する。

1. 法規定の目標達成度

連邦児童保護法のうち，効果があったと評価されたのは以下の項目である。
- 児童保護における協力とネットワークが拡充され改善された。
- 父母，妊婦，これから父親になる男性たちに援助と相談サービス提供について以前より多くの情報が与えられている。
- 少年局へのデータの伝達可能性は，医師とその他の職業上の守秘義務者にとって非常に重要である：データ伝達の可能性は利用され，非常に肯定的に評価されている。
- 保健機関は乳児のリスク状況を発見するさいに大きな役割を果たしている。
- 家庭訪問は，リスク状況の解明のための専門的な評価に応じて全国的に実行されている。
- 少年局同士は，子の福祉のリスクについての証拠に関して相互に情報提供を強化し，管轄の変更の際は援助が継続されるように以前よりいっそう努力している。

2. 変更もしくは審査の必要

次に，連邦児童保護法の下で取組が十分に達成されていない点や今後さらに法改正が必要とされる課題は以下の通りである。

(1) 連邦児童保護法により，少年援助と保健機関の間の協力関係は拡充されたが，さらに強化されなければならない。連邦児童保護法でその他の協力パートナーとして指名されている学校や警察などの関係者の組み込みも強化されなければならない。

(2) 職業上の秘密保持者のためのデータ伝達の権限に関する規定（KKG4条3項）は実務では十分に理解されていないことが明らかになった。それゆえ，本規定はよりいっそう実務に役立つように，もっと明確に表現されるべきで

---

52) Ibid, S. 3.

ある。そのほかに，KKG4条3項によりデータを伝達する医師は「フィードバック」が受けられるように，今後は少年局のリスク評価のプロセスに参加が認められるべきである。医師たちはこのことに大きな関心を抱いていることが調査で明らかになった。

(3)　連邦児童保護法は，児童と少年が「緊急又は葛藤状況」にあるときにだけ彼らに独自の相談の権利を認めている。しかし，児童と少年のさらなる強化のためには，彼らに父母から独立して無条件に独自の相談の権利を与えることが必要である。それゆえ，「緊急又は葛藤状況」は法文から削除されるべきである。

(4)　里子援助の領域について連邦児童保護法は特別な対策を取らなかったが，里子が養育家庭で安定的に暮らすことができるように継続性を保障することが必要である。そのために，BGBとSGB Ⅷの中に継続性を保障する援助計画立案と長期の里親子関係を規律する新たな規定が必要である。

(5)　連邦児童保護法の評価によれば，施設における児童と少年の異議申立と参加手続は正式に最大限実施されていることがわかった。しかし，施設内部の組織とは別に，施設にいる児童と少年が自分の問題や不安を訴えることができる外部機関の設置が必要である。それゆえ，いわゆるオンブズ機関の設置がSGB Ⅷの中に定められるべきである。

(6)　児童に関連する犯罪で有罪とされた者を少年援助の活動から排除する規定は，名誉職や民間の実施主体にもさらに有効的にかつ負担の少ない方法で適用されるべきである。これに関連して評価報告書の中で，非常に官僚主義的な経費支出と拡大行状証明書の提示義務によって名誉職として活動する者の「暴露（Entblößung）」[53]が批判された。そのため，連邦政府は，いわゆる「消極的証明書（Negativ-Attest）」が連邦中央登録法に導入されるべきか検討することを要請された。これと関連して連邦政府は，現在は少年援助活動をすることが禁止されないその他の重罪犯罪——たとえば殺人や傷害——を少年援助からの排除に関係する犯罪行為のカタログに含めるべきかどうかも検討することとされた。

---

53)　原則として拡大行状証明書には過去の少年犯罪と軽微な罰金刑まですべての確定判決が記載されるので，当該人物の少年援助活動に関係のない前科までが暴露されることになる。

(7) 少年援助の質の発展を義務付けるために，民間の実施主体を質の発展の課題に義務的かつ直接的に参加させるための行動が必要である。連邦政府は，それに合致する規定が公的実施主体と民間の主体のパートナー関係の強化のための中心的な基盤になると考える。

3. 総括

評価報告書は，今後連邦が行うべき具体的な立法の必要を次頁の**資料2**のように一覧表にして総括した[54]。

4. 児童及び少年のより良い保護のための連邦家族省の立法上の総合構想

連邦児童保護法の評価報告書を受けて，連邦家族省は同法の成果を確認しつつ，より良い児童保護のために，そして児童と少年の良好な成長のためにより一層の公的責任を果たすために今後の法改正への方針を以下のように明確に示した。

(1) 児童保護に関わるすべての従事者の責任共同体の構築[55]

連邦児童保護法は，児童保護についての広い理解に対応し，国家の保護任務を予防と介入の2つの柱を建てて構成している。これを実現するために，ネットワークの構築と拡大とともに個別事例での義務的な協力に児童と少年の成長に関わるすべての者を参加させる必要がある。

同法は，児童と少年自身を強化することとならび，児童の保護のための第一次的責任者としての親を強化しようとする。すなわち，子の福祉の危険化や害が生じることを阻止するために，子の福祉が侵害される前に相談と支援を提供することにより国家の任務を果たすのである。そのさい，少年援助が児童保護に第一次的に責任を負う社会給付体系として中心に据えられる。しかし，親の援助の必要は親の個人的な生活状況によって決定され，少年援助の給付のみによって解決されるのではない。したがって，児童と少年の保護に関連する給付体系と制度には限界があるが，これらは地域と広域のネットワークと個別事例での義務的な協力によって克服されることが目指される。

---

54) 前掲注51), S. 94.
55) Ibid, S. 95.

〔資料2〕

権限に関する規律の適合化　KKG4条3項	＊規律の法的及び体系的な不明確性の除去 ＊医師への「フィードバック」を可能にするためにリスク評価に医学的な報告者を参加させる。
児童と青少年のための相談の権利の拡大　SGB Ⅷ 8条3項	＊児童と少年のための無条件の相談の権利にまで権利を拡大
里子とその家族の強化	＊SGB Ⅷ 37条2項, 2a項, 86条cについての連邦児童保護法の評価結果を以下と結びつける。 ・里子援助のための連邦と各州ワークグループの相談プロセス ・里子援助ダイアローグフォーラム ＊里子の人間関係の安定と継続の保障
施設の運営許可のための規律の適合化　SGB Ⅷ 45条	＊SGB Ⅷ 45条2項1文3号の要求（参加と異議申立手続の証明）は，新しい施設だけでなくすでに存在する施設にも関係することを法律で明確にする。 ＊施設外のオンブズ機関をSGB Ⅷ の中に綱領宣言的に補充
関連する前科者の少年援助における活動禁止のための規律の適合化　SGB Ⅷ 72条a	＊保護レベルを維持したまま非官僚化の可能性（「消極的証明」） ＊SGB Ⅷ 72条a 5項のデータ保護の要求を，保護レベルを維持したまま実務の行動を容易化するように書き換える。
SGB Ⅷ 79条, 79条aの規律の拡充	＊質を発展させる義務に民間の実施主体も直接的に参加させる。

　それゆえ同法は，機能的な協力構造と義務的な行動の枠組に基づいた予防と介入の児童保護に関わるすべての従事者の責任共同体を構築しようとしているのである。

（2）児童並びに少年の権利強化[56]

　児童並びに少年が強い権利を持てば，彼らは福利と保護のための国家社会の責任をより効果的に要求できる。そのために，給付の提供，援助プロセス及び保護措置はより一層子どもに照準を合わせられなければならず，児童並びに少年の権利の主張は今まで以上に持続的に支援されなければならない。

　それゆえ，児童並びに少年は親に知られずに少年援助の相談を受ける無制限の権利を得なければならない。このことは，児童並びに少年を性的暴力から保護するための連邦家族省の総合的構想の中でも述べられている。相談について無制限の権利を認めれば，相談所や少年局は，児童並びに少年を親と

---
56) Ibid, S. 95.

無関係に援助する前に、緊急事態や葛藤状態が存在するかどうかをまず審査する必要はなくなる。こうすれば、児童並びに少年は相談にアクセスしやすくなり、彼らの権利は強化され、ハードルは取り除かれる。

また、施設にいる児童並びに少年のために連邦児童保護法で導入された参加と異議申立手続は、施設にいる若者という名宛人の範囲を超えてさらに推進されるべきである。連邦政府はこのために、児童並びに少年のために少年援助の現場において外部の独立した駆け込み場所としてのオンブズ機関をSGB Ⅷの中にプログラム規定として明記することが正しい道と考える。

(3) 少年援助の給付体系の改善と包括的な援助の実現[57]

給付体系としての少年援助はより強く児童並びに少年のニーズに合わせられなければならない。

連邦政府の目標は、信頼できる経験的な基盤の上に慎重に構想されたプロセスで、少年援助を包括的かつ有効的で長期に持ちこたえられる援助システムへとさらに発展させることである。そのために連邦家族省は、少年援助の重要な行動領域でのさらなる発展について合意するために、州、地方自治体及び各団体と質の高い対話をしている。

「子どもの立場から考える」という指導理念の下に、連邦家族省の計画の基になっているのはすべての児童並びに少年のより多くの参加、より良い給付サービスの提供、そして児童並びに少年のための効果的な保護を通して彼らを広範囲に強化しようとする意図である。この意図は、障害の有無にかかわらずすべての児童並びに少年を一つ屋根の下に集める包括的な少年援助の実施によって実現することができるであろう。包括により、障害のある若者は自立した主体として強化される。すなわち、不足のある者でなく、主体的な請求権と障害の有無にかかわらない児童並びに少年のための統一的な保護水準の実現により強化されるのである。広い意味での包括は障害を持つ若者にだけ関係するのでない。すべての若者は少年援助によりその個性が促進されるべきである。少年援助の出発点は親に欠けているものでなく、児童や少年が必要とするものである。そこでは親は相変わらず重要な役割を演じ、子の

---

57) Ibid, S. 96.

発達のために何が適切で必要かの問題が生じるときは，家族の全体システムとその環境が視野に入れられる。

(4) 里子とその家族の権利強化[58]

児童とその健全な発達のためには，家族状況の安定性と児童の人的な関係の確保及び継続性が決定的に重要である。大きな負担を抱えて養育家庭に委託される里子こそ，関係の断絶，絆の喪失そして経歴の断絶の大きな危険にさらされ，そこから発達と福利にとって否定的な結果が生じる。それゆえ，連邦政府は里子とその家族を強化する予定である。連邦政府は，特に里子の生活の見通しを明らかにするには子どもの時間感覚を指向し，継続性を保障する計画立案が絶対的に必要だと考える。それゆえ連邦政府は，長期養育関係では安定性の保障と里子の人的な関係の継続性という観点から，具体的にどのような法的基盤の改善が必要かをさらに審査する。

(5) 難民の児童の保護[59]

連邦政府は現実の状況展開を前にして，難民の児童の保護にも着目する。この中で最も保護を必要とする者たちは，家族もなく1人でドイツに来て，親やその他の教育権者もないままこの国に滞在する外国人の児童と少年である。彼らの脇には保護に責任を負う成年者が誰もいない。それゆえ，国家はこの責任を負わなければならないし，同時に，それらの児童と少年が子の福祉に合致するように宿舎を与えられ，生活を保障され，世話をされるように親に代わって配慮しなければならない。ここで少年援助が他の給付に優先してこれを保障する。少年局は同伴者のいない未成年者を一時保護し，彼らの宿泊，生活保障（扶養），そして世話を引き受ける義務を負う。2015年11月1日に外国人の児童並びに少年の宿泊，生活保障，世話の改善のための法律[60]が施行された。同法の目的はとりわけ，同伴者のいない未成年者の特別な保護の必要と需要に対応する宿泊，生活保障，世話を州と連邦全体の受け入れ義務を通して確保することである。同法は，同伴者のいない未成年者の難民

---

[58] Ibid, S. 96.
[59] Ibid, S. 96.
[60] Gesetz zur Verbesserung der Unterbringung, Versorgung und Betreuung ausländischer Kinder und Jugendlicher vom 28. Oktober 2015, BGBl. I 2015, Nr. 42, S. 1802.

のために，ドイツ全土で適切かつ需要に対応した宿泊と生活保障のキャパシティを利用することができるようにする。しかし，SGB Ⅷはこのために一般的な枠組基準を規定するだけである。州は，州法の施行規則を通して一般的な枠組基準を事実に即してかつ費用に応じて定めることができる。

しかし，家族と一緒に初期受け入れ施設や共同宿泊所に滞在している外国人の児童と少年のためにも，これら施設における(性的な)暴力と攻撃からの保護のための効果的な措置が義務的に取られなくてはならない。特に，職員の適格性に関して，拡大された行状証明書の提示義務が法律で明記されるべきであろう。

(6) 効果的な児童保護[61]

少年援助には児童と少年のために保証人の地位が割り当てられている。少年援助の給付は子どもの良好な成長の権利の実現に役立つ。同時に，少年援助には子の福祉の危険化から彼らを保護する責任が課されている。

このような少年援助の保証人の地位を考えると，連邦政府は，拡大行状証明書の閲覧義務に名誉職のスタッフを含めることで達成される保護レベルを低下させることは認めない。したがって，関連する前科者を少年援助の活動から排除する関連規定は基本的に維持される。

しかし，とりわけ少年援助で名誉職として活動する者のデータ保護法上の利益に対応するために，連邦政府は，いわゆる「人物保証Unbedenklichkeitsbescheinigung」又は「消極的証明書Negativ-Attest」が行状証明書の特定の型として連邦中央登録法に導入されるべきか検討する予定である。これに関連して連邦政府は，SGB Ⅷ 72条a 1項1文が列挙する関連する有罪判決のリストが「児童保護における刑事法上の総合構想」に則りどの程度拡大されるべきかも審査するであろう。いずれにしても，殺人罪や重度の身体傷害罪を理由とする重大な有罪判決は，「消極的証明書」を導入する過程で含められるかもしれない。この審査には，保護レベルは低下させないという留保付きで行われる。

また，実務にとって一層の行動の確実性を作りだすために，拡大された行状証明書の閲覧についてのデータ保護法上の規定をSGB Ⅷの中に単純化し，実務に適するように明文化し，少なくとも閲覧が行われた事実が記録に残さ

---

61) Ibid. S. 96-97.

れるような文言にすることが必要であると連邦政府は考える。

(7) ハイム監督の強化

連邦政府は連邦と州の作業グループが2016年の始めまでに作成するハイム監督の適性化についての報告を採用するつもりである。

(8) 質の発展の義務化[62]

連邦政府は，連邦児童保護法で公的主体のために導入された質を発展させ保障する義務を直接的に民間の主体にも拡大することが必要と考え，そのために，どのくらいの時間があれば相応の実施が可能か検討する予定である。連邦政府は，公的少年援助と民間の少年援助のパートナー関係を強化する目標を検討の結果と結びつける。公的少年援助と民間の少年援助の強いパートナー関係は強固な少年援助の基礎であり，少年援助の将来の能力の前提である。それゆえ，質の発展の拡大は少年援助の改正における重要な視座でもある。改正により，連邦政府はとりわけ少年援助の将来の能力も確保することになるであろう。少年援助が，今日の児童並びに少年とその家族の生活状況に対応する社会的に有効な給付システムに発達することが重要である。このことは，教育援助の今後の発達は少年援助改正の枠内で実施されなければならないという州の議論における中心的な視点でもある。今日の児童並びに少年とその家族が何を必要としているか，そしてどのような給付システムが社会的に有効であるかという問いに対して，州の青少年及び家族大臣会議は，良質かつ予防的で，敷居の低いサービス提供を伴う強い社会空間的なインフラ構造と，教育的な個別事例の援助を含むサービス提供の体系的な協働作業であると回答している。SGB Ⅷの財政的規律の枠内でこのアプローチを法的に確立することで，予防的かつ家族支援的な少年援助の任務は高められ，給付権利者と受給者の主体的な地位はさらに強化されることができる。

(9) 医療と少年援助の協力[63]

医師たちは予防と介入の児童保護のための責任共同体において不可欠のパートナーである。

医療制度と少年援助の協力は連邦児童保護法の規定で明確に改善された。

---

62) Ibid, S. 97.
63) Ibid, S. 97.

とりわけ2015年7月25日に施行された健康促進と予防強化法[64]，児童保護のための医学的指針及び学際的な質の研究に関する州のモデルプロジェクトを通してさらなる改善が期待される。それと結びついて，援助システムと社会システムの間で財政的な負担を移転することなく，少年援助と医療制度のより密接な協力のための前提がさらに改善される。

　児童保護で強力なネットワークが必要なのは，参加者たちが効果的に協働作業をするためである。しかし，そのための決定的な前提は参加者たちの協力の用意と活動参加である。医師たちの協力の用意を確保し，それとともに危険にさらされた児童の保護のために医師たちと少年局の効果的な協働作業も確保するために，医師たちは少年局への通報後もその後のプロセスに参加させられるべきである。

第4節　児童並びに少年強化法案

1．本法案提出までの経過

　25年前に施行された児童並びに少年援助法（SGB Ⅷ）は，給付権利者又は受給者をコントロールと処分の客体として見るのではなく，彼らの主体的地位を強化し，弱さと欠損を補う代わりに個性を促し，扶助を与える代わりにサービスを提供するという広範な視点の転換を実現した。SGB Ⅷは少年援助の役割を広く理解し，その任務を単なる補償と理解するのでなく，若者の発達の助成，不利益の除去，積極的な生活条件の創設に貢献するものととらえた[65]。1人ひとりの若者から見れば，発達を助成される権利と，自己責任を

64） Gesetz zur Stärkung der Gesundheitsförderung und Prävention (Präventionsgesetz – PrävG) vom 17. Juli 2015, BGBl. I 2015, Nr. 31, S. 1368. 本法により，児童と少年が法定医療保険の下で受けられる病気の早期発見のための健康診断の枠が広がり，親は以前よりも詳細に，かつ将来を見通せるように児童の身体的，精神的，社会的発達について，及び健康を害するストレスやリスクからの保護について助言を受けることができるようになった。特別の支援の必要がある家族と児童には，親と児童のための地域の支援と相談サービスや早期援助のサービス提供について情報が与えられなければならない。これにより，社会的に重い負担を抱える家族は早期の介入により医療と社会的領域で支援される。

65） 前掲注3），S. 31．

負い共同体の活動に参加できる人格に教育される権利が少年援助によって保障されるのである。

しかし，今日の児童と少年及び彼らの家族の生活状況を見ると，この権利の実現には少年援助とその法的根拠の変更が必要とされる[66]。第14回児童並びに少年報告書によれば，多くの児童と少年は，社会的参加と成果のある人生設計を描く見通しから切り離される恐れがあるという[67]。これらの若者のための機会平等の実現は，全社会の最優先の課題であり，とりわけ，個別的かつ社会的な助成を通して若者の不利益を回避するか除去する優先的な機能を持つ少年援助にとって現在も将来も課題である。少年援助はより必要とされ，より大きな公的責任を負うことになる[68]。

このように説明して，連邦政府は連邦児童保護法に続く少年援助の領域の新しい法律案を議会に提出した。それが「児童並びに少年強化法案」である。この法案はSGB Ⅷの改正を中核として，児童保護における協力と情報に関する法律（KKG），SGB Ⅷの改正に伴う他の社会法典第5，9，10編，民法（BGB），少年裁判所法，庇護法の改正を含むものである。

ところで，今後のドイツの少年援助のあるべき姿について，政治と少年援助の実務家及び専門家の間ではSGB Ⅷ施行後も長い間議論が積み重ねられてきた。たとえば，2013年末に連邦議会第18選挙会期のために締結されたCDU/CSUとSPDの連合政府樹立のための連合協定の中で，少年援助については以下のように記述されている[69]。「少年援助は，確固とした基礎を持ち経験に裏打ちされる基盤に基づき，慎重に構築されたプロセスで，包括的かつ効率の良い，永続的に持続可能で負担能力を持つ援助システムにさらに発達していかなければならない。それには，体系的な支援システムのための適切な財政モデル（たとえば，SGB Ⅷ，SGB Ⅻ及び学校運営者が交差する点で）も含まれる。我々は強い少年局と民間の少年援助との機能的なパートナー関係を必要とする。それゆえ，我々は少年局の舵取りの手段を明確に改善し，同時に

---

66) Ibid, S. 1.
67) 14. Kinder- und Jugendbericht, BT-Drucks 17/12200, S. 53.
68) 前掲注3），S. 31.
69) 前掲注51），S. 4.

児童とその家族の権利を確保し，社会空間的で〔筆者注：インフラストラクチャーを整備する〕予防的なアプローチを追求する……。」

　この連合協定の中で明記された3つの重要な目標，すなわち，
　①少年援助を包括的な給付システムに作り替える
　②新しい財政モデルを創出し少年局の舵取り手段を改善する
　③児童と少年の権利を強化する
は，ドイツの少年援助における広範なコンセンサスを得ることができ，多くの専門的な立場の規則と州の青少年及び家族大臣会議のいくつかの決議を通しても承認されてきた[70]。

　しかし，これらの目標を達成するための方法については大きく意見が分かれていた。そのうちの一つが，包括的な「大きな解決」によるのか，あくまでもSGB Ⅷの改正によるのかという論争である。「大きな解決」とは，従来SGB Ⅷが援助の対象に含めてこなかった身体的障害や知的障害を有する児童と少年への給付を一括して少年援助の傘の下に置き，個別ケースで必要とされる複数の給付をいわばワンストップで提供しようとするものである。現行法では，身体的障害や知的障害のある児童や少年が教育援助はじめ少年援助の様々なサービスを必要とする場合には，管轄の異なるそれぞれの機関に障害者給付と少年援助給付を別々に申請しなければならず，しかも援助機関相互の連携が必ずしもうまく行っているとは言えない実情がある。この包括的な給付への転換は少年援助の側からも障害児援助の側からも望まれてきたのであるが[71]，これを実現するためには法定医療保険制度の改正や少年援助の側の多大な準備も必要である。結論から言えば，実務からの強い期待にもかかわらず，「大きな解決」は今回の法案には含まれなかった。

　もう一つ，現在の社会状況の中で児童と少年の発達を保障し真の社会参加を実現するために，SGB Ⅷ27条以下の教育援助請求権を親だけでなく児童と少年自身に認めるべきかどうかについても論争[72]があった。このように，全

---

70) Wabnitz, R. J. ZKJ 2017. 175.
71) Ibid. S. 179. Wabnitzによれば，包括的な「大きな解決」については専門家の間でも広く合意があり，具体的な法文の提案に至るまで何年間も準備が行われてきたという。
72) 本法案に先立って2016年初頭から連邦家族省によるいくつかの草案が公表されたが，第一草案

く新しい少年援助法制に作り替えるべきという意見とSGB Ⅷをさらに改正すれば足りるとする意見の対立があったものの[73]，連邦政府は現行のSGB Ⅷの体系を維持することを選び[74]，第3節で紹介した連邦児童保護法の評価報告書が示した改正提案に従い「児童並びに少年強化法案」を連邦議会と連邦参議院に提案したのである。

本法案の内容は日本の児童福祉の視点からも興味深く示唆に富むものであるが，2017年9月に成立が予定されていた同法は2018年3月時点でも連邦参議院では審議されないままになっている。連邦議会では可決されているので理論的には連邦参議院での継続審議待ちの状態であるが，成立の見通しは立っていないようである[75]。その理由は，ドイツの大きな政治課題である難民受け入れ問題が少年援助の領域でも影響しているからである[76]。

今後の動きは政治状況次第であると言えるが，本法案の内容は広く少年援助の実務の間では受け入れられている[77]ので，ドイツの少年援助の最新の動きを知るために概要をここに紹介する。

2．主たる改正点

(1) 児童と少年の権利の強化

①無制限の相談の権利

2012年1月1日に施行された連邦児童保護法では，児童並びに少年は緊急

に対して少年援助の専門家からは強い批判がなされた。すなわち，教育援助の法的請求権の意図的な弱体化，社会的空間指向のサービス提供に対して優先されるべき個別的援助を同列化又は劣後化する姿勢，国家・親・児童の三面関係からの転換，少年援助の実施主体の複数制と実施主体自治への正面攻撃，より強い国家の介入のための手段としての子の権利の拡充という批難である。第一草案は全体として，他の社会的給付領域で適用されている効率性の概念と公的機関の舵取りの観念に強く影響され，少年援助の基本的なシステム転換が意図されていたという（Wabnitz. R. J. ZKJ 2017. 175.)。最終的に連邦家族省は批判の強かった草案を引っ込めて本法案を提案した。

73) 前掲注70), S. 175.
74) 前掲注65), S. 31.
75) KIZ Newsletter Nr. 1, Januar 2018. newsletter@kinderschutzzentren.net.
76) 成人の同伴者なくドイツに入国した未成年の難民の保護にあたり，その費用を州の負担とする条文が費用を負担できない州の反対にあったためであるという。
77) 前掲注70) 参照。

事態及び葛藤状態にあるときは，身上配慮権者に知られることなく相談をする権利が認められた。これを一歩進めて，本法案では「緊急事態及び葛藤状態」という要件を廃止し，児童並びに少年はいつでも親から独立して相談を受けることができるようにした（SGB Ⅷ 8条3項改正案）。というのは，信頼関係が未だ構築されていない最初のコンタクトでは「緊急事態及び葛藤状態」の存在は必ずしも児童や少年から示されず，少年局や相談所はそれらの事情に気づくことができない場合があるからである。そうすると，相談に入れず，場合によっては「緊急事態及び葛藤状態」を調査することができない。また，「緊急事態及び葛藤状態」という要件があると，少年局は親に知らせずに児童や少年の相談に乗る前に，緊急事態及び葛藤状態があるかどうか審査しなければならない[78]ので，早期の援助開始を妨げることにもなる。

　無条件の相談の権利が認められれば，児童並びに少年は相談を利用しやすくなるであろう。様々な施設や寄宿学校での性被害について，多くの児童や少年は親に打ち明けることができなかった事実が検証報告[79]の中で明らかにされた。したがって，無制限の相談の権利を通して，児童並びに少年の法的地位と意見表明権の一般的な強化とともに，性暴力からの保護の改善が期待される。この相談の権利の拡大は，児童並びに少年を性暴力と搾取から保護するための連邦家族省の全体的構想の実現とも合致する[80]。

　もちろん，親に知らせることが子の福祉に反しないときは，親は相談が行われたことを知らされるべきである。相談後に取られるべき措置（話し合いの継続，給付，一時保護など）は，児童や少年の効果的な保護に問題がない限り，親に知らされ，または親が参加して決定されるという法的基準は影響を受けない。それゆえ，新法文は親の権利を侵害しないと説明されている[81]。

　②オンブズ機関の設置

　すでに連邦児童保護法で，施設にいる児童並びに少年の参加の権利が強化され，異議申立手続が用意された。児童並びに少年のこれらの権利を保障す

---

78) 前掲注65), S. 45.
79) 前掲注18) 参照。
80) 前掲注65), S. 45.
81) Ibid.

る手続を定めることは施設の開設許可の要件ともされ（45条2項3号），施設にいる児童並びに少年の権利の保護が側面からも強化されている。連邦児童保護法の評価報告によると，すでにこれら手続を実施する努力は強化され，規律の効果が見られるという[82]。

本法案はさらに，一般的な相談，SGB Ⅷ 2条に列挙された少年援助の任務，公的少年援助及び民間の少年援助による任務の遂行に関連する紛争で，若者とその家族がその仲裁と解決のために利用できる外部の独立したオンブズ機関を少年援助の公的実施主体は設置することができるとした（SGB Ⅷ新9条a追加案）。

なお，オンブズ機関の設置は，国連障害者の権利委員会が同条約のためにドイツに対して行った第1回審査の最終コメントで求めた目標に合致するものである[83]。

(2) 里子とその家族の強化及び里子の生活の安定と継続

連邦政府は里子援助の適性化を通じての里子の権利強化に強い関心を抱いていたが[84]，連邦児童保護法は管轄移転の際の少年局間の円滑かつ確実なケース移管と情報交換の規定を設けただけで，里子とその家族の支援強化と里親子関係から生じた絆の保障に関しては法改正の対象としなかった。そこで，第3節4(4)で紹介したように，連邦政府はこの問題を今後の法改正の対象に含めた。

その背景には，すでに2014年に州の青少年及び家族大臣会議が，特にBGBの改正も含めて，長期の養育関係にある里子の福祉の保護のための法改正を

---

82) 前掲注51），S. 85.
83) 前掲注65），S. 34. 法案理由書は，特別に保護を必要とするグループとして，暴力の被害を受けた障害を有する児童と少年に言及し，国連障害者権利条約の様々な目標，とりわけ7条1項「障害を有する児童は他の児童と平等にあらゆる人権と基本的自由を享受することができることを保障するために，必要なあらゆる措置を取ることを締約国に要求する」，16条3項「締約国は，あらゆる形態の搾取，暴力並びに虐待を阻止するために，障害のある人々のために定められたすべての施設とプログラムは，独立の官署により効果的に監督されることを確保するものとする」，国連障害者の権利委員会の2015年5月13日の最終コメント「障害のある児童の生活に関わるあらゆる事項について意見を聴取される権利を保障する法案を可決する」（最終コメント第18a項）を引用している。
84) 前掲注51），S. 76.

要請した事情もある[85]。

　法改正の必要性について法案理由書は次のように述べている。「情緒的な安心を体験することは，人類学的に根付いているすべての児童の基本的欲求である。分離の不安は情緒的な安心の体験を損ない，すべての児童に情緒的なストレスを引き起こす。しかしながら，里親家庭やハイム教育の施設で教育援助を受けている児童並びに少年は，以前の体験のために強く不安とストレスを経験し，それゆえ特に傷つきやすいグループである。これらの児童並びに少年が受けた出生家族からの分離に至る体験（全事例の33.8％は子の福祉の危険）の否定的な効果は，分離の不安とストレスによりさらに強化されるか固定化される。これらの否定的な効果の強化や固定化は，今後の全人生（能力の発達，精神的健康，社会的統合など）に持続的な影響を与える。関係の中断，愛着の喪失，人生における断絶のリスクはとりわけ里子の場合には特に大きいので，里子の家族状況に安定を与え，同時に憲法に合致した親の権利を完全に守る措置が取られなくてはならない」[86]。

　この目的を達成するために，少年局は入所型の給付における援助計画を立案するにあたり，子どもの時間感覚にしたがった生活の見通しを明確にしなければならない。すなわち，最初に援助計画を作成する際には，給付が期間限定か，又は長期的に設定された生活形態を提供すべきかが明確に示されなければならない（SGB Ⅷ 36条a案）。子どもの時間感覚は基本的に成人のそれと異なることに注意が向けられなければならず，強く現在を指向するものである。このアプローチはゴールドシュタインらの考え（Goldstein/Freud/Solnit 1992, 39）に従うものである[87]。

　子どもの時間感覚は継続性の保障基準として公的少年援助の実施主体とともに家庭裁判所の手続と決定においても考慮されるようになる。法案は里親養育を含む全般的な家庭養育に関するBGBの規定の改正も盛り込んだ。

　BGB1632条4項は，実親からの子の引き取り請求に対し養育者自身が家庭裁判所に異議を申し立てる権利を認めている。すなわち，「子が比較的長期

---

[85] Ibid.
[86] 前掲注65），S. 32, 49.
[87] Ibid, S. 50.

間家庭養育で暮らし，親が子を養育者から引き取ろうとする場合，家庭裁判所は職権又は養育者の申立で，子の福祉が引き取りにより脅かされるであろうときは，子は養育者のもとにとどまることを命じることができる」と規定し，養育関係から生じた絆を保護しようとする。しかし，必ずしもこの決定が出されるとは限らず，決定が出されても永続的にとどまることまで保障されるとは限らない。そこで，法案は同条に以下の文を追加した（法案 Artikel 6）。

BGB 1632条4項　追加案
「家庭裁判所は第1文による手続において，以下の場合には，職権又は養育者の申立で，養育者のもとでの滞在は永続的であると追加して命じることができる。
1. 適切な相談と支援措置が提供されたにもかかわらず，子の発達に照らして是認できる期間内に，親のもとでの教育状況が持続的に改善せず，かつそのような改善が将来も期待できないとき，及び
2. 命令が子の福祉に必要であるとき」

これに関連して，BGB 1696条に以下の3項が追加される。

「(3)　親のもとでの教育状況が予想に反して，子の福祉の危険化なく子を再び自ら教育できるほどに改善したときは，第1632条4項2文の処置は廃止される。ただし，養育者からの引き取りが子の福祉に反するときはこの限りでない。」

さらに，BGB 1697条aには2項が追加される。

「(2)　子が家庭養育で暮らしているときには，別段の定めがなければ，本章で規律されている事項に関する手続において，子の発達に照らして是認できる期間内に，親のもとでの教育状況が子を再び自ら教育できるほどに改善されるか，そしてどの程度改善されるかも裁判所は考慮しなければならない。第1632条4項2文1号の要件が存在するときは，裁判所は決定において，継続的かつ安定した生活状況への子の必要も考慮しなければならない。社会法典第8編第34条又は35条a2項4号による援助の枠内で子が教育され世話されるときは，第1文と2文が準用される。」

法案は，子が養育家庭で永続的に暮らすことができるための法的根拠を準備する一方で，実親と里親の相談と支援の改善をめざしている。

すでに現行法でも，親には相談と支援を求める権利が認められている。そして，相談と支援は，出生家庭の教育条件が児童若しくは少年の発達に照らして是認できる期間内に，児童若しくは少年を再び自ら教育できるまでに改善されることに寄与すべきである（SGB Ⅷ 37条1項2文）とされる。相談と支援にもかかわらず，是認できる期間内に教育条件が十分に改善されない場合は，次の段階として，児童若しくは少年の福祉を促進し，長期的に設定されたその他の生活の見通しが考慮されなければならない（同項4文）。

しかし，児童や少年を里親家庭に委託，又は施設に入所させることで実務では出生家庭の支援を終了することが多いという[88]。実親との協力が試みられても，ほとんどが訪問や交流の実行と危機時に限定される。児童や少年の里親委託・施設入所とともにすぐに親の支援を終了する実務は，出生家庭の相談と支援を通して家庭が児童を再び自ら教育できるようにするという目標に矛盾する[89]。

そこで法案は従来の関連条文を整理統合して，児童が里親家庭に委託されるか施設に入所する場合に，親に広範囲に及ぶ相談と支援の請求権と，親子分離の間の子との関係促進の請求権を認める（SGB Ⅷ 37条a 1項案）。法案理由書によれば，とりわけ，長期に設定された出生家庭外での生活形態が選択された場合も，親が親責任を引き受けるように親の相談と支援を行うことは非常に重要である。この場合の親責任は，他の家庭や施設での子の長期的な成長の必要性を承認し，受け入れ，場合によってはむしろ建設的に──交流コンタクトが成功するように──寄り添うことである。出生家庭への復帰が無理でも，子の福祉に合致する交流を計画し実施するために特別の援助が行われることで子と出生家庭との関係は促進されるべきである[90]。

里親にも児童や少年の受け入れ前と養育関係継続中は相談と支援の権利が認められるのは現行法の通りである（SGB Ⅷ 37条1項案）。

(3) 効果的な保護手段と措置の適性化

少年援助には児童並びに少年のための保証人の地位が割り当てられ，特に児

---

[88] Ibid. S. 52.
[89] Ibid.
[90] Ibid.

童並びに少年を彼らの福祉の危険化から保護する責任が義務付けられている。

　効果的な児童保護の実現に関して，法案理由書は以下の改正点を挙げている。

　第1に，施設入所と外国での措置（Auslandsmaßnahmen）を受けている児童並びに少年はよりいっそう保護されなければならない。この点については，2016年2月23日にSGB Ⅷ 45条以下の法規定のさらなる発展について州の青少年及び家族担当大臣会議の持ち回り決議がなされているが，その中で，ハイムに対して効果的な行動手段を備えた強力な監督ができるように法改正の必要があることが確認された。法案はこの決議と連邦児童保護法の評価報告の結果を考慮している[91]。すなわち，少年援助施設にいる児童並びに少年は，特別に保護される必要がある。彼らは実親家庭から空間的に離れているために親が教育責任を果たす状況から遠く隔てられているからである。同時に，他の児童，少年や施設職員との共同生活は特に近い距離を作り出し，それは依存関係と権力濫用を発生させるリスクを内包する[92]。具体的には，施設の開設及び運営許可のための要件を厳格にし（45条），許可要件の存続についての審査手続を詳細かつ具体的に定め（46条新法文案），「施設」の定義規定が新設され（45条a案），今まで規制の対象から外れていた，許可を必要とせず公的な費用負担もされず，主としてボランティアによって運営されていた公開の少年事業施設でも児童並びに少年の保護が他の少年援助施設と同様に図られるようになり，法の間隙が埋められることになる（48条b追加案）。

　外国での措置は精神的障害を有する少年のための入所型の教育援助の特別な類型である。教育援助は国内で行われるのが原則であるが，個別事例でどうしても必要な場合にのみ例外的に外国での教育援助が許される。しかし，外国での措置は現行法では様々な規定の中のわずかな規律によって規制されているだけなので，措置の実施のための要件の厳格化が必要である。外国の措置が行われる多くの場合，準備と実施の両面で明白な不足があり，公的な少年援助の実施主体によるコントロールも十分でない[93]。法案は，数か所に

---

91) Ibid, S. 33.
92) Ibid.
93) Ibid, S. 52.

散らばっている外国の措置についての規律を新しく一つの条文にまとめ，保護措置を具体化した（新38条案）。すなわち，公的少年援助の実施主体は外国での措置を決定する前に，精神的障害の程度を確定するために専門家の鑑定書を得ること，給付の提供者は国内の施設のための運営許可を得ていなければならないこと，援助の提供はSGB Ⅷ 72条1項で定める専門職員にのみ委託されること，給付提供を委託される者若しくは施設の適格性が審査されること，外国での措置が援助計画に明記されること等である。

　第2に，非常勤や名誉職として少年援助に従事する者の拡大行状証明書の閲覧とデータ保存に関する規定が実務に適合するように改正される。SGB Ⅷ 72条a5項案によれば，公的及び民間の少年援助の実施主体は，①閲覧の事情，②行状証明書のデータ，③行状証明書の本人が72条a1項1文に列挙されている犯罪を理由として確定的に有罪とされたかどうかの情報を保存することができる。そして，行状証明書の本人の活動適格性を審査するために，必要であればこれらのデータを編集し利用することもできるようになる。また，データの保存期間が3か月から6か月に延長される（72条a5項5文）。

　第3に，インターネットによる性被害を防止するために，児童並びに少年及び彼らの親にデジタルメディアの取扱いにおけるリスクについていっそう周知させ，メディア能力を伝達することは教育的な児童と少年の保護に関連する少年援助の任務であることが明確化される（SGB Ⅷ 14条2項に追加案）。

　第4に，難民の児童並びに少年の特別の保護が挙げられる。法案理由書は以下のように言う。「施設の中での攻撃についての報告数が増加していることにかんがみ，初期受け入れ施設と共同生活宿泊所で特別の保護を必要とする人々のために適切な保護を確保することが連邦法上明確にされる必要がある。特別の保護を必要とする庇護希望者のために連邦の立法者にも特別の責任がある。これらの中には，児童並びに少年と女性が含まれる。避難の前と途中で多くの苦難を経験し，そのために保護と避難所を求めるこれらの人々がドイツの受け入れ施設で再び暴力を経験しなければならないことは耐え難いことである」[94]。実際に，多くの庇護希望者受け入れ施設で児童並びに少年

---

94) Ibid, S. 2, 33.

及び女性に他の入所者や監督者から性的暴力を含む様々な暴力が加えられる事件が起きているために，州は受け入れ施設内での児童並びに少年及び女性の保護のために適切な措置を講ずることが求められる。他方，受け入れ施設の運営者は児童並びに少年及び女性の入所者のために，初期受け入れ施設と共同生活宿泊所でどのように彼らを保護するかの構想を展開させ適用することが義務づけられることになる。

そもそも給付が施設で行われるときは，公的少年援助の主体が施設の運営主体又はそれらの連盟と給付の内容と質（給付協定），費用と報酬（報酬協定），給付の質を評価し保障する適切な処置についての原則と基準（質の発展協定）に関する協定を締結したときは，公的少年援助の実施主体は費用の負担を義務付けられる（SGB Ⅷ 78条 b 1項）。さらに，州は未成年の難民のために市町村が行う少年援助給付の費用を償還することになっている（SGB Ⅷ 89条 d）。法案は，州の少年局が市町村の中央機関や民間の少年援助実施主体の連盟と78条 b 1項の協定の内容について枠組契約を結ぶことを促すだけでなく，この契約締結と費用の償還を結びつけることを可能にする（78条 f 2項追加案）ことによって，受け入れ施設での給付の内容と質を確保しようとする[95]。

(4) 児童保護における協力の改善

連邦児童保護法の評価報告書で指摘され，それに応じた形で連邦政府が今後の政策として掲げたように，児童保護に従事する者たちのネットワークの強化が必要である。そのために法案では，医師とその他の職業上の守秘義務者[96]の少年局への情報伝達の権限が明確化されている（KKG 4条1項改正案）[97]。さらに，少年局にデータを伝達した者は，その後も少年局から事案の進展状況について報告を受け（KKG 4条4項追加案），必要であれば福祉の危険化の評価手続に参加させられる（SGB Ⅷ 8条 a 1項2文に追加案）。

法案が想定しているのは，とりわけ医師と少年局の間の有効な協力体制の

---

95) Ibid, S. 65.
96) 児童保護における協力と情報のための法律（KKG）4条1項にどのような職業に従事する者が守秘義務を負うか列挙されている。本章153頁参照。
97) 社会法典第10編（SGB X）の71条1項に以下の文が追加される（案）。「社会データの伝達は，児童保護における協力と情報に関する法律の4条1項及び5項による子の福祉の保護のために必要な限りにおいて許される」

構築である。医師は、予防と介入の両面で児童保護のための責任共同体における不可欠のパートナーだからである。そのために、医師と少年援助との協働はいっそう強化されることが社会法典第5編（SGB V）の中で明記された[98]。

その他、家庭裁判所、少年裁判所、刑事訴追当局も効果的な児童保護のための責任共同体の中の少年援助の重要なパートナーであり、個別事例での調整的処置のためにこれら機関が少年局に必要なデータを伝達することが明記された（KKG5条追加案）。

(5) ニーズに合致した少年援助の給付とサービス提供

法案によれば、児童並びに少年を強化するためには、SGB Ⅷ 1条3項が規定するようにすべての児童並びに少年の個性を促進する少年援助を必要とする。特に重要なのは、サービスの形と質を若者とその家族のニーズによりいっそう適合させることである。それは、児童の発達段階の移行に伴い給付システムが移行するときは、少年援助とその時々の給付の主体の間で協力が行われることも意味する[99]。

これを実現するために、法案は国連障害者権利条約に基づき「包括」の指導的理念をプログラム規定としてSGB Ⅷの中に置いた[100]。すなわち、発達を助成され、自己責任を負い社会共同生活を送ることができる人格に教育される若者の権利を実現するために初めて「あらゆる若者の社会への平等な参加」の概念が明記された（SGB Ⅷ 1条新4項1号案、同項4号案）。具体的には、給付の形を整え、かつ少年援助の任務を履行する際は「障害の有無にかかわらず若者の平等な参加が実現され、存在する障壁が除去されなければならない」（SGB Ⅷ 9条4号追加案）とされ、若者が平等に社会生活に参加できるようにすることの重要性が強調された。

その他に、個別事例で必要な場合には、異なる類型の援助が結合されて柔

---

[98] 第5編は法定医療保険についての編であるが、本法案により第5編中に医療と少年援助の協力の規定が追加されることになる（73条c案）。それによれば、小児科医の団体は、児童と少年の医学的な配慮を改善するために、保険医と少年局の協力のための協定を州レベルの地方自治体連合と締結し、児童と少年及びその家族の健康診断や治療を通して彼らの福祉の危険化の手掛かりを確認するものとされる。

[99] 前掲注65), S. 2.

[100] 前掲注65), S. 44.

軟な給付が行われることが可能になる（SGB Ⅷ 27条2項2文改正案）とともに，民間の少年援助の実施主体に質の発展を今まで以上に義務付けている（SGB Ⅷ 77条全文改正案，77条a追加案）。また，児童のための昼間施設では障害のある児童と障害のない児童が共同で育成されるという包括的な世話の原則が明記され（SGB Ⅷ 22条a追加案），障害のある児童は基本的に障害のない児童のためのあらゆる活動とサービスに参加することになる。

終わりに

　ドイツ全土でSGB Ⅷが施行されてからほぼ30年たった。その間のドイツ社会の変化に対応して，児童や少年を取り巻く社会環境も変化し，新たに生じた問題を解決する援助の方法や給付の種類も変化し拡大してきたことが法律（案も含めて）の改正から見て取れる。ドイツの児童保護は日本よりはるかに広く理解されていることがわかるであろう。

　すでに第2章第1節4でも述べられたように，ドイツでは基本法6条2項に親の権利の優越性を保障する条項があり，国家は少年援助を提供する際も親を飛び越して直接に児童と少年に手を差し伸べることは許されず，親を通して援助する枠組になっている。SGB Ⅷはそれを強く意識した少年援助のあり方を規定したが，児童と少年を直接的に援助する必要があることが明らかになってきた。とりわけ教育援助の施設内での性暴力を含む様々な人権侵害からの保護が重要である。この保護を実現する一つの方法が，児童と少年自身に相談と異議申立の権利を与え，さらに外部の独立したオンブズ機関に自らの訴えや意見を届ける機会を与える試みである。この点で，「児童並びに少年強化法」の施行が見通せないことは残念なことである。

　施設で暮らす，又は施設を利用する児童と少年の権利保障を別の側面から援護するのが施設の運営許可要件である。それによれば，適切な施設であるための施設の教育的理念と構想，経済的，空間的，物質的，人的条件以外に，児童と少年の相談と異議申立の権利行使を保障する手続が定められていなければ設置は許可されない。日本の児童養護施設で，年長の入所児童や職員による性的侵害を含む施設内暴力が発見されながらきちんと解決されない事例

が報告されるにつけ，日本でも積極的に入所児童の権利を守る規定が必要であると考える。

同様に，少年援助の施設で働く常勤の職員，あるいはボランティアとして少年援助活動に従事する者に拡大行状証明書の提示を義務付けることも，施設で暮らすか施設を利用する児童と少年を性的侵害から守るために法的に具体化された。日本では法制度の前提が異なるので，簡単にドイツの方式を採用することはできないが，繰り返し報告される児童と少年への性的侵害を効果的に予防する方法はないものか考えさせられる。

ドイツで教育援助の給付として里親委託された未成年者の数は2015年には67,122人であった[101]。ドイツでも里親委託は原則として出生家庭復帰か自立が目指されるが，養子縁組が成立する見通しがないまま長期の養育委託が継続するケースがある。BGBには実親からの子の返還要求に対抗する養育者（里親）の権利が認められている[102]が，必ず家庭裁判所が養育者のための決定をするとは限らない。そこで，子の福祉の観点から長期養育関係を法的に保障する規定の必要性が主張されてきた。養子縁組が成立する見込みのない児童の長期養育関係の保障という考え方が現時点では実現されていないことも残念である。

効果的な児童保護のためには異なる専門領域の連携が必要であることは以前から知られてきた。ドイツでは親の配慮権濫用や機能不全の場合に，子の福祉を守るために少年局と家庭裁判所の連携システムが法的にも少年援助実務でも構築されてきた。しかし，これで十分ではない。ドイツでは家庭裁判所の介入権限が強化されるのと並行して，予防としての援助給付も強化され2つの柱の間で児童保護のバランスが取られていることに注目したい。

---

[101] 本章**資料1**参照。教育援助の措置としての里親家庭委託数は合計で71,501人であり，18歳から20歳までが3,771人，21歳以上が608人であった。

[102] BGB1632条4項。

第6章　2017年改正　児童福祉法について
——児童虐待対応における司法関与を中心に

吉田恒雄

はじめに

　2017年6月14日に児童福祉法等の改正が行われ，一時保護に対する司法関与や司法関与による保護者指導制度，接近禁止命令制度の見直しが行われた。前年に大規模な児童福祉法の改正が行われたが，その時の積み残し課題のひとつがこの「司法関与」であった。

　この司法関与に関しては，「児童虐待対応における司法関与及び特別養子縁組制度の利用促進の在り方に関する検討会」が2016年7月に設置され，さまざまな視点から議論が行われた。本稿では，今回の改正に至る経緯やその内容を，同検討会の議論をもとに概観し，改正法の意義や課題について検討することを目的とする。特に，2016年の児童福祉法改正では「子どもの権利の尊重」が明記されたが（同法1条），今回の法改正ではこの理念をどう生かすのかがポイントであり，子どもの権利という視点から，今後の運用のあり方も含めて検討したい。

第1節　2017年児童福祉法等改正の経緯

　2017年3月10日に公表された「新たな子ども家庭福祉のあり方に関する専門委員会報告（提言）」では，「司法関与を一層強化する制度の導入について……早期に検討を開始する必要がある。」との提言がなされた。この提言に基づいて行われた2016年の児童福祉法等の改正法附則においては，「この法律の施行後速やかに，児童福祉法第6条の3第8項に規定する要保護児童〈中略〉を適切に保護するための措置にかかる手続における裁判所の関与の在り

方について、児童虐待の実態を勘案しつつ検討を加え、その結果に基づいて必要な措置を講ずるものとする。」との課題が示された（「児童福祉法等の一部を改正する法律」（平成28（2016）年5月27日成立）附則第2条第2項）。

さらに、2016年6月2日に閣議決定された「ニッポン一億総活躍プラン」において「児童保護手続における裁判所の関与のあり方について、検討し、必要な措置を講ずる」とされた。すなわち、厚生労働省だけでなく、法務省、裁判所を含め、内閣の総意としてこれを行うという意向が、このプランで示されたのである。

これらの動向を踏まえ、その後、「児童虐待対応における司法関与及び特別養子縁組制度の利用促進の在り方に関する検討会」（以下、検討会と表記する。）が2016年7月に設置され、「一時保護に対する司法関与」、「保護者指導への司法関与」、「接近禁止命令制度」を主な論点として検討がなされた。同検討会での約半年の議論を経て取りまとめが行われ（2017年1月）、これを踏まえて、「児童福祉法及び児童虐待の防止等に関する法律の一部を改正する法律」が2017年6月14日に成立した。

第2節　児童虐待対応における司法関与の必要性
〔議論の整理2頁（文末【参考文献】URL参照）〕

児童虐待への対応、特に子どもの保護や親子分離のような場面は、当然、親と子どもの人権に関わってくる。この人権に関わる措置を、行政の判断だけで行うのは問題があり、人権保障と手続の適正性を確保するため、中立で独立した機関である「司法」が関与する必要がある、と指摘されていた。

2016年の児童福祉法改正では、在宅による児童福祉を優先するものとされ（同法3条の2）、児童相談所の指導に応じない親の在宅での養育状況の改善を図るためには、司法による関与が必要になってくると思われる。また、現実には、圧倒的に多くの子どもが在宅で暮らしており、在宅支援の強化が求められた。

このような観点から、児童虐待対応における司法関与のあり方の見直しが議論された。さらに、親と児童相談所との対立関係を緩和し、効果的に家庭

での養育を実現するには，中立で独立した機関である裁判所が関与するのが効果的であるとも考えられる。

これに対して，司法を関与させる必要性や有効性に対する疑問も少なくない。

司法関与等検討会の議論では，理想的な形態はありうるとしても，まずは，「現状で対応可能な制度」を構築する方法を目指したらどうかという認識に立って改正が目指されたといえよう。

第3節　児童虐待対応の基本原則

2016年の児童福祉法等の改正により，子どもの福祉を保障するための原理が掲げられ，「全て児童は，児童の権利に関する条約の精神にのっとり，適切に養育されること，その心身の健やかな成長及び発達並びに自立が図られることその他の福祉を等しく保障される権利を有する。」ことが明記された（同法1条）。

また，「家庭養育原則」が明確に示され，家庭は，子どもの成長発達にとって最も自然な環境であり，子どもが家庭において心身ともに健やかに養育されるように「保護者を支援する」との規定が設けられた（同法3条の2）。

さらに，児童の権利条約には「親子不分離」が掲げられ，虐待等の場合に，司法審査による親子分離がなされるものの，子どもは父母の意思に反して分離されないものとされている（同9条1項）。この「家庭養育原則」と「親子不分離」は密接な関係があるが，このような基本原則を踏まえ，児童虐待防止制度における司法関与制度のあり方が議論された。

第4節　一時保護への司法関与

1. 児童虐待事案における一時保護の現状〔調査結果1〜14頁（文末【参考文献】URL参照）〕

一時保護の制度を改正する必要性を確認するため，厚生労働省は，一時保護，保護者指導，接近禁止等について2016年4月1日〜7月末までの期間を対

象に，全国の児童相談所（209ヶ所）の実務内容，児童相談所による対応のあり方等について実態調査を行った。

この結果，一時保護の期間として，児童福祉法は2ヶ月を原則としているが（同法33条3項），これを超える一時保護は，全国の児童相談所の年換算で3,612件であった。そのうち親権者の意に反するケースは468件であり，これは全国の児童相談所，1ヶ所につき1年あたり約2件となる。全国の家庭裁判所（本庁50カ所，支部203カ所）1ヶ所1年あたり同じく約2件という数字であれば，児童相談所，家庭裁判所にとって実務上大きな負担にはならないのではないかと考えられた。現実には，都市部では一時保護された子どもが相当数に上る児童相談所もあり，事案の内容等によっても対応を異にするため，単純に2件と言い切れるものではないが，実際の対応状況を予測するための根拠を示すという意味でこの数字が示された。

2. 改正前一時保護制度の問題点〔議論の整理3頁参照〕

一時保護制度の問題点として，第1に，親と子どもの権利侵害の問題がある。特に，親権者等の同意によらない職権一時保護の場合には，親としては親権（民法820条以下）が，子どもとしては親に育てられる権利（児童の権利条約7条1項）が制限されることになる。就学している子どもの場合は，通学できない問題もある（児童福祉法48条では，児童養護施設等社会的養護のもとにある子どもに対する施設長の就学義務が規定されているが，一時保護中の子どもに対する児童相談所長の就学義務は規定されていない。）。近年，児童相談所によっては退職教員等の学習指導協力員の配置や一定の学習時間の確保等，一時保護が行われている子どもの学習条件を向上させる取組みも行われ，一定の条件のもとに指導要録上出席扱いとするものとされているが（「一時保護等が行われている児童生徒の指導要録に係る適切な対応及び児童虐待防止対策に係る対応について（通知）」平成27年7月31日文部科学省初等中等教育局長通知27文科初第335号），学校ごとの教科書や進度の違いもあり，必ずしも十分に学習の機会が保障されているとはいえない状況にある。さらに，子どもの「安全確保」のために一時保護所内で行動制限が行われることもある（典型的なところでは，平成27年夏頃に，相模原市児童相談所一時保護所において，子どもの人権への配慮に

欠けた方法により子どもの所持品検査が行われた。本件に関する同市の報告書については，http://www.city.sagamihara.kanagawa.jp/_res/projects/default_project/_page_/001/006/964/houkoku.pdf 及び児童相談所運営指針135－136頁参照）。

　児童相談所の現場では，職権一時保護の場面で，子どもの保護の必要性と親及び子どもの権利への配慮から一時保護を迷うケースもあり，権利保障の観点から裁判所の関与が必要であると考えられた。

　これに対して，現行法制度では「行政訴訟」により一時保護処分の取消しを求めることも可能であり，司法手続により親権者等の権利は保障されているということもできる。しかし，一時保護処分の取消しを求める行政訴訟では，すでに一時保護が解除されている場合，訴えの利益が存在しないため，却下の判断に至ることになる。このように考えると，事後的な手続である行政訴訟による救済では不十分といわざるを得ず，これとは別の制度を作る必要があるのではないかとの主張がなされた。

　一時保護に対する司法関与制度導入上の課題としては，司法関与の強化に向けた児童相談所や家庭裁判所の体制整備があげられる。厚生労働省の実態調査によれば89％の児童相談所が「体制整備が必要」と回答したものの，司法関与強化の必要性については，「必要である」と「必要でない」がほぼ同じ割合であった。司法関与の強化により児童相談所の業務量が増え，申立てまでの時間的な制約も生じるところから，児童相談所側の慎重な意見も首肯できる。また，司法関与を必要とする事件については，職権保護の場合に限って司法関与の対象とすべきであるとの意見は87％であった。このように，児童相談所の意見としても一枚岩とはいえない状況にあった。

3．一時保護に関する司法関与をめぐる議論〔議論の整理4頁参照〕
(1)　司法関与導入論

　一時保護に対する司法関与として提案されたのは，一時保護手続の適正性を担保するという視点から，「一時保護に対する家庭裁判所による審査の導入」であった。ただし緊急保護が必要な場合は，裁判所の関与を要しないものとし，審査の対象となるのは，児童福祉法28条事件と同様に，「親権者等の意に反する場合」（職権一時保護）とされた。

一時保護に対する司法審査制度を実現するプロセスは，児童相談所と家庭裁判所の体制整備と歩調を合わせ，段階的に司法審査を導入していくこととし，事前の司法審査ないし，職権一時保護後の短期間における申立てとはせず，まず，現在の一時保護期間である「2ヶ月」を超える場合に司法審査をする案が提案された。その後，一定の期間内に司法審査制度運用の実情や成果を検証し，必要であればさらに法改正を進めるとの考えである。

(2) 司法関与消極論

これらの提案に対して，以下のような指摘ないし懸念が示された。

- 一時保護に対する司法審査導入の目的について必ずしも認識が一致しておらず，要件や審理手続も明らかではない。
- 制度のありようによっては，慎重な手続を踏むことにより，かえって子どもの安全確保に支障が生じるおそれがある。
- 「親権者の意に反する場合」とは，一時保護の時点，2ヶ月の時点のいずれの時点での不同意と捉えるのか。
- 親権者等の意向をどのように確認するのか。
- 親権者等の同意の有無に基づいて，子どもの保護手続をどのように設計するのか。

これら指摘された事項は，改正法運用の場面で法的な課題となることから，この検討会では大変重要な指摘がなされたといえる。

4．改正一時保護制度―家庭裁判所による一時保護の審査の導入

改正後の児童福祉法33条5項は，「児童相談所長が行う一時保護について，親権者等の意に反して2ヶ月を超えて行う場合には，家庭裁判所の承認を得なければならない。」と規定し，これまで児童福祉審議会の審査を受けるものとされていたものを，家庭裁判所の承認と改められた。

また，親子関係に関する重大な判断をすでに司法にゆだねている場合，例えば児童福祉法28条審判の申立てや親権喪失・停止の請求があった場合には，これまでと同様，2ヶ月超えの一時保護に対する家庭裁判所の承認は不要とされた（同項ただし書）。さらに，2ヶ月経過前に申立てを行っているものの，そこで2ヶ月が過ぎてしまったときには，審判確定まで引き続き一時保護で

きることとされた（児童福祉法33条6項）。

5. 改正一時保護制度の評価と課題
(1) 改正法の評価
　改正法は，2ヶ月超の職権一時保護の場合に家庭裁判所に関与させることで，一時保護における権利制限の点で一定の配慮をしたと見ることができる。また，この制度により，長期にわたる職権一時保護の適切性が家庭裁判所により審査される仕組みが設けられたことも，児童の権利条約の趣旨に合致するものと評価できよう。

　検討の過程では，「事前の一時保護」も対象とするべきという意見もあった。いわば，刑事事件類似の制度を設けるべきであるとの主張である。このような制度が今後，実現できるか，またその必要性があるのかどうかは，改正法運用の検証にかかっているといえよう。

　その他，一時保護中の子どもの学習権問題や行動制限など，一時保護の状況や手続に関して，子どもの権利がどの程度保障されるべきかは，引き続き検討が必要であろう。

(2) 運用上の課題
　運用上の課題としては，家庭裁判所による承認の要件や審理手続を明確にする必要がある。児童福祉法28条審判の強制的分離措置と職権一時保護の2ヶ月超の場合の判断の基準との異同，28条事件の却下の審判がなされた場合には例外的に引き続きの措置を採ることができ（同条3項），一時保護の場合も同様に，2ヶ月超の一時保護承認申立てに対する却下審判により，引き続きの一時保護を認めない判断がなされたとき，却下の審判の結果を考慮してもなお引き続き一時保護を行う必要があると認めるとき等，やむを得ない事情があるときには，引き続き当該一時保護を継続することができるとされている（児童福祉法33条第6項ただし書）。とはいえ，一時保護の期間の更新を不相当とする司法判断がなされていることを考慮すれば，子どもの安全確保の観点から，児童相談所としては，慎重に継続の要否を判断することが必要となろう。

　また，親権者等の権利が優先されることで，子どもの安全確保に支障が生

じないような運用のあり方も課題である。改正法における司法手続を採ることによる煩雑さから，安易に家庭引き取りとすることは許されないが，一時保護されるべき子どもが保護されないという運用に傾かないよう留意することも重要である。

同意の時期及び方法を巡る問題，児童相談所・家庭裁判所の体制の問題に加えて，児童福祉司，弁護士等の人員体制の量的・質的強化，介入機能と支援機能の分化，児童相談所の調査権限等の強化も必要となろう。

さらに，手続の適正性の確保，児童の権利条約における子どもの権利保障への配慮も必要であるが，一時保護は本来，迅速に確実に行われるべきものであるところから，家庭裁判所の手続，また申立てをする児童相談所の書式や証拠に，どこまで厳格性を求めるのかも課題である。あまりにハードルを低くして，2ヶ月超の一時保護が容易に承認されるべきではないが，負担が重すぎるのも適切ではない。その辺りの調整が，今後の運用なり，要綱等を定めるにあたって課題になると思われる。

【参照】
「一時保護に関して指摘されている問題解決に向け，自治体や関係者が進むべき方針を共有し，一時保護を適切に行い，実効ある見直しを進めることを目的として」，平成30年7月6日，「一時保護ガイドライン」が通知された（子発0706第4号，平成30年7月6日，厚生労働省子ども家庭局長通知「一時保護ガイドラインについて」12頁以下 https://www.mhlw.go.jp/content/000339293.pdf）。

その概要は，以下の通りである。
1. 一時保護の継続が必要とされる場合の例示
   ①家庭裁判所に対し法第28条の承認を申し立て又は親権喪失等の審判を請求している場合
   ②施設入所する方向の子どもであるが，当面の医療的なケア等のために入院又は継続した通院が必要であるため，当面，施設に入所できない場合
   ③2か月を超えるものの更に数週間程度の一時保護中に保護者の変化が十分に期待でき，保護者，子どもともに納得した援助や家族への引取りを行える見込みがあるため，家庭裁判所への審判申立てを留保している場合
   など。ただし，不必要に一時保護を継続すべきではない。

2. 一時保護に対する親権者等の同意
   (1) 職権一時保護
        一時保護は，親権者等（親権を行う者又は未成年後見人をいう。以下同じ。）の意に反しても行政の判断によって子どもを保護することができる。
   (2) 職権一時保護に対する裁判所による承認制度（児童福祉法第33条第5項）の趣旨
        一時保護権限行使の適正性を担保するため。
   (3) 「意に反する」の意義
        同法第27条第4項の場合と同様，親権者等が反対の意思を表明している場合をいう。
        明確な同意を必須とするものではないが，できる限り，同意を得られるよう努める。
   (4) 一時保護の継続に関する親権者等への通知
        一時保護の継続は新たな行政処分ではないため，文書により通知することは必須ではない。家庭裁判所の承認を得た上で継続する場合には，その結果とともに引き続き一時保護を行う旨を親権者等に連絡することが望ましい。
3. 一時保護の継続に関する親権者等の意向の確認
   (1) 意向確認を必要とする場合
        ①一時保護の期間が2か月を超えることが見込まれる場合
            今後の援助方針を説明した上で，親権者等から，2か月を超えて引き続き一時保護を行うことについての意向を確認する必要がある。
            実情に合わせて，例えば遅くとも一時保護開始又は継続後40日程度までに意向を確認できるよう努める。
        ②一時保護について親権者等の同意が得られないケースの取扱い
            虐待ケースの中でも深刻化するリスクが高いものと考えられることから，一時保護の解除を行うことについては，特に慎重な判断を要する。
   (2) 意向確認の方法
        ①書面により得ることが望ましい。
        ②親権者等が行方不明であること等により意向を書面で確認できない場合等
            親権者等への説明の状況，親権者等の意向等について記録する。
4. 家庭裁判所に対する引き続いての一時保護の承認の申立て
   (1) 申立ての時期

原則として一時保護開始又は継続から2か月ごとに（一時保護開始から2か月，4か月，6か月等経過する前。ただし，申立てに対する審判が一時保護開始又は継続から2か月を超えて確定した場合は，審判が確定した日から2か月ごと。），その2か月が経過する前に，家庭裁判所の承認を得なければならない。
(2) 2か月が経過する直前に親権者等が同意を撤回するなど一時保護開始から2か月以内に承認を得ることができなかった場合

例外的に，同意撤回後等，承認が必要であることが判明した後速やかに承認を得ることとする。
5. 申立てに当たっての提出書類
(1) 趣旨

申立てに当たっては，家庭裁判所において適正かつ迅速な判断が可能となるように，必要かつ十分な情報を提供することが必要であり，このような観点から，申立書，証拠書類等を整理して提出することが求められる。
(2) 提出書類等
　①申立書

家事事件手続法第49条及び家事事件手続規則第37条第1項に基づき，申立ての趣旨及び理由を記入する。
　②証拠書類

家事事件手続規則第37条第2項に基づき，申立書とともに証拠書類として，申立て事案の概要，一時保護に至った経緯，一時保護後の調査・支援の経過，子ども・保護者の状況・意向，一時保護継続の必要性等を明らかにする報告書を提出する。
　③客観的に一時保護に至った理由，引き続いての一時保護が必要な理由等を明らかにするため，事案に応じて，次のものを添付することが望ましい。
　　ⅰ）虐待等の状況を明らかにする写真（撮影者，日時，場所を記載した写真撮影報告書）等の資料
　　ⅱ）虐待等や子どもの身体的発育等に関する医師の診断書（必要に応じてカルテ，レントゲン写真等），意見書等
　　ⅲ）保育園，幼稚園，学校の担任の面接録取書，学校照会書等
　④添付書類
　　ⅰ）子どもの戸籍謄本（戸籍全部事項証明書）
　　ⅱ）親権者（子どもと別戸籍の場合），後見人，現に監護する者の戸籍謄本

（戸籍全部事項証明書）
　　ⅲ）都道府県知事又は児童相談所長の在職証明書の写し
　　ⅳ）委任状（手続代理人がいる場合）
〈中略〉
　⑤家庭裁判所において申立てが却下された場合の取扱い
　　ⅰ）一時保護の継続ができる場合
　　　却下の審判について児童相談所側が不服申立てをし高等裁判所で争っている間（家庭裁判所の審判が確定するまでの間）又は児童相談所が即時抗告を行うことができる期間（却下の審判の告知を受けた日から2週間）が満了していない場合で，却下の審判の結果を考慮してもなお引き続き一時保護を行う必要があると認めるときは，引き続き当該一時保護を継続することができる（児童福祉法第33条6項ただし書）。
　　ⅱ）留意点
　　　ただし，確定していない下級審の審判とはいえ一時保護の期間の更新を不相当とする司法判断が出ていることは一定程度尊重されるべきであり，継続の要否については慎重に検討する必要がある。

第5節　保護者指導に関する司法関与（裁判所命令）
〔議論の整理8～9頁参照〕

1. 法改正の必要性

　2016年の児童福祉法改正によって，家庭養育原則（3条の2本文）が打ち出されたことと相まって，子どもの福祉のため，可能な限り在宅支援によるものとされ，かりに親子分離がなされたとしても，安全に子どもの家庭引き取りができるようにするため，虐待の再発防止，再統合に向けた，より効果的な「保護者指導」が求められることになった。
　児童相談所実務の場面では，児童相談所等の支援が必要であるにもかかわらず，支援を拒否したり，虐待の事実を認めない親も少なくない。これにより，子どもの安全が損なわれるリスクが高まるおそれがある。また，親と児童相談所が，子どもの保護をめぐって対立関係にあるケースでは，親が児童相談所の指導を受け入れることに抵抗感をもつことも想像に難くない。

このような親に対して，保護者指導の一環としてカウンセリング等を強制的に受けさせることが，親の権利の制限に関わってくるのであれば，ここでもやはり司法の関与が必要になると考えられる。これらの親に対して，裁判所という中立で独立した機関による関与により，児童相談所と対立している親が，児童相談所の指導を受け入れやすくなることが期待される。裁判所の関与によって，親や子どもの権利への配慮がなされることで指導の手続的適正性が保障されるとともに，指導の実効性が確保される可能性が高まるともいえるのである。

そもそも，保護者指導に対する司法関与制度において，裁判所にはどのような役割が期待されるのであろうか？　第1の役割は，裁判所の関与による保護者指導が児童相談所の指導を後押しする，「アクセル」の役割である。第2の役割は，児童相談所の指導が親の権利制限につながりかねないところから，それをチェックする「ブレーキ」の役割である。こうした役割をめぐって，児童福祉とくに児童虐待防止における司法の役割とはなにかという，根本的な議論が行われた。

2．保護者指導制度—改正前の課題と運用状況

改正前の法制度上の課題として，児童福祉司指導（児童福祉法27条1項2号，児童虐待防止法11条1項）や都道府県知事の勧告制度（児童虐待防止法11条3項）はあるものの，児童相談所と保護者が対立した状況で，保護者が容易に指導に応じないことがあった。保護者に指導を受け入れてもらうために，児童福祉司指導，一時保護，施設入所等の措置，親権制限等々，親の権利を段階的に制限していく手段を講じることも考えられるが（同条4項），必ずしも実効性があるとはいえない。例えば「親権停止制度」（同条5項）を活用するとしても，必ずしも親権全体を停止するほどのことではない場合もあろう。反対に，保護者指導制度の運用については，そもそも指導プログラムの受講を親に強制できるかといった問題もあろう。

改正前においても，児童福祉法28条1項の審判に際して，「措置終了後の指導措置に関する家庭裁判所による児童相談所に対する勧告」制度があったが（児童福祉法28条5項），実際には，2015年1月〜12月における児童福祉法28条

審判の認容件数241件中家庭裁判所により勧告がなされた事案は11件でしかなかった。このような運用の理由としては，児童相談所からは，「保護者が勧告に従うことが見込めない」，「保護者が勧告書に記載の内容にのみこだわることが予想され，……柔軟に指導内容及び方法を考えるべきと判断した」，との理由があげられている。さらに，勧告の効果については，行動の変容が「見られた」(7件)，「見られない」(6件)とほぼ同数であった。それゆえ，家庭裁判所から児童相談所に対する勧告制度があったとしても，それが親への指導手段として必ずしも有効に機能していたとはいえない状況にあった(〔調査結果〕18頁)。

3．保護者指導への司法関与導入論

司法関与に積極的な意見は，保護者に児童相談所の指導に従うよう，裁判所が直接に保護者に対して勧告する制度を設けるといった内容である。これに関連して，児童相談所長が裁判所に申立てをし，家庭裁判所が養育環境の改善計画を作るという提案もなされた。これとは別に，児童福祉法28条審判における家庭裁判所の審判の前段階として，つまり承認・却下の判断を下す前段階として，家庭裁判所が関与する仕組みを設ける案が提案された。この案は，その指導の効果を勘案しながら，その後の家庭裁判所の審判によって段階的な親権制限に移行していくというものである。この方法による場合，同意による入所措置や児童福祉法28条による施設入所等の措置の場合にも勧告制度を適用できることになる。

4．司法関与による保護者指導消極論

このような司法関与に積極的な意見に対して，当時の運用状況にかんがみて，まずは，現行の行政訴訟や親権停止(民法834条の2)制度を活用すべきであるとの主張がなされた。また，根本的な問題として，保護者指導の実効性を高めるために司法が関与する必要性・有効性に関する疑問も示された。そもそも，児童相談所への調査では，圧倒的多数が関与させるべきであるという立場にあるとの結果は示されてはいなかったからである。

また，児童相談所の指導に裁判所が関与して保護者に対峙するとなると，

裁判所の独立性，中立性，公正性が損なわれるのではないかとの危惧も生まれる。私人に対して直接，行政指導に従うよう義務づける根拠も不明であり，司法権が自らの裁量的な判断により家庭に介入することには問題がある，という指摘である。その他，学校や警察による指導との異同や，裁判所が虐待の事実や保護者指導に関する具体的な認定判断を行って保護者に命令することには，制度的に難しさもあるとも主張された。かりに裁判所命令の申立てが却下された場合，児童相談所が指導できるのかという問題も提起された。

5．司法関与による保護者指導制度

以上の議論を踏まえ，改正法は児童福祉法28条審判における家庭裁判所の審査の前段階として家庭裁判所が関与する仕組みを導入した。すなわち，改正法は，施設入所等の措置の承認の申立てがあった場合，当該保護者に指導措置をとるよう家庭裁判所が都道府県に対して期限を定めて勧告することができるものとしたのである（改正児童福祉法28条4項）。換言すれば，保護者に指導措置を受けるよう，家庭裁判所が直接保護者に命ずるのではなく，従前通り都道府県に対して勧告する制度とされた。とはいえ，家庭裁判所は，勧告した旨を保護者に通知するものとされ（同条5項），これにより，保護者に家庭裁判所の意向を認識させることで，指導の実効性を高めることが期待できることとなった。

また，家庭裁判所は，勧告を受けた都道府県に，保護者指導の報告，意見，資料の提出を求め（28条4項），その後の家庭裁判所の判断につなげることができる。児童福祉法28条審判の申立てを却下する審判がなされたときであっても，家庭その他の環境の調整を行うため当該勧告に係る保護者に対する指導措置を採ることが相当であると認めるときは，都道府県に対し，当該措置を採るよう勧告できるとし（同条7項），施設入所等の措置を採ることなく，在宅のまま指導するよう勧告できるとしたのである。

平成30年1月12日に改正された「児童相談所運営指針」（子発0112第1号，平成30年1月12日，厚生労働省子ども家庭局長通知「児童相談所運営指針の改正について」17頁 https://www.mhlw.go.jp/file/06-Seisakujouhou-11900000-Koyoukintoujidoukateikyoku/sisin.pdf）によれば「こうした勧告を行うか否かは，

家庭裁判所の判断によるが，児童相談所としてこうした勧告が効果的であると判断する場合には，家庭裁判所への審判の申立時にその旨の意見を述べることが適当である。この場合，予定している保護者指導措置の内容とこれにより期待される効果などについても，併せて提出することが必要である。」と述べられている。実際の運用とその効果については，今後の検証が待たれるところである。

6．保護者指導における司法関与制度の評価と運用上の課題

　改正法は，保護者指導については，在宅指導ついても家庭裁判所が勧告できるものとして，関与の範囲を拡大し，指導の効果をその後の措置に反映でき，保護者には通知という形で裁判所の意向を認識させることができることとした。しかし，そのような勧告が裁判所からなされたとしても，それを具体的に実現できるかどうか，アクセルとして裁判所による後押しがあったものの，実際にそれが後押しになるのかは，やはり児童相談所の力量にかかってくるのではないだろうか。

　また,「28条の前段階」での勧告ではあるが，実際に親子分離までしなければいけないケースとして申し立てるのか，それとも勧告を得ることのみを目的としている場合はどのような扱いになるのか，審判がなされるまでどの程度の時間を見込むべきか，指導プログラムを実施するに当たり，児童相談所の対応力が問われることになる。他方，家庭裁判所としても，児童相談所が実際にプログラムを有効に実施できるか否かを考慮しなければならないのではないか等の疑問は残る。

第6節　面会通信制限，接近禁止命令〔議論の整理8〜9頁〕

1．面会通信の制限，接近禁止—改正前の状況と指摘

　児童虐待防止法の改正前，接近禁止命令は，児童福祉法28条の措置に基づく施設入所措置等がなされ，かつ面会・通信の制限がなされている場合に限って発せられることとされていた（改正前児童虐待防止法12条の4第1項）。しかし，このような接近禁止命令制度に対しては，適用の対象となる場面が限

られているとの指摘があった。また、接近禁止はもちろん、面会通信の制限も、いずれも親の行動の自由の制限を伴うところから、これらの制限については、行政だけの判断ではなく、裁判所の関与が必要なのではないかとの疑問も示されていた。

2. 接近禁止命令制度の運用状況〔調査結果15～17頁〕

厚生労働省による全国の児童相談所調査では、面会通信制限制度の利用は、一時保護の場合で28件、施設入所の場合で26件と必ずしも多くはなかった。その理由としては、面会通信の制限が必要となる事例がそもそも多くない、児童虐待防止法による面会通信制限以外の手段により対応している等があげられている。接近禁止命令制度の利用も多くなく、児童福祉法28条審判による施設入所等の措置が採られる場合以外で接近禁止命令を必要とする場合があるか否かについて、必要が「ある」と「ない」がほぼ半々であった。接近禁止命令の利用が必ずしも多くない理由として、接近禁止を必要とする事例がそもそも多くないこと、必要とする事例であっても、措置先を非開示にすることで対応できる、との回答が見られた。

3. 接近禁止命令制度―対象範囲拡大案

接近禁止命令制度については、親権者等の行動の自由の制限を伴うところから、手続の適正性を一層確保するため、「司法関与を強化すべき」との意見と、「対象範囲を拡大すべき」という意見が出されたが、主な論点は、対象範囲の拡大であった。

すなわち、接近禁止命令制度の対象範囲を、在宅の場合を含め、児童福祉法28条審判ケース以外にまで拡大するか否かが議論された。具体的には、一時保護中に子どもを学校に通わせたいが、親による接触を防ぎ、通学を可能にする必要があるとの意見、同意入所の場合、子どもが自立するとき、親が金品の無心目的で子どもにつきまとう事例のようなケースでも、接近禁止が必要になることがあるとの指摘があった。その他、子ども自身が施設入所措置を拒否し、加害親から離れて親族とともに生活し、在宅指導を受けている場合、親がつきまとう事例があることも厚生労働省の調査で明らかになった。

4．面会通信制限，接近禁止命令―適用範囲拡大慎重論

　これに対して，接近禁止制度の適用範囲の拡大に対する慎重論からは，まずはこれら現行制度の活用状況の検証をさらに進め，新たな制度を設ける必要性を明確にすべきであるとの指摘や，児童相談所の負担増を招き，柔軟な運用ができなくなるおそれがあるという意見が出された。その他，面会通信制限，接近禁止命令の対象範囲を在宅の場合にまで拡大する場合には，裁判所の関与が必要であるとの意見も示された。

5．改正法―運用上の課題

　改正法では，接近禁止については，対象範囲を拡大するという形で結論が出され，司法の関与は盛り込まれなかった。すなわち，都道府県知事または児童相談所長は，児童虐待を受けた子どもについて施設入所等の措置が採られ，または一時保護が行われ，かつ，面会通信のすべてが制限されている場合，児童虐待の防止及び児童虐待を受けた子どもの保護のため特に必要があると認めるときは，6ヶ月を超えない期間，つきまとい，はいかいを禁止（＝接近禁止）することができる，とされた（改正後児童虐待防止法12条の4第1項）。

　改正前の制度では，一時保護されている子どもについて，施設入所等の措置承認審判の申立てがあった場合，家庭裁判所は，審判前の保全処分として接近禁止をすることができるとされていたが（改正前家事事件手続法239条），今回の改正により接近禁止に関する司法関与の制度はすべて廃止された。

　接近禁止命令に関しては，人権への配慮という点から何らかの司法関与があってしかるべきであると考えられるところから，司法が関与する仕組みが存しないとしても，運用の場面で人権に対する配慮が必要になるであろう。

第7節　附　　則

　改正法の附則では検討規定が設けられ，施行後3年を目途として，児童相談所の体制の整備状況，家庭裁判所の関与の下での児童福祉法6条の3第8項に規定する要保護児童を適切に保護するために都道府県及び児童相談所が採る措置の実施状況その他のこの法律による改正後のそれぞれの法律の施行状

況等を勘案し，この法律による改正後のそれぞれの法律の規定に検討を加え，その結果に基づいて必要な措置を講ずるものとされた（附則4条）。

その他，衆議院，参議院の厚生労働委員会においては，児童相談所の体制整備や特別養子縁組制度の検討，児童相談所，婦人保護施設，NPO等の支援団体等の連携体制に関する検討，チャイルド・デス・レビュー等，それぞれかなり幅の広い付帯決議がなされた。

結びに代えて―改正の成果と今後の課題

2017年の児童福祉法改正により，限られた範囲ではあるが，司法関与が強化された。今後の課題としては，附則4条の検討規定にあるように，改正された制度を適切に運用し，運用状況，課題等を十分に検証することが重要である。とくに，見込まれた成果が見られない場合，その原因が制度それ自体にあるのか，運用する体制にあるのか，課題を明確にし，次の改正に備える必要があろう。

さらに根本的には，児童福祉と司法との協働のあり方の検討も進めるべき課題である。裁判所が本来の中立で独立した機関としての立場を維持しつつ，児童虐待の防止，被虐待児の保護にあたり，福祉に対してどのようなスタンスで協働すべきか，十分に検討してよいと思われる。そうした観点からすれば，今回の法改正は，今後の司法と福祉の協働関係を形成する試金石になるといっても過言ではないであろう。

（本稿は家族と法研究会・早稲田大学比較法研究所共催シンポジウム「児童福祉と司法の間の子の福祉―ドイツの最新の大規模調査に基づいて」（2017年3月20日早稲田大学）における研究報告「裁判所命令について―『児童虐待対応における司法関与及び特別養子縁組制度の利用促進の在り方に関する検討会における検討の経緯』」及びNPO法人児童虐待防止全国ネットワーク主催第26回シンポジウム「2017年改正児童福祉法等について―児童虐待対応における司法審査を中心に」（2017年9月3日文京スカイホール）における基調講演「2017年改正児童福祉法について―児童虐待対応における司法関与を中心に」の内容に大幅に手を加えたものである。本稿の完成に向けて，岩志和一郎教授には大変なご助力をいただいたことを，ここに感謝する次第である。）

【参考文献】

- 第5回　児童虐待対応における司法関与及び特別養子縁組制度の利用促進の在り方に関する検討会「児童相談所への調査結果について〈確定版〉（平成28年10月31日）」（資料2-4, 2-5）【調査結果】
   https://www.mhlw.go.jp/file/05-Shingikai-11901000-Koyoukintoujidoukateikyoku-Soumuka/shiryou5_2_4.pdf
- 第10回　児童虐待対応における司法関与及び特別養子縁組制度の利用促進の在り方に関する検討会「児童虐待対応における司法関与の在り方について（これまでの議論の整理）（平成29年1月16日）」【議論の整理】
   https://www.mhlw.go.jp/file/06-Seisakujouhou-11900000-Koyoukintoujidoukateikyoku/0000151776.pdf
- 「児童福祉法及び児童虐待の防止等に関する法律の一部を改正する法律（平成29年法律第69号）の施行に係るQ&Aの送付について」平成30年1月12日，厚生労働省子ども家庭局家庭福祉課虐待防止対策推進室事務連絡
- 「児童相談所運営指針の改正について」子発0112第1号，平成30年1月12日，厚生労働省子ども家庭局長通知
   https://www.mhlw.go.jp/file/06-Seisakujouhou-11900000-Koyoukintoujidoukateikyoku/sisin.pdf
- 「一時保護ガイドラインについて」子発0706第4号，平成30年7月6日，厚生労働省子ども家庭局長通知
   https://www.mhlw.go.jp/content/000339293.pdf
- 日本弁護士連合会子どもの権利委員会編『子どもの虐待防止・法的実務マニュアル〔第6版〕』明石書店（2017年12月）
- 吉田恒雄「児童虐待防止法制をめぐる現状と課題」市民と法108号35－41頁（2017年12月）
- 矢嶋弘修「児童虐待の現状～近年の児童虐待防止対策をめぐる法改正について～虐待を受けている児童等の保護についての司法関与を強化する平成29年改正法を中心に」家庭の法と裁判13号26－42頁（2018年4月）
- 大畑亮祐「2か月を超える一時保護の司法審査導入に関する諸問題(1)」家庭の法と裁判14号50－59頁（2018年6月）

第7章　本研究から学びえたもの

岩志和一郎

はじめに

　以上，ミュンダー教授，ザイデンシュトュッカー教授を中心に行われたドイツ側調査の結果と，私たちがベルリンを中心として行った調査から得た知見を柱として，ドイツの児童虐待防止法制の実態について概観してきた。ここでは最終章として，これらのドイツの法制の観察から把握したドイツのシステムの特徴3点を挙げ，そこから何を学びえたかを示すことで，本研究のまとめとしたいと考える。

第1節　支援と介入の調和

　すでに幾度も述べてきたように，ドイツでは，児童虐待に特化した法的対応はとられておらず，子の養育に当たってすべての親が受けられる相談や支援サービスの提供の段階から，養育状況が子の福祉に合致していない個別家庭に対する援助の段階，さらに最終的に，身体的虐待やネグレクトなど，子の福祉に危険が及んでいる状態から子を保護するために，家庭裁判所が親の配慮を制限し，必要な介入的措置をとるに至る段階（BGB1666条）までを，一体的なプロセスとして設計し，対応を図ってきている。もちろん，このような対応は初めから準備されていたわけではなく，1990年代後半から2000年代前半にかけて連続した不幸な虐待，ネグレクトの事件の反省を踏まえて，慎重かつ具体的に整備されてきたものである。この法整備の過程を貫いているのは，「支援の優先」と「介入の簡易化」という，2つの一見相矛盾するかのような命題の調和という視点である。このような一貫する視点について語る上で，欠かすことができないのが，ドイツの基本法（GG）が示す，子の世話と

教育に関する憲法要請である。

　この憲法要請についてはすでに述べたとおりであるが（本書第2章第1節4参照），それによれば，子は自己の人格の自由な発展に関する固有の権利を有する主体であり（GG2条1項），社会共同体の中で自己責任を備えた人格へと成長できるように保護と援助を必要とする。その保護の責任は，第一次的には，自然の権利として所与的に親に委ねられるが（GG6条2項1文），子に対する関係では，子の福祉が親の保護と教育の最高基準でなければならない。国家には，子が親の下で子の福祉に合致した世話と教育を受けることができるよう監視し，また親がその責任を果たし得るように支援する義務がある（GG6条2項1文と結びついた2条1項）。それでもなお，子の福祉に危険が及ぶときには，国家（裁判所）が介入して，適切な危険回避の措置がとられる（GG6条2項2文）。

　先に挙げた「支援の優先」という命題は，このような憲法要請から導かれるものであり，子の福祉に沿った親による世話と教育を確保するため，社会法典第8編に規定される少年援助をはじめとして，諸種の保健サービス，児童手当などの支援が，予防的，補充的に親に対して提供される。2012年に制定されたKKG（児童保護における協力と情報に関する法律）が，その第1条3項で，「国家共同体の任務は，親が教育の権利と責任を果たす際に，必要な限りで，以下を目的として，親を支援することである。1. 個別事例で，親が責任をより良く果たせるために。2. 個別事例で，児童並びに少年の発達のリスクが早期に発見されるために。3. 個別事例で児童並びに少年の福祉の危険化が回避されるために，また，個別事例で回避がもはや可能でない場合は，さらなる危険化や加害が阻止されるために。」と規定するのも，出産直後の早い時期，あるいは場合によっては妊娠段階から親の支援体勢を整えることで，子の福祉の危険化の芽を早期に摘み取ろうとするものである。

　しかしその一方で，慎重に支援の道をたどることは，少年局に家庭裁判所の措置を求めるための手続喚起を逡巡させ，その結果介入の時機を逸し，子に被害が生じる可能性があるとの批判があった。その批判はいう。家庭裁判所は，子の福祉の危険化について早期に情報を与えられた場合にしか，相応の措置をとることができない。家庭裁判所の職権の発動の喚起が遅れた場合

には,子の福祉の危険化は,多くの場合,裁判所が親の配慮を剥奪することしかできないほどまで先鋭化してしまう,と[1]。

このような批判を受けて行われたのが,2008年の介入簡易化法によるBGB1666条の改正である。この改正により,BGB1666条3項に,家庭裁判所が子の福祉の危険化回避のためにとり得る措置として,①児童並びに少年援助の給付や保健福祉援助等の公的援助の請求をすることを求める命令,②就学義務の遵守に配慮を求める命令,③一時的若しくは無期限に家族の住居又は他の住居を使用すること,住居周辺の一定範囲に滞在すること,又は子が通常滞在する他の特定の場所を訪問することの禁止,④子と連絡を図ること,又は子との遭遇を試みることの禁止,⑤親の配慮を有する者の意思表示の補充,⑥親の配慮の一部又は全部の剥奪という,6つの措置が列挙された。しかし,この改正は,内容的にはそれまでのBGB1666条を何ら変更していないものと評される。なぜなら改正前のBGB1666条でも,裁判所は「必要な措置」を行うことができるとされていて,その内容は限定されておらず,いかなる措置でもとることは可能だったからである。改正後の条文でも,この6つの措置は例示列挙であり,家裁がとり得る措置はこの6つに限られるわけではない。ただ,親に公的援助の請求をすることを求める命令や,就学義務の遵守の命令など,介入の強さの度合いが低い措置を明示することで,家裁の措置といえば親の配慮の剥奪のみを想定しがちだった少年局に,親による養育を継続しながら,必要最小限の介入で子の福祉の危険化の回避が可能であると再認識させ,早い段階からの手続喚起に踏み切りやすくしたのである[2]。

---

1) 岩志和一郎訳「作業部会『子の福祉に危険が及ぶ場合の家庭裁判所の処置』最終報告書(2006年11月17日)」『子の権利保護のためのシステムの研究——実態親権法と児童福祉法制の連動のあり方』(平成17年度-18年度科学研究費補助金(基盤研究(C)一般)研究成果報告書)(成文堂,2007年)110頁。

2) 注1)に挙げた「作業部会『子の福祉に危険が及ぶ場合の家庭裁判所の処置』最終報告書」は,少年局が家裁の手続の喚起を逡巡する理由として,「少年局の視点からは,とくに,早すぎる家庭裁判所の職権の発動の喚起は少年局と家庭との間に必要な信頼関係を破壊する可能性がある,ということが指摘されている。さらに,少年局は時に,職権の発動の喚起のために子の福祉の危険の境目を踏み越え,また先行する公的援助の提供を徒労に終わらせかねない家庭裁判所の不当な期待的態度に遭遇するといわれる。家庭裁判所が処置をとらなかった場合には,少年局は家庭に対して「敗者」となってしまい,そのことは家庭と少年局の必要なその後の協力を著しく困難なも

「介入の簡易化」とは，介入の手続を簡易化し，支援を早々に切り上げて強制的措置をとることができるということを意味するものではなく，子の福祉の危険化の度合いが低い段階から，親の権利に対する介入の程度が低い措置（ハードルの低い措置）をとることで，親と少年局，そして家庭裁判所が協力して，支援を継続しつつ，危険化の先鋭化を防ぎ，可能な限り，親の下で子の福祉に合致した子の養育を確保しようとする対応のことをいうのである。

このように，ドイツでは「支援の優先」と「介入の簡易化」とは矛盾するものではなく，子の出生後（あるいは妊娠中）の早い段階から，子の福祉の危険化が生じないように一般予防や特別予防として少年援助その他の諸種の支援を先行させ，それでも子の福祉の危険化が起きた場合には，できるだけ早い段階で，必要かつ相当な範囲の介入で，少年局と裁判所が協力しつつ，支援を続けながら親による養育を確保し，親の配慮の一部あるいは全部の剥奪，親子分離は最終措置とするという，子の福祉の確保のための一体的プロセスが形成されているのである。

第2節　介入の必要性に関する適切な評価と介入要件としての司法関与

第1節において，「支援の優先」と「介入の簡易化」の調和により，支援と介入が重なり合って連続する対応について述べたが，ここで誤解されてはならないことがある。それは，親の養育への介入には，まず第1段階として介入の必要性についての適切な評価がなされ，その上で第2段階として司法判断が必要になるということであり，その段階を無視して恣意的に両者が混ぜ合わされることはないということである（図1参照）。

1. 介入の必要性の適切な評価

介入に当たっては，まず，子の福祉の危険化の度合いを適切に評価することが必要となる。ドイツでは介入の手続は家庭裁判所の職権で始まるが，そ

のにしてしまう可能性がある。また家庭裁判所は決定が極めて遅いことが多い。そのことは援助のプロセスを遅らせ，危険にするといわれている」ということを挙げていた。

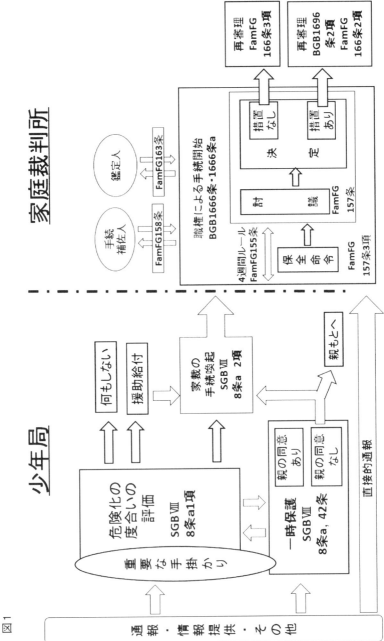

図1

の職権の発動は，少年局の喚起によってなされるのが通常である。それゆえ，少年局には，子の福祉の危険化の度合いを慎重かつ適切に評価することが求められ，2005年には，「児童並びに少年援助の更なる発展のための法律」(KICK) が，社会法典第8編 (SGB Ⅷ) の中で，それまで家庭裁判所への少年局の協力の任務を定める規定の中で，極めて簡単に定められていた手続喚起の規定 (旧SGB Ⅷ50条3項) を，第8条aとして独立させ，手続要件を詳細に定めるに至った。この第8条aの新設の目的は，子の福祉危険化の度合いを正確に評価することにあることはもちろんであるが，それと同時に，リディア事件やケビン事件などで，少年局側の落ち度が問われ，職員の刑事責任が問われる事態が発生していたことに鑑み，少年局の専門職員について，何か事が起きた後で，なすべき対応をしなかったという責任を問われることがないよう，確実にその手続要件を踏ませるためでもあった (Garantenfunktion)[3]。このような子の福祉の危険化の度合いの評価の具体的な方法は各州法に委ねられ，それが極めて詳細であることは，第4章に示したベルリンの例からも分かる通りである。

2. 介入要件としての司法関与

　子の福祉の危険化が存在すると評価されるにもかかわらず，親が支援を受けて危険化を回避する意思を持たず，また意思はあっても回避が不可能である場合には，介入的措置によって回避が図られなければならない。この介入的措置は，親の基本権としての子の養育への介入であるから，いかにハードルの低いものであろうとも，原則として司法作用，すなわちBGB1666条及び1666条aの規定に従い，家庭裁判所の決定によって行われなければならない。この家庭裁判所の措置の決定について注目されるのは，その裁判手続に3つの特徴ある装置が付されていることである。

　一つは，BGB1666条，1666条aの措置の決定のための手続では，少なくとも第1回期日を，親はもちろん，少年局や子を含めた関係者全員による討議 (Erörterung) に当てるとされたことである (FamFG155条2項)。この場では，

---

[3] この点については，本書第2章第2節4において，ミュンダー教授が「付随効果とリスク」という表現で提起している懸念が重要である。

親，裁判官，少年局そして子を交えて，「いかに子の福祉に危険が及ぶ可能性を，とくに公的援助によって回避できるか，また必要な援助を受給しない場合にいかなる結果が生じるのか」が話し合われる。その話し合いの中で，家庭裁判所は仮の決定として親に種々の支援（特に少年援助の中の教育援助）を受けることや，生活態度を改善する（例えば，朝起きて子どもを学校に送り出す，子どもの清潔に気を配るなど）ことなどの負担を約束させ，その負担への親の取組を観察しながら期日を進め，親の取組によって子の福祉の危険化が回避，あるいは緩和されれば，当初の想定より軽い措置で済ませたり，あるいは最終的に何の措置もとらないという決定をして手続を終了することもできる。このような方法をとることによって，家庭裁判所は介入機関としてだけ機能するのではなく，司法の権威のもとで，支援機関としての役割も分担することができるのである。

　2つ目は，BGB1666条，1666条aの手続では，優先・迅速の要請が明定され（FamFG155条1項），手続開始後1か月以内に第1回期日を開かなければならないとされたことである（いわゆる4週間ルール）。実際にこの要請がどの程度奏功しているかであるが，第1回期日までどの程度かかるのかについては，第4章で紹介したベルリンの例では，早ければ10日以内，平均は2～3週間以内ということであったし，ザイデンシュトュッカー報告によれば，審理の継続期間については，調査した全手続の86パーセントのケースが1週間から1年の間で終了し，1年あるいはそれ以上継続しているのは，きわめてわずかであるということであった。

　また，さらに即時的に措置をとる差し迫った必要があるときには，「BGB1666条及び1666条aの手続においては，裁判所は遅滞なく保全命令を出すことを審理しなければならない」（FamFG157条3項）とされている。保全命令を出すかどうか判断するのは家庭裁判所であるが，ベルリンの家庭裁判官からの聞き取りでは，実際には，一時保護を行った少年局が親の異議を押さえて保護を継続するために措置を求めてきた場合に，暫定的措置として用いることが多く，それ以外の場合に，家庭裁判所が独自に緊急の必要性を感じて用いるということはほとんどないということであった。

　すでに述べたように，子の福祉にとって差し迫った危険がある場合には，

少年局はその独自の任務として子を一時保護することができ，その場合に司法の関与は必要とされない。しかし，一時保護しても親がこれに異議を述べたときには，少年局は子を親の下に返さなければならず，もし保護を継続したいと考えるときには，遅滞なく，家庭裁判所の裁判を求めなければならない（SGB Ⅷ 42条3項2文）。ここに「遅滞なく」というのは，保護を実施してから数日中，遅くても2週間以内といわれており，事後的とはいえ，司法関与なく，それ以上の期間一時保護を継続することは認められていない。

　この家庭裁判所の「裁判」は，一時保護の手続が正当であったかどうかを判断するものではなく（手続の正当性をめぐる紛争については行政事件として扱われる），「子の福祉のために必要な措置に関する家庭裁判所の裁判」，すなわちBGB1666条及び1666条aに掲げられた介入的措置をとるかどうかの判断である。一時保護のケースでは，親の配慮の全部，あるいは身上配慮の全部剥奪が問題となり得る事案も少なくないが，そのような措置の重大性に鑑みて，まず暫定的措置として，保全命令で，親子分離を継続するために親の配慮の一部である居所指定権を剥奪し，併せて親子分離の間子が適切な援助を受けることができるように親の援助請求権を剥奪するというのが一般的であるとされる。もちろん，保全命令で親の配慮の全部，あるいは身上配慮の全部の剥奪を行うことができないわけではないが，この点については従来から議論がある。

　連邦憲法裁判所は，近時繰り返し，「基本法6条2項1文は親に対し，その子に対する世話と教育を保障している。この親の権利の保護は，それなしでは親の責任が果たされることができない配慮権の本質的な要素に及んでいる。親の意思に反する親からの子の場所的な引き離しは，最も強力な親の基本権への侵害であるといえるのであり，その侵害は，相当性の原則の厳格な考慮の下でのみ認められ，あるいは維持されることが許されるものである。基本法6条3項は，この侵害を厳格な要件の下でしか，すなわち親の非行が，親の下においては子がその身体的，知的あるいは精神的な福祉を危険にさらされる程度にまで達しているという要件の下でしか許容していない。そのような子の福祉の危険化は，子にすでに被害が及び始めており，相当の確度で著しい危険化が予想される場合に認められる。その場合には，親の審問や鑑定な

どを経ずにそのような重大な介入を行うことの適切性が問題となる」とした上，「基本権保護は手続法の形態にも及ぶ。裁判所は，事実認定のために必要な調査を命じ，実施し，また適切と思われる証拠を採用しなければならない。特に専門裁判所は，親子法手続においても，自らその調査の範囲を越えて決定する。しかし，手続は原則として，子の福祉を指向した裁判のためにできる限り信頼できる根拠を得るのに相当なものでなければならない。緊急手続において，裁判所が事実関係の完全な調査なしに配慮権を剥奪することができるかどうかは，一方で，国家共同体によって持続的な危険から保護される子どもの権利を基準として（基本法6条2項2文と結びついた2条2項），他方において，特に不当な配慮権剥奪を受けない親の権利を基準として（基本法6条2項1項），はかられる。暫定的なものであっても身上配慮の全部の剥奪はそれだけで親の基本権の著しい侵害となるので，緊急手続において親の配慮権を剥奪する場合にも，原則として高度の事実関係の調査が要求されなければならない。配慮権が暫定的に剥奪されるべきであるとするときには，子に生じている被害が軽ければ軽いほど，予想される被害発生まで時間的間隔が大きければ大きいほど，また被害発生の可能性が小さければ小さいほど，事実関係の調査に対する要求が高くなる。この要求は，FamFG49条1項の中に明白に示されているのであり，同条項は即時的に措置をとるためには急迫の必要性が必要であるとしている。それはすなわち，保護されるべき利益（本件では子の福祉）を守るには手遅れとなってしまうため，本案での裁判まで待つことができないということである。」と判示し[4]，保全命令でこのような重大な措置をとることは違憲性を帯びると指摘してきている。しかし，これに対しては，それでは現実に子の福祉が直接あるいは間接に犠牲になるまで即時的介入は許されないことになってしまうという指摘[5]や，基本法に親の権利が保障されていることにこだわり，子の権利を置き去りにしているとの批判も寄せられている[6]。

---

[4] BVerfG, Beschl. v. 13. 7. 2017, ZKJ 2018, 59f. BVerfG, Beschl. v. 7. 4. 2014, ZKJ 2014, S. 7 ff., usw.

[5] Katrin Lack/Stefan Heilmann, Kinderschutz und Familiengericht, ZKJ 2014, S. 308f.

[6] Michael Tsokos=Saskia Guddat, Deutschland misshandelt seine Kinder, 2014, S. 288ff.

家裁の手続に関する注目すべき装置の第3は、手続が終了した後にも、措置の決定に関する再審理が義務化されていることである。この点については2つの場合がある。

一つは、裁判所が、「長期にわたって継続する子の保護のための法的措置（例えば、親の配慮に関する諸制限）」をとった場合であり、この場合には、その措置を「相当な期間ごとに再審理する」こととされている（FamFG166条2項）。この「相当な期間」の長さは裁判官の裁量に委ねられるが、ベルリンでの裁判官からの聞き取りでは、配慮権を剥奪しなければならないような深刻な事情がある場合には、短期間では状況はあまり変わらないと考えられるので、2年くらい置くのが普通だということであった。この点はわが国の親権停止の期間とも共通しており、興味深い。

いま一つは、裁判所が審理の結果、BGB1666条ないし1667条の措置をとらない決定をした場合であり、この場合には、「相当な期間、原則として3か月が経過した後に再審理する」とされている（FamFG166条3項）。決定後、何もしないままで放置されると、すぐに状況が悪化してしまうということも考えられるので、この場合には、第1の場合と異なって早めの目配りが必要であり、原則3か月という短い期間が設定されている。

これら2つの場合のいずれであるかを問わず、裁判官は期間を設定するものの調査の手段を持たないので、設定した期間が経過した段階で少年局に現状を確認した上（家裁手続への少年局の協力、SGB Ⅷ50条1項1文）、見直しを行うかどうか判断することになる。この再審理義務は、裁判後の裁判結果の影響の二重、三重の検証という意味を持つものであり、子の福祉の確保のための責任共同体としての裁判所の役割を、手続面で支える制度である。

第3節　児童保護のための多機関連携システムとしてのネットワークと情報共有

ドイツでは、2000年代に入って、BGBやSGB Ⅷの改正、さらにはFamFGの制定と、子の福祉確保のための実体法、手続法の改正、整備を進めてきたが、それと並行して、それらの法の執行者あるいは適用者である少年局や裁

判所だけでなく、子の保護と教育に関わる全ての機関や人員をも取り込んで、より高いレベルで児童保護の実を挙げるための法の整備を試み、紆余曲折はあったものの（第1章注7）参照）、その結果として、2012年に成立したのが連邦児童保護法であった。同法では、KKG（児童保護のための協力と情報提供に関する法律）の制定やSGB Ⅷの一部規定の改正などが行われたが、その中心的テーマは多機関ネットワークの構築の義務化と、情報共有のあり方であった。

1. 義務的ネットワークの構築

まず多機関ネットワークについて、KGGは、各州に対し、特に子の出生後間もない頃からの早期の援助の領域において、権限ある児童保護の給付主体及び施設の広域的な義務的協力組織の構築と発展を義務づけ（3条1項）、そのネットワークには、公的少年援助及び民間の少年援助の施設及びサービス、社会法典第12編75条3項の契約によって存在する施設及びサービス、保健所、社会事務所、共同サービスステーション、学校、警察並びに秩序官庁、職業斡旋所、病院、社会教育センター、早期助成機関、社会問題に関する相談機関、妊娠葛藤法3条及び8条の相談機関、母の療養並びに緊密な社会関係の中での暴力からの保護のための施設及びサービス、家族教育の場、家庭裁判所及び治療職に属する者が組み入れられるべきことを求めている（同条2項）。

少年局、家庭裁判所、警察、民間の多様な機関を集結するこのネットワークは、それぞれの機関がその独自の任務を果たしつつも孤立せず、連携して、統一的に児童保護の遂行を目指すものである。私たちが調査したベルリンでは、ベルリン児童保護法（KiSchuG）で、少年局と保健所が児童保護に関わるすべての施設、団体、機関の間のネットワーク体制を構築し、各少年局と保健所に児童保護コーディネーターを置いて、それらの諸機関間の調整、通報の受領及び転送、適切な措置の確保と監督に当たらせるという方法（KiSchuG 10条）がとられ、また、州政府レベルで、現場の声を吸い上げる形で、諸種の専門職や機関が提供する多様な児童保護プロジェクトを立ち上げ（ベルリン児童保護ネットワーク）、行政の窓口（例えば、各区のホームページ等）を通じて、広くそのプロジェクトの内容や利用の方法に関する情報を提供することが行

われていた。

2. 情報の共有

多機関連携を進める上で重要なのは，情報の共有である。多機関の間でスムーズかつ有効な児童保護の効を挙げるためには，正確な情報把握と迅速な情報伝達が必要になるが，その一方で，対象となるのは子や親の個人的情報であることから，取扱いには慎重さも要する。

そのような情報共有と情報保護の関係に関する微妙な調整は，KKGに見られる。KKGは，その4条1項で，医師や助産師，家庭相談員や教育相談員，教員など，職業上子や親と接する者が子の福祉の危険化に関する重要な手掛かりを知ったときは，親（身上配慮権者）や子を交えてその状況を討議し，親に援助の請求をなすよう働きかけるべきであるとしている。そのためにはまず，それらの職にある者が子の福祉の危険化について的確に評価できなければならないが，実際にはそれは難しい。そのため，それらの者は，公的少年援助の主体に対して，その問題について経験のある専門職員との相談を請求することが認められており，その目的のためにその専門職員に必要な情報を提供する権限を与えられている。しかし，その情報については，提供の前に仮名化されなければならない（同2項）。子の福祉の危険化の存在が未確定な段階での情報共有であることから，個人情報に格別に配慮した取扱いがなされているのである。

これに対して，すでに子の福祉の危険化の存在が明らかとなり，その回避のために少年局の活動が必要であると考えられるときには，上記の職業上子や親と接する者は，守秘義務を免除され，少年局に情報提供することができる（KKG4条3項1文）[7]。ただし，その場合でも，原則として，関係者にはあら

---

[7] すでに述べたように，ドイツでは，2017年5月に，児童保護にかかわるSGB Ⅷの諸規定の大幅改正を含んだ連邦政府草案（「児童並びに少年の強化に関する法律の草案」Entwurf eines Gesetzes zur Stärkung von Kindern und Jugendlichen, BT-Druks. 18/12330）が提出されている。同法案は2017年7月に連邦議会で可決されたものの，連邦参議院での審議が済んでおらず，現在のところまだ法律として成立していない。この法案の内容については，本書第5章第4節に詳しいが，その内容の一つとして，KKGの改正が予定されている。それによれば，職業上子や親と接する者の少年局への通報義務が，現行の「第1項の危険化の防止が失敗し，又は第1項の働きかけが成功せ

かじめそのことが示されている必要がある（同3文）。

　情報提供は，同一地域の多機関連携の枠の中だけで認められるものではない。SGB Ⅷ8条a5項は，「ある地域主体が児童若しくは少年の福祉の危険化に関する重要な手掛かりを得たときは，給付の提供について権限を有する地域主体に対し，8条aの子の福祉の危険化の場合における保護の任務を果たすために知ることが必要なデータを伝達しなければならない。そのデータの伝達は，両地域主体の専門職員の間の話し合いの中で行われるものとし，その話し合いには，当該児童若しくは少年の効果的な保護に問題がない限りにおいて，身上配慮権者並びに当該児童若しくは少年を参加させるものとする」と規定している。この規定は広く地域主体間の情報提供について定めるものであるが，現実的には，対象家族の転居などによって少年局の地域管轄が変更する場合の必要な情報の引継に向けられているものである[8]。

　　ず，かつ第1項に挙げられた者が，児童並びに少年の福祉の危険化を防止するために少年局の活動が必要であると考えたときには，それらの者は，少年局に通知する権限を有する」（4条3項）から，「以下の者は，自己の職業活動を行う間に児童若しくは少年の福祉の危険化に関する重要な手掛かりを知ったときは，危険化防止のために必要であると考える限りにおいて，少年局に通知する権限及び当該危険化防止のために必要なデータを伝達する権限を有する」（草案第4条1項1文）としてより強化され，さらに，新しく，「刑事手続の中で児童若しくは少年の福祉の著しい危険化に関する手掛かりを知ったときは，刑事訴追官庁又は裁判所は少年局に通知し，また伝達機関という視点から著しい危険化の防止のために必要なデータ及び事実を伝達する」（草案第5条1項1文）という規定が追加された。このことは，裁判所のみならず刑事訴追官庁も，子の福祉の確保のための責任共同体の一員として捉えられていることを示している。

8) ベルリンでは，事件の移送の際の情報伝達について，共通施行規程によって定められている。それによれば，少年局及び保健サービスの管理職は，内部及び外部に事案を移送するときには，移送元の側の専門職が，移送を受ける側の専門職に対し，特に事案の状況及び家庭とのワーク，さらに子の福祉危険化の手掛かり，見込み，評価並びにリスクに関する，すべての重要な情報を自由に使用することを保障しなければならない。個々の事案の移送に際しては，移送に関する話し合いが行われなければならず，かつその話し合いは書面をもって記録されなければならない（共通施行規程10条1項）。他の少年局への移送は，以後事案を管轄する少年局の地域管理職を経由して行われ，移送元少年局の管轄及び責任は，移送先少年局の事案の移送・受理に関する書面による確認があって初めて終了する。それはベルリン州外への事案の移送の場合にも同様である（同条2項）。

　　例外的に社会法典第8編第65条1項又は刑法典第203条1項にいう特別に保護されたデータが問題となっているのでない限り，区の少年局及び保健所の内部において，児童保護を目的としてデータを収集し，使用することは，原則として，許容される。例外的な場合においても，保護の任務の確保のために他の職に情報が転送される場合には，少なくとも，子について具体的な危険化の

子の福祉の危険化を有効に回避するためには，子の関係者や職業上子や親と接する者からの通報を待っているだけでは十分とはいえない。そのため，州レベルでは，より積極的に情報把握をするための工夫が行われている。特に児童の定期健診が虐待やネグレクトの早期発見に有用とされることから，各州で連邦レベルでの検診システムと連動させた情報把握システムが構築されている。私たちが調査したベルリンでは，KiSchuGが詳細にこのシステムを規律している。それによれば，ベルリンで出生した児童には，一意的なスクリーニングIDが付与され，ベルリン医科大学（シャリテ）に設置される中央機関で子及びその身上配慮権者の関する個人情報が収集，保存されるとともに，連邦の指針で定められた定期検診への参加を確認し，参加がない場合には，家庭訪問が実施される。家庭訪問の際に児童並びに少年の福祉の危険化に関する重要な手掛かりを察知し，それゆえ危険化の評価を行うため，又は児童若しくは少年の福祉の危険化を回避するために活動が必要であり，かつ身上配慮権者がそれに協力する意思を有さず，又はそれに協力できる状態にないときは，保健所は，遅滞なく管轄の少年局の児童保護コーディネーターに連絡する権限を有し，義務を負う。このようなシステムは，一括的な情報把握の方法として有効であるが，極めて複雑な構造を有しており，それは個人情報の保護と紙一重のところですり合わせがされている。

第4節　ドイツ法からの日本法へのまなざし

ドイツの児童虐待への対応システムは，一つには，長い伝統のある（少年）社会教育学やソーシャルワークといった専門職教育の成果に裏打ちされた社会的支援に対する信頼，いま一つには，親による子の養育を基本権とする憲法要請を基軸として構築されてきたものである。それゆえ，そのような基盤を持たないわが国において，ドイツの対応システムの諸方策を単純に比較，参照することには慎重でなければならない。しかし，上にドイツのシステム

状態が存在し，危険回避のために少年局，保健所又は民間の主体の職員の遅滞のない行動が必要である限り，その任務の遂行を制限するデータ保護法上の留保は存在しない（刑法典第34条）（共通施行規程11条）（本書末**資料1**参照）。

の特徴としてまとめたところを見てみると，そこで採られている対応策自体は，わが国で採られている対応策と重なるところも多い。

わが国の児童虐待への対応は，2000年の児童虐待防止法（以下，防止法と表記）の制定以降，防止法及び児童福祉法の改正を重ねる中で，職務上虐待を知った者の通告にかかる守秘義務免除（防止法6条3項），児童虐待に関わる資料，情報の提供（防止法13条の4），立ち入り調査（児童福祉法29条，防止法9条），臨検・捜索（防止法9条の3〜9）などが強化あるいは整備され，虐待対応の重点は，被虐待児童の保護から虐待の未然防止へと移っている。

また，児童保護の責任機関として児童相談所の活動のみに目が向けられがちであったところ，2004年改正をはじめとする児童福祉法改正で，児童の福祉に関し，必要な実情の把握及び情報の提供を行うとともに，家庭その他からの相談に応じ，必要な調査及び指導を行うことが市町村の業務として明確化され（児童福祉法10条1項），市町村には，児童虐待の未然防止，早期発見を中心に必要な体制の整備に努めるとともに，当該事務に従事する職員の人材の確保及び資質の向上のために必要な措置を講じなければならないとして積極的対応が求められるようになった（同条4項）。また，地方公共団体には要保護児童の適切な保護を図るため，必要な情報の交換を行うとともに要保護児童等に対する支援の内容に関する協議を行う要保護児童対策地域協議会が置かれるものとされ（児童福祉法25条の2第1項），さらにその協議会の事務を総括するとともに，要保護児童等に対する支援の実施状況を的確に把握し，関係機関等との連絡調整を行う要保護児童対策調整機関が指定されることとされた（同条4項）ことで，市町村が保健所や保育所，学校や医療機関などから情報提供を受け，連携して相談業務やサービス調整に当たり，児童相談所は市町村の後方支援に役割をシフトして，専門性の高い困難事例へ対応するという対応体制がとられることとなった。これを機に，全国的に，「子ども相談支援センター」（東京都），「こども総合相談センター」（大阪市），「こども総合相談センター」（福岡市）など，組織形態は様々ではあるが，各自治体に総合的に要保護児童対応を担当する機関が設置され，多機関ネットワークの中核機関として機能するようになってきている。

そのような中，最近の児童虐待の悲惨な事件の発生に対応して，本年（2018

年)7月20日には,急遽,児童虐待防止対策に関する関係閣僚会議が児童虐待防止対策の強化に向けた緊急総合対策を発表した[9]。それによれば,年末までに「児童虐待防止対策体制総合強化プラン」(新プラン)を策定し,その中に2022年度を目途として児童福祉司を2000人増員(従来の1.6倍,5600名)し,専門職の配置を強化すること,乳幼児健診等未受診者・妊婦健診未受診者への対応を推進し,虐待リスクのあるケースについて,要保護児童対策地域協議会での情報共有や,養育支援訪問事業の活用等により,支援の強化を図ることなどが計画されている。

このような動向の中で,連邦法の大枠に沿って各州や自治体が児童保護のための基本規範,その細目の指針,多機関のネットワーク形成とその機関連携のための大綱的協定などを作成し,乳児検診参加の確認のシステムや,医療機関・少年局・警察が連携した虐待対応の診療所の設置など,現場のニーズに合ったボトムアップ型の児童保護の対応策の整備とその定期的な検証,個人情報保護との関係で大きな議論を経て形作られた情報の収集と保存,そしてその伝達の仕組みとセーフガードなど,ドイツで採られてきた対応策は,わが国にも有用な示唆を与えうると思われる。

しかし,その一方,ドイツと日本との間で,大きく異なるところもある。それは,親による子の養育に対する公権力の介入の要件としての,司法の介在の位置づけである。ドイツでは,支援を受けることを子や親の権利として構成し,親の配慮の剥奪といったハードルの高い措置から,支援受給や子の就学義務の遵守の命令といったハードルの低い措置までを国家の介入として捉え,司法の介在無くしてそれを行うことはできないという考え方が一貫して堅持されている。これに対して,わが国では,親権喪失(民法834条)あるいは停止(民法834条の2),里親委託あるいは施設入所という強制的親子分離措置の承認(児童福祉法28条),児童虐待防止法による臨検・捜索に関する許可状の発行(防止法9条の3)など,高度の介入にのみ家庭裁判所の審判を要求しているにとどまる。しかし,このことをもって,わが国でも直ちに,ドイツのように司法介在の余地を広げてしかるべきということになるかといえ

---

9) https://www.mhlw.go.jp/content/11901000/000336226.pdf

ば，それは疑問であろう。

　ドイツでも，親に公的援助の受給を命じたり，子の就学への配慮を命じたりする措置を，親の配慮の剥奪や親子分離と同レベルの措置と見ているわけではない。公的援助の受給や子の就学への配慮の命令は，公的援助の請求の主体あるいは子の就学義務の主体である親に対して，その権利あるいは義務を行使するよう命ずるものであり，危険化の兆候はあっても，それらの権利の行使あるいは義務の履行があれば，親自身の養育権を制限しなくても，まだ危険化を回避できるだけの見込みがある場合にとられるものである。すなわち，このような措置は，裁判所を児童保護の責任共同体の一員と見ることから出てくる，司法の権威を借りた親への助力であるとともに，この命令に従わない場合には，次には親による養育の強制的な制限が待っているという一種の警告でもある。

　このように，ドイツでも，憲法要請との関係で厳に慎重な司法の判断が要請されているのは，親の配慮の全部あるいは一部の剥奪といった重大な介入をもたらす措置についてなのであり，そのことは，本章第2節2に引用した，保全命令に関する近時の連邦憲法裁判所の判例が述べるところと照らしても明らかである。したがって，真に司法介在が必要な場ということについていえば，ドイツとわが国はその観点を共通にしているとみてよいであろう。しかし，観点は共通といっても，ドイツと比べたとき，わが国の司法介在のあり方の問題点も見えてくる。

　わが国においても，ドイツにおいても，親権（ドイツでは，親の配慮）の帰属や内容については，親族的身分関係の基本法である民法の中に規定され，それは親権制限についても例外ではない。わが国の民法は，親権制限について，親権喪失（834条），親権停止（834条の2），管理権喪失（835条）を規定し，手続的には家事事件手続法に則り，家庭裁判所の審判で決定される（234条以下）。しかしその一方で，児童福祉法及び児童虐待防止法にも，親権制限に関わる規定が置かれている。すなわち，児童福祉法28条による里親委託や施設入所の措置，同法33条の一時保護，さらに児童虐待防止法の被虐待児童との面会，通信，接近の禁止（12条～12条の4）などの規定である。

　このうち，児童福祉法28条の措置は，「保護者が，その児童を虐待し，著し

く監護を怠り，その他保護者に監護させることが著しく当該児童の福祉を害する場合において」，都道府県は，「児童の親権を行う者又は未成年後見人の意に反する」場合でも，児童を里親委託又は児童福祉施設へ入所させることができるとするものである。この措置は，強制的な親子分離を行うものであるとともに，児童福祉施設への入所あるいは里親委託中，施設の長や里親は，入所中又は受託中の児童等で親権を行う者又は未成年後見人のあるものについても，監護，教育及び懲戒に関し，その児童等の福祉のため必要な措置をとることができ（児童福祉法47条3項），親権を行う者又は未成年後見人はこれらの措置を不当に妨げてはならない（同条4項）。また，児童虐待を受けた児童につき，この児童福祉法28条で施設入所等の措置が採られた場合には，児童虐待防止法に基づき，児童相談所長等により面会・通信の制限（児童虐待防止法12条），都道府県知事により接近禁止命令（同12条4）を行うことができる。親権を奪うものではないとはいえ，この児童福祉法28条の措置は，明らかに親権に制限をもたらすものであり，それゆえ，この措置をとるにあたっては，家庭裁判所の承認を得ることが必要とされている（同条1項）。

　次に，一時保護についてであるが，これがわが国でも，ドイツでも，子に差し迫った危険がある場合に，迅速に子の安全を確保し適切な保護を図るため，児童保護担当の行政機関が独自の判断として実施しうる暫定的措置であることは同じである（児童福祉法33条，SGB Ⅷ 42条1項1文1号）。しかし，この措置は親子分離を伴うものでもあることから，親の同意を得られないまま保護を継続するには，ドイツでは「遅滞なく」家庭裁判所の裁判を経なければならないとされていたのに対して，わが国の場合には，従来は，司法の介在は必要とされておらず，行政の判断のみで保護を継続できるという大きな違いがあった。しかしこの点は，2017年6月14日の児童福祉法等の改正によって，「児童相談所長が行う一時保護について，親権者の意に反して2ヶ月を超えて行う場合には，家庭裁判所の承認を得なければならない」（改正児童福祉法33条5項）と規定された。一時保護の場合にも，児童福祉法28条の措置と同じように，親権者や未成年後見人があるものについても，児童相談所長が監護，教育及び懲戒に関し，その児童の福祉のため必要な措置を採ることができ，親権者や未成年後見人はそれを不当に妨げてはならないとされている（児童

福祉法33条の2項, 3項)。その点で, 2ヶ月内の一時保護に家裁の承認は不要であること, また親権喪失や停止, 児童福祉法28条審判の請求がなされている場合も承認はいらないとされていること(改正児童福祉法33条5項ただし書)など, 問題は指摘されるものの(この点については, 本書第6章第4節4参照),児童福祉法28条の措置と同じように, 家庭裁判所の承認という形で司法介在が実現したことは画期的である。

このように, 児童福祉法28条の措置にせよ, 2ヶ月を超える一時保護にせよ, わが国でも司法介在は存在する。しかし, それらの措置をとるのは, 都道府県(28条1項)あるいは都道府県知事(33条2項)であり, 親権喪失や停止に比べれば脆弱であるとはいえ, 強制的親子分離, そしてその間の親による親権(監護権)行使の排除をもたらす(一時保護中の児童等の児童相談所長の権限について, 児童福祉法33条の2第2項, 3項)。家庭裁判所の承認は, 手続的には家事事件手続法(234条以下)によって審理され, 審判によって行われるが, その内容は, 特に近時は, 親の親権行使能力, 子の福祉の観点からの必要性の判断など, 精緻に検討されたものが多くなってきている[10]。その意味で, この承認の審判は実質的に親権制限の決定であるといってよいが, ドイツ法の視点で見たときには, 民法に根拠を持たず, 行政による措置の承認という形で親権制限がなされることには疑問の余地がある。わが国の場合, 児童虐待防止という枠組の中で親権停止の制度が新設され, 従来の親権喪失ともどもその適切な利用が要請されているが(防止法15条), そのハードルは高く, そのような中で, 児童福祉法28条の措置や一時保護は, その間隙を埋める手段としての効用が期待されている。しかし, 親権制限がどのような場合に, どのような形で行われ得るかは, 本来実体親権法において示されるべき問題である。児童福祉法や児童虐待防止法との連動は, そのような民法の親権法の再検討があってこそ, 疑念が生ずる余地なく, スムーズに進むことであろう。

---

[10] これらの審判例を総合的に検討するものとして, 床谷文雄「児童福祉法28条審判をめぐる議論展開と民法(親権・未成年後見法)改正」古橋エツ子・床谷文雄・新田秀樹編『家族法と社会保障法の交錯(本澤巳代子先生還暦記念)』(信山社, 2014年)93頁以下。

おわりに──子どもの権利という共通視点

　児童虐待対応を含むドイツの児童保護システムが，基本法6条2項を中心とした憲法要請を基盤に構築されていることは，幾度も述べてきたとおりである。この基本法6条2項が，「子の世話と教育は親の自然の権利」と規定することから，ともすればドイツのシステムは親の養育権優先ととらえられがちである。しかし，それが大きな誤解であることは，本研究の端々から明らかになったと思われる。連邦憲法裁判所も，その数多い判例の中で，子は，自己の人格の自由な発展に関する固有の権利を有し（基本法2条1項），社会共同体の中で自己責任を備えた人格へと成長できるように保護と援助を求めることができること，その，子の人格発展のための保護の責任は親と国家との間で分担され，第一次的には，自然の権利として所与的に親がその役割に当たるが，子に対する関係では，子の福祉が親の世話と教育の最高基準でなければならず，それゆえに親の自然の権利は，子の福祉のために子に対して保護と援助を与える親の義務と不可分的に結びついていること，一方で子の人格発展に責任がある国家は，子が親の保護の下で，自己責任を備えた人格へと成長することができるように，親の世話と教育の任務を支援し，また補う義務があるとともに，その義務の履行について親を監視し，子の福祉に危険が及ぶ事態が生じた場合には，国家（裁判所）が介入して適切な危険回避の措置をとることができるということを示してきた（本書第2章第1節4参照）。このことからは，親による養育の優先，国家による監視と支援という憲法要請の基礎に在るものが，子が人格の自由な発展に関する固有の権利の主体であるという理解であり，それを基軸として構成されてきたドイツの児童保護システムは，まさに子が親の下，すなわち家族的な関係の下で，自己責任を備えた人格へと成長する権利を保障しようとするものであることがわかるのである[11]。

---

11) 2008年4月1日の連邦憲法裁判所判決は，「子は，何よりもまずその親が子に対する配慮を担うよう請求する権利や，親がその親の権利と不可分的に結びついている義務を履行するよう求める権利を有する。この子の権利は，親の責任の中に根拠を有するものであり，それゆえ基本法6条2項1文によって保護される。その権利は，基本法1条1項と結びついた基本法2条1項に由来する

このような考え方は，わが国においても共有し得るものである。わが国には直接的な憲法要請こそ存在しないものの，国連の児童の権利条約を批准しており，この条約の中に盛られた内容は，ドイツの憲法要請と共通している。

　国連の児童の権利条約は，その7条1項の後段部分で，「児童は……できる限りその父母を知りかつその父母によって養育される権利を有する」と規定し，また9条1項本文で，「締約国は，児童がその父母の意思に反してその父母から分離されないことを確保する」と規定する。これらの規定は，児童が，国家あるいはその他の外的な諸力によって父母から引き離され，父母から養育される機会を失うことがないよう保障されるべきであるという要請を，児童の側からとらえたものである。条約は，このような父母と子とからなる家族が，「児童の成長及び福祉のための自然な環境」(前文第5段)であり，児童は「その人格の完全なかつ調和のとれた発達のため，家庭環境の下で幸福，愛情及び理解のある雰囲気の中で成長すべきである」(同第6段)，ということを出発点に置いている。

　また条約によれば，「父母又は場合により法定保護者は，児童の養育及び発達についての第一義的な責任を有する」(18条1項2段)。国家は父母による養育を尊重する立場にあり，「権限のある当局が司法の審査に従うことを条件として適用のある法律及び手続に従いその分離が児童の最善の利益のために必要であると決定する場合」を除き，児童がその父母の意思に反してその父母から分離されないとされている(9条1項)。その一方で，国家には，父母の養育責任を考慮に入れて，児童の福祉のために必要な処置をとること，あるいは養育責任の遂行にあたる父母に適当な援助を与えることなど，養育への側面的支援が積極的に義務づけられている(3条2項，18条2項，27条3項等)。

　この児童の権利条約については，2016年の児童福祉法改正で，その第1条に，「全て児童は，児童の権利条約の精神にのっとり，適切に養育されること，

人格の保護に関する子の基本権と密接な関係がある。なぜなら，その権利は子に対して家族的な関係を保障するものであり，その家族的な関係は子の人格の発展のために意義があるからである。親との個人的な関係，親による世話や援助，思いやりは，子が自分の人格が尊重されるものであることを知り，自分を他者と同様に尊重することを身につけた人格へと成長することに寄与する」と述べている(BVerfGE 121, 69 (93))。

その生活を保障されること，愛され，保護されること，その心身の健やかな成長及び発達並びにその自立が図られることその他の福祉を等しく保障される権利を有する」という規定が導入されたことにより，わが国の児童福祉の指針たるべきことが明確化された。憲法裁判所が活発に憲法判断を下すドイツの解釈は，児童の権利条約との整合性を判断するうえで，有力な判断規準となり得るであろう。

　立法や行政はもちろん，諸種の力を動員して有効な児童保護の道を探り，一定の成果を挙げてはきているものの，一歩を進めればその分新たな課題が生じ，なかなか最終的な決着点が見えてこないという悩ましさは，ドイツも日本も同様である。さらに両国とも一層の児童保護の施策が進められていくと考えられる中で，法律状態やインフラに関する彼我の差異は認めつつも，ドイツの動向に目を向け続けることは，わが国の今後の児童虐待対応を考える上で，有意な示唆を与えてくれるであろう。本書で行った私たちの作業が，その過程における一つの踏み台になれば，幸いであると考えている。

資　料（岩志和一郎 訳）

資料１． ベルリン州区役所の少年局及び保健所における児童保護のための措置の実施に関する共通施行規程

資料２． 児童の健康及び児童保護の促進のための法律（ベルリン児童保護法）

資料３． 子の福祉の危険化の可能性の通報に関するベルリン統一第１チェックシート

資料４． ベルリン第２チェックシート　児童保護シート／個人票

資料1

ベルリン州区役所の少年局及び保健所における
児童保護のための措置の実施に関する
共通施行規程
（AV Kinderschutz Jug Ges）

2008年4月8日

　2005年6月23日の法律（GVBl. S. 322）第5章によって最新の改正を受けた，2001年4月27日の児童並びに少年援助法の施行に関する法律（GVBl. S. 134）第56条1項と結びついた，2006年7月11日の法律（GVBl. S. 821）第2章によって最新の改正を受けた，1996年7月22日の一般管轄法（GVBl. S. 302, 427）の第6条2項a号及び2006年5月25日の保健サービス法第2条3項に基づき，州少年援助委員会の意見を聴取した上，以下の施行規程が公布された。

1．保護の任務

(1) 本施行法は，社会法典第8編第8条aと結びついた児童並びに少年援助法の施行に関する法律第2条1項，第16条及び45条によって転換された区の少年局の任務の保障と保健サービス法第1条3項，第8条2項1号及び3項によって転換された区の保健所の任務の保障を規律するものである。

(2) 区の少年局及び保健所は，適切かつ組織的な措置を通して，その都度，常に保護の任務が十分に考慮されていることを保障しなければならない。各区役所において，相応の組織的並びに技術的な条件が設けられなければならない。区の少年局及び保健所は，十分な職員と資材を供与されなければならない。

(3) その時々の相談任務を果たすために，区の少年局及び保健所は，施設，職員及び主体のために，丁寧な対応者（Ansprechpartnerinnen oder Ansprechpartner）を指名する。前文の規定は，区内の，学校，昼間の施設並びに他の施設及び児童並びに少年援助の分野の職員，派出所警察官，小児科開業医について適用される。

(4) 本施行法により，子の福祉の危険化に関する手掛かりが存在した場合の，区の少年局及び保健所の行動のための通報，情報提供並びに手続の統一的な基準が定められる。

2．保健所の特別の任務

(1) 保健の給付並びに責任に関する中央機関の長と管轄所長の間においては，目

標合意が締結されなければならない。前文の合意は，特に最初の家庭訪問及び援助提供の仲介を保障するものであるべきである。区の保健所は，その予防任務の範囲で，特に，以下の場合において，最初の接触を実施する義務を負う。

a) 子の出生後におけるすべての家庭との接触
b) 原則として，第1子出生後のすべての場合並びにその他リスクの兆候が存在する場合における最初の家庭訪問の実施

(2) 保健事業を管轄する市州政府行政庁は，目標合意の締結状態に関して問い合わせ，回答を得なければならない。第1項3文の義務は，目標合意が締結されなかった場合にも，存在するものとする。

3．少年局及び保健所のアクセシビリティ

(1) 各区役所において，児童保護の事案におけるアクセシビリティが保障されなければならない。そのような通報の受理のために，各区には，月曜日から金曜日の8時から18時まで利用することができる，相応の専門職を置いた，統一電話番号55555の中央緊急電話が設置されなければならない。前文の電話番号は，適切な形態で公告されなければならない。インターネットポータル berlin.de を経由して，市州政府行政庁及び区役所の側で，中央児童保護ホットライン及び区緊急電話への適切なアクセスが創設されなければならない。第1文の時間外においては，ベルリン児童保護ホットラインを経由して，通報の受理並びに転送の可能性が確保されなければならない。

(2) 子の福祉の危険化を内容とするすべての通報は，書面，口頭，電話又は匿名のものであるかを問わず，書面で記録されなければならない。すべての通報は，少年局又は児童並びに少年健康サービスの管轄地域組織単位の権限ある専門職に宛てて，直ちに転送されるものとする。前文の専門職がそれより先の処理を担当することが直ちには不可能であることが明らかであるときは，他の適切な専門職が，各事案において，何らかの処置により，解明と介入を保障しなければならない。

4．児童保護の調整（コーディネーション）

区の少年局及び保健所は，児童保護の事案においては，その都度調整を確保するものとする。児童保護の調整を通じて，特に以下の任務を確保し，また統制しなければならない。

a) 通報の受理及び疑惑事案の記述
b) 措置の審理と開始

c) 措置の進行
d) 関係サービスの調整
e) 記録及び統計

5．リスク評価に関する手続基準

(1) 危険化のリスクの評価の手続は，2段階となっている。第1段階は，最初の手掛かりの記録，最初の審理，評価及び同僚との専門的な相談（4つの目原則）から成っている。同僚との相談の目的は，直接的及び深刻な危険化が起きているか，また即時的な行動が必要かという問題に対する解答を得ることである。危険化の評価に当たっては，当該児童若しくは少年の効果的な保護に問題がない限り，身上配慮権者若しくは教育権者及び児童若しくは少年が，少年局によって含められなければならない（SGB Ⅷ 8条a1項2文）。その結果，子の福祉の危険化に対する懸念が強まったときは，リスク評価の更なる審理が行われる（第2段階）。

(2) すべての少年局及び保健所は，どのような専門職が危険化のリスクの評価に加わったのかを確認するものとする。

(3) 危険化の程度は，各段階において，各事案とも少なくとも同日中に知ってから2時間以内の即時的介入の必要があるかどうかの審査と関連させて，評価され，また記録されなければならない。前文の任務は，他の少年局及び保健所の通常の任務に優先する。すでに少年援助の給付を受けている家庭が問題となっているときには，給付の提供者の担当専門職が評価に含められるべきである。すべての子の福祉の危険化が懸念される事案においては，区の少年局のコーディネーターと，区の保健所のコーディネーターの間で，調整がなされることとする。

(4) 審査の結果及びその他の手続の進行については，書面によって記録されなければならない。少年局においては，管轄地域組織単位の管理者により，審査結果に副署されなければならない。保健所が少年局に事案を伝達する際には，担当専門職は保健所の児童保護コーディネーターに，書面によって通知しなければならない。

(5) 少年並びに家族及び保健について管轄する市州政府行政庁は，区の少年局及び保健所の了解を得て，本手続のための基準となるチェック表を定めることとする。民間の主体には，それが評価を行う際に，必要に応じて，相談と支援が与えられなければならない。

6．ネグレクト及び虐待の恐れがある場合の立ち入り検査

(1) 危険化のリスクの根拠ある評価のために，原則として，遅滞なく，かつ通告

なしで立入検査（家庭訪問，施設訪問）が行われなければならない。前文の立入検査は，原則として2名の，可能ならば女性専門職と男性専門職によって共同で行われなければならない。保健所の専門職のために警察に支援として職務援助を求める必要が生じた場合には，遅滞なく少年局がそれに加えられなければならない。前文の規定は，特に現に，他の方法では回避できない身体若しくは生命に対する危険が存在し，かつ住居の所有者の意思に反してでも住居への立ち入りが必要となる可能性がある場合に適用される。即時的な子の引き離しが必要となる可能性がある場合には，少年局によって，どこに子が収容されることができるか明示されなければならない。前文の明示は，相応の根拠のある懸念がある場合には，家庭訪問の前にあらかじめ行われるべきである。児童が身上配慮権者若しくは教育権者の下とは異なる場所にいる場合には，第一に身上配慮権者若しくは教育権者のいる場所が探されなければならない。子の福祉の危険化の徴表が認められる場合には，次の手続が明らかになるまでの間緊急一時保護が必要ではないときに限り，少年局により，遅滞なく，身上配慮権者若しくは教育権者との話し合いが試みられなければならない。前文と異なる者の意思に反して一時保護を行わなければならないときには，職務援助及び執行援助という方法で，警察を参加させなければならない。

(2) 区の保健所の側で，（特に，住居への立ち入りが許されないことによって）第1項による立入検査を行うことができない場合には，管轄少年局に遅滞なく伝達されるものとする。児童保護事案を委ねられたすべての専門職は，子の福祉の危険化に関する具体的な懸念が存在し，かつその者の即時の行動が必要である場合に限り，職務援助及び執行援助という方法で警察を参加させなければならない。前文の場合，少年局への通知若しくは伝達は，遅滞なく補完されるものとする。詳細は，第9号1項の連携の合意の中で定められなければならない。

7．緊急時における手続

第5号及び6号に記した手続進行は，第3号1項所掲の少年局の受付時間外に，権限のある専門職に事案処理を委ねる前に，緊急サービスによって担当されなければならないリスクの評価，介入の決定及び何らかの介入の実施についても準用される。

8．通達による補充的規制

少年並びに家族及び保健について管轄する市州政府行政庁は，必要な場合には，区の了解の下に，通達により，手続の方法及び内容に関し，新たな規制を行うもの

とする。前文は，特に危険化のリスクの評価，記録及び統計への報告手続についても適用される。

9．他の官署との協力

(1) 区の少年局と区の保健所（児童並びに少年保健サービス）の間においては，保健関係及び少年社会教育学的な相談と介入のための連繋的行動及び迅速なアクセスを確保するために，連携協定が締結されなければならない。少年並びに家族及び保健を管轄する市州政府行政庁は，連携合意モデルを作成するものとする。

(2) 保健所の他のサービス担当並びに専門業務担当及び地区のサービス担当並びにセンターは，その活動の範囲で子の福祉の危険化の手掛かりを得たときには，区の保健所の児童保護コーディネーターに通知しなければならない。

(3) 区の少年局と管轄警察本部との間においては，保健関係及び少年社会教育学的な相談と介入のための連繋的行動及び迅速なアクセスを確保するために，話し合いの上，対応手続が取り決められるべきである。

(4) 児童保護について資格を有する区内の主な施設及び人員との間では，拘束力のある連携協定を締結するよう努めなければならない。

10．子の福祉の危険化に関する事案の移送

(1) 少年局の管理職及び児童並びに少年保健サービスの管理職は，内部及び外部に事案を移送するときには，移送元の側の専門職が，移送を受ける側の専門職に対し，特に事案の状況及び家庭とのワーク，さらに子の福祉危険化の手掛かり，見込み，評価並びにリスクに関する，すべての重要な情報を自由に使用することを保障しなければならない。これに加えて，公的少年援助の内部において管轄の変更があった場合に関して，子の福祉の危険化の評価のために必要なすべてのデータを転送することを認める，社会法典第8編第65条1項1文3号のデータ保護規定について，注意喚起がなされなければならない。刑法典第203条及び第204条と結びついた保健サービス法第8条3項及び第19条の公的保健サービスのためのデータ保護規定は，正当化するに足るだけの緊急性があるとして子の福祉のために医師の守秘義務の後退を認める個々の事案の評価が存在する場合に，他の保健サービス及び少年局への，危険化のリスクの評価のために必要であるデータの転送について，適用される。個々の事案の移送に際しては，移送に関する話し合いが行われなければならず，かつその話し合いは書面をもって記録されなければならない。

(2) 他の少年局への移送が必要な場合には，以後事案を管轄する少年局の地域管

理職を経由して行われるものとする。他の保健所への移送が必要な場合には，以後事案を管轄する区の保健所の児童保護コーディネーターを経由して行われるものとする。新たな少年局又は新たな児童保護コーディネーターの事案の移送受理に関する書面による確認があって初めて，移送元少年局又は移送元児童保護コーディネーターの管轄及び責任は終了する。これらの場合においても，第1項が適用される。ベルリン州外への事案の移送の場合には，同様の手続が適用されなければならない。

11. データの伝達

例外的に社会法典第8編第65条1項又は刑法典第203条1項にいう特別に保護されたデータが問題となっているのでない限り，区の少年局及び保健所の内部において，児童保護を目的としてデータを収集し，使用することは，原則として，許容される。前項の例外的な場合においても，保護の任務の確保のために他の職に情報が転送される場合には，少なくとも，子について具体的な危険化の状態が存在し，危険回避のために少年局，保健所又は自由な主体の職員の遅滞のない行動が必要である限り，その任務の遂行を制限するデータ保護法上の留保は存在しない（刑法典第34条）。

12. 施行，失効

本施行規程は，2008年4月8日から施行される。同時に，2007年3月1日の社会法典第8編第8条aの保護の任務の転換に関する施行規程は失効する。

資料2

児童の健康及び児童保護の促進のための法律
(ベルリン児童保護法 KiSchuG)

2009年12月17日

2009年11月17日の児童の保護並びに福祉に関する
ベルリンの法律第1章として公布
(GVBl. S. 875)

第1部　総　則

第1条（本法の内容と目的）
(1) 児童並びに少年に健全な成長を可能とし，子の福祉の危険化から保護することは，社会全体の責務である。児童並びに少年の健康的，社会的，教育学的な世話と助成に当たる公的な施設並びに機関及びその他の主体の施設並びにサービス団体は，その任務と現行諸法律の範囲で，児童保護の確保に努めなければならない。

(2) 本法の目的は，児童並びに少年の健全な成長を可能とし，子の福祉の危険化から保護することである。そのために，
1. ベルリンに住所を有する児童の早期検診（Früherkennungsuntersuchung）の活用の増強，
2. 児童並びに少年の福祉及び健康に関するリスクの早期発見の促進，
3. 早期治療及び早期助成のための措置の導入，
4. 児童並びに少年の健康的，社会的，教育学的な世話と助成に当たる国の施設及び機関と，その他の主体の施設及びサービス団体との間の児童保護の業務の協力関係の構築，

がなされるものとする。

第2条（概念規定）
本法においては，次のとおりとする。
1. 児童とは満14歳未満の者をいう。
2. 少年とは，満14歳以上，満18歳未満の者をいう。
3. 身上配慮権者とは，単独若しくは他の者と共同で，民法典の規定に基づき，身上配慮を有する者をいう。

第2部　早期検診への参加

第3条（ID番号の利用と伝達）

(1)　すべての新生児には，ベルリン州の出産施設，助産師及び分娩看護師から，2009年6月18日に改正された，1976年4月26日の満6歳未満の児童の疾病の早期発見に関する医師と健康保険の連邦合同委員会指針（「児童指針」）に添付文書1として付されている黄色の子ども検診ノートとともに，本法末に添付されたひな型に従って，明確なスクリーニングID番号（スクリーニングID）が付された記録シートが与えられる。前文のスクリーニングIDは，第5条2項の届出事項とともに，スクリーニング・カルテからベルリン新生児スクリーニング・ラボラトリーに伝達され，また「児童指針」にいう拡大的新生児スクリーニング手続及び本法第6条の要請制度並びに返戻通知手続のために使用される。

(2)　新生児の身上配慮権者は，ベルリン州の出産施設，助産師及び分娩看護師から，原則として子の出生前に，またそれができなかった場合でも遅くとも新生児の新陳代謝並びに聴覚スクリーニングの実施前に，保健を管轄する州行政庁によって統一的に作成された情報用紙を使用して，詳細に，新生児の新陳代謝並びに聴覚スクリーニング及び本法第6条の要請制度並びに返戻通知手続の意義，目的及び意図について，また手続に伴う個人データの処理，特にスクリーニングIDの使用について，説明されなければならない。新生児の新陳代謝並びに聴覚スクリーニングの実施に対する承諾及情報用紙の手交は，少なくとも身上配慮権者の署名を付して，文書として記録されなければならない。

第4条（中央機関）

(1)　中央機関は，ベルリン医科大学シャリテ（Charité）に設置される。中央機関は保健を管轄する州行政庁の法的並びに専門的な監督に服する。中央機関の長には，医師のみがなることができる。中央機関の経費は，他の機関によって負担されない限りにおいて，ベルリン州が負担する。

(2)　中央機関は第6条の要請制度並びに返戻通知手続を実施すること，またそれらの目的を果たすために必要な関係児童並びに身上配慮権者の個人データを処理することが許される。前文のデータは，収集並びに保存の理由となっている目的及び第7条に掲げられた目的以外の目的のために使用されてはならない。中央機関が保有するデータは，ベルリン医科大学シャリテが保有するその他のデータとは分離されなければならず，又特に技術的並びに組織的な手段を講ずることによって，不法な処理がなされないよう保護されなければならない。

第5条（情報管理人）

(1) 中央機関には，場所的，組織的並びに人的に独立した職として，一人の情報管理人が置かれるものとする。情報管理人は，新生児の新陳代謝並びに聴覚スクリーニング及び本法第6条の要請制度並びに返戻通知手続のために，第3条1項のスクリーニングIDを使用できるようにすることを任務とする。

(2) ベルリン新生児スクリーニング・ラボラトリーは，出生後4週間以内に，新生児の新陳代謝並びに聴覚スクリーニングに参加する児童に関する以下のデータを，情報管理人に伝達する。

1．児童のスクリーニングID
2．児童の氏名，生年月日
3．母の氏名，生年月日
4．身上配慮権者の宛先

(3) 中央機関は，第6条2項に規定されている届出データ並びに本条第2項3号に掲げられたデータを，「児童指針」において検診段階U4について定められている検診間隔が経過するより前の，相当な期間内に情報管理人に伝達する。

(4) 情報管理人は，第2項並びに3項のデータを総合し，スクリーンIDによって識別された届出データレコードを中央機関に引き渡す。

(5) 情報管理人は，自己の任務のために必要な，関係児童並びにその身上配慮権者の個人データを，処理することが許される。前文のデータは，収集並びに保存の理由となっている目的以外の目的のために処理されてはならない。これらのデータは，第4項に規定されているデータの照合後，遅滞なく消去されなくてはならない。

第6条（要請制度と返戻通知手続）

(1) 中央機関は，「児童指針」において，生後3か月に達してから満10歳に達するまでの間の，それぞれの年齢に応じて定められている検診段階の早期検診に，保険加入の有無にかかわらず，確実に関係児童を参加させる任務を有する。前文の目的を果すため，中央機関は，第2項及び4項に従って伝達されたデータと照合することにより，「児童指針」の中で，新生児の新陳代謝並びに聴覚スクリーニング及び生後3か月に達してから満10歳に達するまでの間の各検診段階について定められている検診間隔が終了する前の，相当な期間内に，スクリーニング・カルテ若しくは第4項の検診証明書が提出されていない児童を探索する。中央機関は，第2文によって探索された児童の身上配慮権者に対し，当該児童を早期検診に参加させるよう要請し，かつ早期検診の内容と目的，早期検診に参加しな

かった場合のその後の手続の進め方について，情報を提供する（要請 Einladung）。同時に，中央機関は，過去に情報管理者によってスクリーニングIDが探索されていない児童の身上配慮権者に対し，新生児の新陳代謝並びに聴覚スクリーニングの内容と目的について情報を提供する。

(2) 住民登録官庁は，「児童指針」の中で生後3か月に達してから満10歳に達するまでの間の各検診段階について定められている検診間隔の開始前に，中央機関に対し，児童の出生登録簿の記載に基づき，各年齢区分にある児童について，以下のデータを伝達する。

1．氏名，
2．旧名，
3．生年月日並びに出生地，
4．死亡日，
5．性別，
6．現在の宛先，
7．旧宛先，主たる住居並びに従たる住居，
8．身上配慮権者（氏名，学術的称号，宛先）。

中央機関は，現在のデータレコードとスクリーニングIDを含む既存のデータレコードを総合し，更新する。これらのデータは，「児童指針」の中で定められている最終的な予防検診のための手続が終了した後，完全に消去されなければならない。

(3) 届け出られたデータレコードにスクリーニングIDが含まれていないときは，中央機関から身上配慮権者に対し，第3条1項1文の記録シート及び第3条2項1文の情報用紙が送付される。

(4) 生後3か月に達してから満10歳に達するまでの間の各検診段階の早期検診に当たった医師は，中央機関に対し，保健を管轄する州行政庁のために統一的に定められている返戻通知シート（Rückmeldebogen）により，遅滞なく，ベルリンに住所を有する児童に関する以下のデータを伝達する権限を有し，義務を負う。

1．スクリーニングID，またスクリーニングIDが存しない場合には，第2項1文1号，3号，5号並びに6号の届出事項。
2．実施された早期検診の名称。

ベルリン州外で早期検診が行われるときには，検診を受ける児童の身上配慮権者は，第1項に掲げられたデータを届け出て検診の証明を受け（検診証明），その証明を中央機関に伝達することとする。

(5) 中央機関は第2項並びに4項によって伝達されたデータを照合することによ

り，要請書の送付後相当な期間内に検診証明書の提出がない児童を探索する。中央機関は，第1文によって探索された児童が主たる住所を有する行政区の保健所に対し，又は主たる住所がベルリン州に存在しない場合には，当該児童の住所が存在する行政区の保健所に対し，当該児童に関する以下のデータを伝達する。
1．第2項1文1号，3号，5号，6号並びに8号に掲げられたデータ，及び
2．第4項1文2号に掲げられたデータ。

第2文のデータの伝達は，封じられた封筒を用いた書面若しくは電磁的方法によってなされる。その場合，適切な方法により，当該データが権限のない者に知られることができないことが確保されなければならない。

(6) 管轄の保健所は，任意である旨を示した書面による告知を行った上，早期発見検診の内容と目的を説明するため，第5項1文によって探索された児童の身上配慮権者を訪問する（家庭訪問）。身上配慮権者が各早期検診を実施しなかったことについて納得のいく理由を示した場合，及び保健所が子の福祉の危険化の手掛かりを得なかった場合には，家庭訪問は行われない。家庭訪問に関しては，記録が作成されなければならない。保健所は，中央機関から伝達されたデータ並びにその他の関係する保存された個人データを，遅くとも3年以内に消去しなければならない。ただし，個別事案において，やむを得ない理由から，当該個人データを知っていることが，その時点以降も，保健所の任務を果たすために必要とされる場合には，この限りではない。

(7) 第6項の家庭訪問の際に児童並びに少年の福祉の危険化に関する重要な手掛かりを察知し，それゆえ危険化の評価を行うため，又は児童若しくは少年の福祉の危険化を回避するために活動が必要であり，かつ身上配慮権者がそれに協力する意思を有さず，又はそれに協力できる状態にないときは，保健所は，遅滞なく管轄の少年局（児童保護コーディネーター）に連絡する権限を有し，義務を負う。前文の目的のために，保健所は以下のデータを伝達する。
1．第1文の申告の理由並びに根拠，及び
2．第2項1文1号，3号，5号，6号並びに8号に挙げられたデータ

第2文のデータの伝達に関連して，保健所は少年局に対し，氏名，宛先，電話番号，その他連絡を可能とするデータを伝達することが許される。当該データが権限のない者に知られることができないことが確保されなければならない。

(8) 他の連邦州に居る児童が早期検診のための拘束力ある要請を受けたときは，相応の証拠を提出することにより，身上配慮権者は，中央機関において，当該児童をベルリン州における早期検診のための拘束力ある要請制度から除外すること

ができる。

第7条（評価及び保健報告の実施）

(1) 中央機関の活動の開始から2年が経過したときには，保健を管轄する州行政庁によって委託される第三者により，評価が実施されなければならない。評価の結果は一つの報告としてまとめられなければならず，保健を管轄する州行政庁によって公表されなければならない。評価は3年の期間が経過した後，再実施されなければならない。以下の領域に関しては，個々のデータは匿名化されるのが原則である。とりわけ，

1．「人生観に関わる領域」と関わる中央機関の事業統計
2．行政区の保健所に対する中央機関の連絡
3．実施された家庭訪問に関する保健所の連絡
4．行政区の少年局に対する保健所の連絡

(2) 第1項によって評価のために提供されたデータは，半年ごとに，2008年10月22日の法律第3章（GVBl. S. 292, 293）によって改正された，2006年5月25日の保険サービス法（GVBl. S. 45）第5条による保健報告の実施を委ねられた機関に伝達されなければならない。

第3部　児童保護ネットワークの実現のための規律

第8条（早期かつ適時の援助と給付）

(1) 少年局，保健所並びに福祉事務所は，過酷な生活状況にある，社会的な不利益を受けている，又は個人的な障害を有している妊婦，母及び父が，早期に，相談を通じて，支援の可能性，援助及び給付について教示されることを保証しなければならない。

(2) 第1項に挙げた機関は，当事者の了解がある場合には，可能な援助の提供者並びに問題となっている給付の給付主体及び給付提供者に対し，可能な援助，給付又は支援の必要性について通知することができる。当事者の了解があるときには，必要な情報は，迅速かつ着実に援助，給付並びに支援を提供するために取り交わされることができる。

第9条（予防的児童保護）

ベルリン州は，予防的児童保護の措置の立案，提案，促進並びに実施を保障する。その中には，特に家族教育の提供，最初の出産時及び過酷な社会関係の下での出産時における出産後6か月以内の家庭訪問，妊婦，母並びに父に対する支援給付の情報提供と斡旋，訪問型親援助の提供が含まれる。前文の任務を果たすために，ベル

リン州は産科病院及びその他の健康的，社会的並びに教育学的な児童の世話と助成の主体と協力する。

第10条（協力，ネットワーク）

⑴　少年と家族を管轄する州行政庁は，児童保護にとって重要なすべての施設，団体，サービス機関及び公共機関の協力により，子の福祉の危険化がある場合における保護任務の統一的な遂行を確保しなければならない（児童保護ネットワーク）。

⑵　保健を管轄する州行政庁は，少年と家族を管轄する州行政庁と協議し，医療的予防システムの州規模の組織又は施設と，児童保護の領域における協力に関する基本合意を締結するものとする。

⑶　少年局及び保健所は，児童保護の業務における協力を確保しなければならない。各少年局及び保健所は児童保護コーディネーターを置くものとする。

⑷　少年局の児童保護コーディネーターは，特に以下の任務を有する。

　1．地元の児童保護ネットワークによる，児童保護に関連する施設，団体，サービス機関及び公共機関の間の協力の確保

　2．児童保護に関する通報の受領及び転送

　3．適切な措置の確保と監督

　4．記録と統計

⑸　第4項1号の外，少年局及び保健所の児童保護コーディネーターは，医療予防システムの構築に関する協力について管轄する。第4項の任務の遂行の枠内において，保健所は少年局と協力するものとする。

第11条（児童若しくは少年の危険化がある場合の相談と情報の転送）

⑴　刑法203条にいう守秘義務を負う者は，児童若しくは少年の福祉の危険化に関する重要な手掛かりを知ったが，その危険化を正確に評価することができないとき，又は自己の専門的な手段では危険化を回避するには十分でないときには，児童若しくは少年の有効な保護に問題が生じない限り，身上配慮権者と状況について討議しなければならない。

⑵　児童並びに少年援助のサービスや施設以外で，職業として児童並びに少年の陶冶，教育又は世話を委ねられている者は，児童若しくは少年の福祉の危険化に関する重要な手掛かりを知ったときには，児童若しくは少年の有効な保護に問題が生じない限り，自ら知ったところを身上配慮権者に通知しなければならない。

⑶　第1項及び2項の者は，児童若しくは少年の福祉の危険化の評価のため，又は必要かつ適切な援助の評価のために，その問題について経験のある専門職に相談を求め，その専門職に必要な個人データを伝達することができる。その問題につ

いて経験のある専門職にデータを伝達する前に，それらデータは匿名化又は仮名化されなければならない。
(4) 児童若しくは少年の福祉の危険化を回避するために活動が必要であるが，身上配慮権者がその活動に協力する意思を持たず，又は協力できる状況にないときは，第1項並びに2項に挙げられた者は，少年局に対し，その活動のために必要な個人データを通知する権利を有する。この点は，児童若しくは少年の有効な保護に問題が生じない限り，あらかじめ関係者に示されなければならない。

第12条（危急時相談）

行政区は全体で，第一次的危急時相談のため，また児童並びに少年の福祉の危険化に関する疑いの通報のため，昼夜間を問わず利用できる，一つの中心的な電話による通報，第一次相談並びに介入の仕組み（児童保護ホットライン）を確立するものとする。この仕組みは，児童並びに少年のための中心的な危急時サービスを管轄する少年局によって運営されるものとする。

第13条（人材の適切性）

SGB Ⅷ第72条a 第1文は，公的保健サービス並びに中央機関で働く人物に準用される。公的保健サービスの任務が第三者によって引き受けられるときには，SGB Ⅷ第72条a 第3文が準用される。

第14条（研修）

ベルリン州は，市民，公的施設及び機関，児童並びに少年の保健的，社会的，教育学的世話及び助成を行っている主体の施設及びサービスのために，児童保護をテーマとした継続研修の提供を確保するものとする。

第15条（規則）
(1) 保健を管轄する州行政庁には，専門大学を管轄する州行政庁との合意により，規則によって，第3条の中央機関の設立，財政並びに設備について，詳細を規律する権限が付与される。
(2) 保健を管轄する州行政庁には，規則によって，個人情報の処理に関する手続，及び第4条のデータの通知並びにデータ照合の実施に関する手続について，詳細を規律する権限が付与される。

第16条（施行規程）

保健を管轄する州行政庁と少年並びに家族を管轄する州行政庁は，第2部及び第3部の諸規定に関する共通の施行規程を定めることができる。

管轄局＿＿＿＿＿ベルリン

子の福祉の危険化の可能性の通報に関する

ベルリン統一第1チェックシート

(vgl. AV Kinderschutz Jug Ges Nr. 5. Abs. 1 u. 5)　　(RSD及びKJGD専門職用)

職名：　　　　　　　電話：　　　　　　　日付：

通報者：
匿名　　　　はい　□　　　　いいえ　□
通報の理由 ＿＿＿＿＿＿＿＿＿＿＿＿＿＿＿＿＿＿＿＿＿＿＿
＿＿＿＿＿＿＿＿＿＿＿＿＿＿＿＿＿＿＿＿＿＿＿＿＿＿＿＿

保健所からの通報　　□
氏名：＿＿＿＿＿＿＿＿＿＿＿＿＿＿＿＿＿＿＿＿＿＿
住所：＿＿＿＿＿＿＿＿＿＿＿＿＿＿＿＿＿＿＿＿＿＿
電話番号：＿＿＿＿＿＿＿＿＿＿＿＿＿＿＿＿＿＿＿＿
施設：＿＿＿＿＿＿＿＿＿＿＿＿＿＿＿＿＿＿＿＿＿＿
危険にさらされている人又はその家族と通報者の関係：
(通報者の匿名性の保持及び当該家族の了解なし返信することはできない旨の説明を含め、少年局の活動の説明。ただし、専門職からの通報の場合には、性的虐待の疑いがある場合を除き、匿名は許容されない。)
＿＿＿＿＿＿＿＿＿＿＿＿＿＿＿＿＿＿＿＿＿＿＿＿＿＿＿＿
＿＿＿＿＿＿＿＿＿＿＿＿＿＿＿＿＿＿＿＿＿＿＿＿＿＿＿＿

危険化の当事者である未成年者の氏名：
氏名：＿＿＿＿＿＿＿＿　年齢：危険化にみまわれた時点で＿＿＿歳　□
氏名：＿＿＿＿＿＿＿＿　年齢：危険化にみまわれた時点で＿＿＿歳　□
氏名：＿＿＿＿＿＿＿＿　年齢：危険化にみまわれた時点で＿＿＿歳　□
氏名：＿＿＿＿＿＿＿＿　年齢：危険化にみまわれた時点で＿＿＿歳　□
該当家庭に関する申告：
氏名：＿＿＿＿＿＿＿＿＿＿＿＿＿＿＿＿＿＿＿＿＿＿
住所：＿＿＿＿＿＿＿＿＿＿＿＿＿＿＿＿＿＿＿＿＿＿
電話番号：＿＿＿＿＿＿＿＿＿＿＿＿＿＿＿＿＿＿＿＿
家族構成：　　　少なくとも一人、ドイツ出身ではない家族構成員がいる　□
＿＿＿＿＿＿＿＿＿＿＿＿＿＿＿＿＿＿＿＿＿＿＿＿＿＿＿＿

どこに具体的な危険化が存在するか？ / 誰が何を見たのか？

通報時、当該児童はどこに滞在していたか。

なぜ今、通報が行なわれたのか？

当該児童は、どの保育所 / 昼間保育又は学校に通っているか

児童又は少年自身は表明しているか？	はい ☐	いいえ ☐
当該危険化はどのくらいの期間継続しているか？		
家族は当該危険化について見解を求められたか？	はい ☐	いいえ ☐
「はい」の場合、家族はどのように反応したか？		
当該家庭が支援の提供を受けていたかどうか、知っているか？	はい ☐	いいえ ☐
「はい」の場合、どのような支援か？		

当該家庭につき、以下のような特異性 / 特殊性がみられるか？
- ☐ 中毒問題
- ☐ 家庭の罹病
- ☐ 家庭内暴力
- ☐ 精神病の罹病
- ☐ 住居の荒廃 / 放置
- ☐ その他

リソース / 潜在的な自力救済能力

当該親には、どのような能力 / 長所が見られるか？
親 / 子どもたちと社会との繋がりは認められるか？

第１リスク評価 (gem. AV – Kinderschutz Jug Ges Nr. 5 Abs. 1)

当該児童について問題となっている危険化状態は、以下のとおり：

- ☐ ネグレクト
- ☐ 精神的虐待
- ☐ 身体的虐待
- ☐ 性的虐待
- ☐ パートナー間での暴力 / 家庭内暴力
- ☐ 第三者による危険に対する保護の不十分
- ☐ 親の責に帰すべからざる機能不全（例えば、中毒、精神病）
- ☐ 自主性をめぐる葛藤、文化的対立に起因する自主性をめぐる葛藤
- ☐ 住居の荒廃 / 放置
- ☐ その他 _____

即時の接触が必要か？ (vgl. AV – Kinderschutz Jug Ges Nr. 5 Abs. 3)

	はい	☐	いいえ	☐
２時間以内に	はい	☐	いいえ	☐
その日の内に	はい	☐	いいえ	☐

理由 _____
_____
_____

次にどのような処置が見込まれるか？ _____
_____
_____

今後の事案処理は、以下の者が行う。
職名：_____ 氏名：_____ 電話：_____

受理専門職の署名及び日付 _____
第２専門職の署名及び日付 _____

原則として家庭訪問 / 近隣訪問に基づいて行われた審査による子の福祉の危険化の評価　(vgl. AV Kinderschutz Nr. 6.)

　　子を見た場所：＿＿＿＿＿＿＿＿＿＿＿＿＿＿＿＿＿＿＿＿＿＿＿＿＿＿＿＿
　　□　その後の情報（説明）の入手について
　　　　　＿＿＿＿＿＿＿＿＿＿＿＿＿＿＿＿＿＿＿＿＿＿＿＿＿＿＿＿
　　　　　＿＿＿＿＿＿＿＿＿＿＿＿＿＿＿＿＿＿＿＿＿＿＿＿＿＿＿＿

児童の基本的な世話及び保護（留意例を参照のこと）

基本的な世話の確保	内容の記述	個別的評価
食事		
睡眠場所		
衣服		
身体衛生		
子の監督及び事故の危険からの保護、暴力及び性的虐待からの保護、		
医療上の世話の確保、慢性疾病／障害への対応		
子の面倒見		

等級　＋2＝良好、＋1＝十分、－1＝不良、－2＝極めて不良

安全性の評価
（現在及び近い将来における子の安全性が、次に専門職と接触するまでの間に、以下の1つ又は複数の事項によって著しく害され、それゆえに子の安全性を高めるために遅滞なく措置を講じなければならないかどうかを評価する）

徴　表	あり	なし	内容の記述
現時点で子が身体的虐待又は性的虐待を受けていることに関する明確な徴表がある慢性疾病			
身体的世話、住む場所、事故の危険に対する安全又は医療上の援助に関する、子の基本的必要性が満たされていない			
精神障害、疾病、中毒又は暴力のために、主たる関係者の保育能力が、現時点において深刻に損なわれている			
危険化の通報があるにもかかわらず、子への接近が拒まれ、子の居所が知れず、又は子が不明の地へ連れ去られる恐れがある			
直近の過去において子が危険にさらされているにもかかわらず、責任及び援助を拒否している			
子が世帯内における少なくとも一人の者に対し、著しく強い恐怖を示している			
世帯内における一人の少年又は大人の行動が、全く制御が効かない状態にあることが窺える			
当該子に対し、確かな脅しの言葉が発せられている			
子の安全性の確保に関する過去の取り決めが守られていない			

原則として家庭訪問 / 近隣訪問を根拠として行われた審査による子の福祉の危険化の評価　(vgl. AV Kinderschutz Nr. 6.)

注意：　原則として、危険化の評価の基礎となしうるものは、一つの切迫した状態あっても、あるいは継続的な危険化のプロセスの総和であってもよい。

子の福祉の危険化は
□　存在しない　　　□　可能性を排除できない　　　□　存在する
あなたの評価の根拠
評価の際には、危険化の継続期間、深刻さ、持続性、子の年齢、危険化回避のための親の意思及び能力に注意を払うこと。AV Kinderschutz Jug Ges Nr. 5 Abs. 1　参照）

次の手続のステップ

□　以下のRSD（地域社会サービス）への引継　　_____

□　以下の同僚との相談　　_____
□　地区の組織統一体の管理職への通知
　　(vgl. AV Kinderschutz Jug Ges Nr. 5 Abs. 4)　_____
□　配慮権者との書面による連絡
　　(vgl. AV Kinderschutz Jug Ges Nr. 5 Abs. 1)　_____

援助及び保護の案

危険への介入：
- ☐ SGB VIII第４２条による一時保護
- ☐ 身上配慮権者の承諾による収容
- ☐ 医療専門機関（例えば、小児病院、児童並びに少年精神医、KJGD、救急専門医）の介在
- ☐ 家庭内暴力に関する手続基準の尊重

家庭裁判所
- ☐ SGB VIII第８条a３項による手続喚起
- ☐ BGB1666条による処置

RSD レベルでの対応
- ☐ 家庭との話し合い
- ☐ 子との個別の話し合い
- ☐ 学校との連絡
- ☐ 昼間の世話施設との連絡
- ☐ 家庭や周辺の潜在資源の活性化
- ☐ 他の機関の介在
- ☐ 医療専門職の介在
- ☐ 別の診断
- ☐ 性的虐待に関する手続基準の尊重
- ☐ ケース・チームへの入れ込み
- ☐ 現在行われている援助の継続 _____
- ☐ 同僚との相談

その他　_____

再提出先　_____
ベルリン　_____

少年局
ケース責任者たるソーシャルワーカー　_____
第２専門職　_____
地区の組織統一体管理職の閲読（vgl. AV Kinderschutz Nr. 5. Abs. 4)
_____

資料4

ベルリン第2チェックシート

ベルリン＿＿＿＿＿区

児童保護シート/個人票

（児童保護法施行令5条1項参照）

職名＿＿＿＿＿＿＿＿　電話＿＿＿＿＿＿＿＿＿　日付＿＿＿＿＿＿＿＿＿

- □ 新規案件
- □ 継続案件　（ □ 初回評価　　□ 再評価 ）

家庭状況

子の氏 ＿＿＿＿＿＿＿＿＿＿＿＿＿＿＿＿＿
RSD（地域社会サービス）は、＿＿＿＿＿＿＿＿の時点から、当該家庭について知っていた。
住所 ＿＿＿＿＿＿＿＿＿＿＿＿＿＿＿＿＿　あれば電話＿＿＿＿＿＿＿＿＿＿

家族構成に関するデータ（家庭共同体における成人のみ）

	氏　名	出生年	国籍（滞在資格）	家族状況（単身、既婚、離婚、別居、死別）	職業（あり/なし）
主たる関係者（母、父、継母/継父、養母/養父、祖母/祖父、その他の親族、その他）					
その他の関係者（母、父、継母/継父、養母/養父、祖母/祖父、その他の親族、その他）					
世帯外のその他の関係者（例えば、その他の交流権者）					

子 / その他の子に関するデータ（世帯内、世帯外）

氏　名	出生年	性別	早産・多胎児	病歴・障害	国籍・人種	滞在場所	母との法的関係	父との法的関係	配慮権者後見人

□ 家族関係図　（Genogramm）
　（手書き　又は　アプリによる作成）　日付＿＿＿＿＿＿＿＿＿＿

| ベルリン第2チェックシート | | 0歳から3歳未満 | | | |

児童の氏名：　　　　　　　出生日：　　　　　担当専門職：　　　　　　日付：＿＿＿＿＿

モジュール1　虐待又はネグレクトの持続的若しくは高度の危険化に関するリスク要因

財産／社会的状況	はい 1又は2	内容の記述 1又は2	記述者 1 記述時	記述者 2 記述時
十分な収入状況にない				
十分な居住関係にない				
社会的孤立				
			全体評価	全体評価

家庭の状況	はい 1又は2	内容の記述 1又は2	記述者 1 記述時	記述者 2 記述時
関係者間における暴力				
3人若しくはそれ以上の、5歳未満の子の存在				
パートナー関係の不安定若しくは紛争				
文化的要因による葛藤（2重国籍関係、移民…）				
			全体評価	全体評価

人的状況 a) 主たる関係者（誰？）	はい 1又は2	内容の記述 1又は2	記述者 1 記述時	記述者 2 記述時
自分自身の貧困、虐待又は性的虐待の経験				
中毒又は重大な精神病				
苦境対応能力又は克服能力の明らかな不足				
著しく不相当に厳格な教育態度				
教育面での明確な無力、態度の頻繁な変更、過大な要求				
			全体評価	全体評価

これまでの援助歴の特徴	はい 1又は2	内容の記述 1又は2	記述者 1 記述時	記述者 2 記述時
過去にすでに、主たる関係者について、危険化の通報あるいは介入の実施が真剣に想定されていた				
主たる関係者が、家庭内における子の負担あるいは危険化を明らかに軽視している				
RSD（地域社会サービス）との協力を拒絶している。				

等級　+2＝良好, +1＝十分, -1＝不良, -2＝極めて不良

			全体評価	全体評価

子の特徴	はい 1又は2	内容の記述 1又は2	記述者 1 記述時	記述者 2 記述時
疾病、障害又は行動障害のため、子の世話若しくは教育につき極めて高度の負担を必要とする。				

<u>注意：</u>　性的虐待の繰り返しのリスクは、本ページでは評価されない。— 本ページは、その度、少年局の手続で用いられるものとする。

ベルリン第2チェックシート

人的状況	はい 1又は2	内容の記述 1又は2	記述者 1 記述時	記述者 2 記述時
b) 世帯内におけるその他の関係者（誰？）				
自分自身の貧困、虐待又は性的虐待の経験				
中毒又は重大な精神病				
苦境対応能力又は克服能力の明らかな不足				
著しく不相当に厳格な教育態度				
教育面での明確な無力、態度の頻繁な変更、過大な要求				
			全体評価	全体評価

これまでの援助歴の特徴	はい 1又は2	内容の記述 1又は2	記述者 1 記述時	記述者 2 記述時
過去にすでに、主たる関係者について、危険化の通報あるいは介入の実施が真剣に想定されていた				
主たる関係者が、家庭内における子の負担あるいは危険化を明らかに軽視している				
RSD（地域社会サービス）との協力を拒絶している。				
等級 +2＝良好、+1＝十分、-1＝不良、-2＝極めて不良			全体評価	全体評価

注意： 性的虐待の繰り返しのリスクは、本ページでは評価されない。— 本ページは、その度、少年局の手続で用いられるものとする。

児童の基本的な世話及び保護

（留意例を参照）

基本的な世話の確保	内容の記述	記述者	個別的評価
食事			
睡眠場所			
衣服			
身体衛生			
子の監督及び事故の危険からの保護、暴力及び性的虐待からの保護、			
医療上の世話の確保、慢性疾病／障害への対応			
子の面倒見			

等級 +2＝良好、+1＝十分、-1＝不良、-2＝極めて不良

安全性の評価（第1チェック表及びRSDとのその他の接触によって作成すること）
（当該専門職との次の接触までの間に、当該児童の深刻な侵害に対する当面あるいは短期間の安全が、一つ若しくは複数の問題によって脅かされ、それゆえに当該児童の安全性を向上するために遅滞なく処置がとられなければならないかどうか、評価されるものとする）

| ベルリン第2チェックシート | 0歳から3歳未満 |

児童の氏名：　　　　　　　出生日：　　　　　担当専門職：　　　　　　日付：_____

モジュール2　児童の状態

身体的状態	あり 1又は2	内容の記述 1又は2	記述者　1 記述時	記述者　2 記述時
疾病罹患、たび重なる感染、たび重なる入院				
年齢に相応しない身体の成長				
栄養失調、栄養不良、栄養過多の徴表				
血腫（乳児の場合全般；より年長児の場合、例えば、背中、胸部、腹部、臀部、血腫のあと）、みみずばれ				
骨折、震え、火傷、熱湯症				
異常な肌の赤変、肛門及び生殖器周辺の炎症				
定期的診察が行われているか（U-Heft参照）？				
その他　；				
			評価	評価

精神的状態	あり	内容の記述	記述者　1 記述時	記述者　2 記述時
落ち着きがない、頻繁に泣き叫ぶ				
悄然、無感動				
臆病、引っ込み思案				
攻撃的、自傷的				
睡眠障害				
摂食/栄養摂取障害				
その他				
			評価	評価

認知能力の状態	あり	内容の記述	記述者　1 記述時	記述者　2 記述時
新たに視野に入ったものや声に反応しない				
好奇心がない				
知覚発達遅滞の徴表				
言語発達遅滞の徴表				
その他				
			評価	評価

社会行動（家庭外）	あり	内容の記述	記述者　1 記述時	記述者　2 記述時
愛着者への指向が見られない（生後8カ月以降、例えば、見知らぬ人と応対した場合において）				
愛着者のそばを離れない				
他者に対してなれなれしい				
世話者に対する恐れ、著しい忌避				
初期の社会的ルールへの無理解（2歳から）				
等級　+2=良好, +1=十分, -1=不良, -2=極めて不良			評価	評価

評価に際しては、以下の点に注意して下さい：
危険化の分野ごとの評価は、一つの基準や分野について著しい低評価／問題性があることを引き合いとしてなされるか、複数の領域において、著しいとまではいえないが、低評価／問題性があることを引き合いとしてなされるかの、いずれかでなければならない。
その場合、個々の結果を、相殺してはならない！！

ベルリン第2チェックシート　　0歳から3歳未満

児童の氏名：　　　　　　　出生日：　　　　　　　担当専門職：　　　　　　　日付：＿＿＿＿＿＿

モジュール3　相互作用（専門職によって記載されること）

児童と＿＿＿＿＿＿（主たる関係者）の間の相互作用	マイナス（内容の記述）	プラス（内容の記述）	記述者
子に対する関心／身体的接触／視線の交換／思いやり			
子どもらしい欲求の実現に対する相応性			
子の情緒的欲求に対する敏感さ			
限界の設定及び子の教導			
子に対する言葉による激励／遊びの機会の提供			
子に対する要求／期待の相応性			
規則正しい日常生活／子からの信頼性			
子をめぐる／子の目の前での関係者の争い			

等級　＋2＝良好, ＋1＝十分, －1＝不良, －2＝極めて不良　　　　　　　　　　全体的評価

a) 児童と＿＿＿＿＿＿（世帯内の他の関係者）の間の相互作用、 b) 世帯外の他の関係者	マイナス（内容の記述）	プラス（内容の記述）	記述者
子に対する関心／身体的接触／視線の交換／思いやり			
子どもらしい欲求の実現に対する相応性			
子の情緒的欲求に対する敏感さ			
限界の設定及び子の教導			
子に対する言葉による激励／遊びの機会の提供			
子に対する要求／期待の相応性			
規則正しい日常生活／子からの信頼性			
子をめぐる／子の目の前での関係者の争い			

等級　＋2＝良好, ＋1＝十分, －1＝不良, －2＝極めて不良　　　　　　　　　　全体的評価

評価に際しては、以下の点に注意して下さい：
危険化の分野ごとの評価は、一つの基準や分野について著しい低評価／問題性があることを引き合いとしてなされるか、複数の領域において、著しいとまではいえないが、低評価／問題性があることを引き合いとしてなされるかの、いずれかでなければならない。
その場合、個々の結果を、相殺してはならない！！

ベルリン第2チェックシート	0歳から3歳未満		

児童の氏名：　　　　　　　出生日：　　　　　担当専門職：　　　　　　日付：＿＿＿＿＿

モジュール4：　資源及び予測

子が生活している家庭共同体に対して、現在行われている援助	少年援助（SGBⅧ）　　生活費の保障（SGBⅡ） 保健援助（SGBⅤ）　　生活費の保障（SGBⅫ） その他（例えば、債務の清算、統合援助）

資源	a) 主たる関係者 b) 世帯内の他の関係者 c) 世帯外の他の関係者	記述者	個別的評価
人的資源			
家庭的資源			
社会的資源			
財産的資源			
インフラ的資源			

変化の用意に関する予測（判定基準）	a) 主たる関係者 b) 世帯内の他の関係者 c) 世帯外の他の関係者	記述者
根拠のある子の福祉の危険化に対する態度		
先行的な援助の利用と効果		
援助によって能力を獲得したか（専門職による評価）		
		全体的評価

等級　+2＝良好, +1＝十分, -1＝不良, -2＝極めて不良

協力の意思及び能力

危険化状態の回避に関する、教育権者若しくは身上配慮権者の、協力の意思	内容の記述 （留意事項参照）	記述者	個別的評価
危険化状態の回避に関する、母の協力の意思			
危険化状態の回避に関する、父の協力の意思			

危険化状態の回避に関する、教育権者若しくは身上配慮権者の、協力の能力	内容の記述 （留意事項参照）	記述者	個別的評価
危険化状態の回避に関する、母の協力の能力			
危険化状態の回避に関する、父の協力の能力			

等級　+2＝良好, +1＝十分, -1＝不良, -2＝極めて不良

評価に際しては、以下の点に注意して下さい：
危険化の分野ごとの評価は、一つの基準や分野について著しい低評価／問題性があることを引き合いとしてなされるか、複数の領域において、著しいとまではいえないが、低評価／問題性があることを引き合いとしてなされるかの、いずれかでなければならない。
その場合、個々の結果を、相殺してはならない！！

ベルリン第2チェックシート　　0歳から3歳未満

評価の概要　　　　　　　　　　　　日付

焦点： 子

1．リスク要因	主たる関係者	家庭内のその他の関係者
財産的／社会的状況		
家庭的状況		
人的状況		

子の特徴							
援助歴の特徴							
子の基本的な世話及び保護	食事	睡眠場所	衣服	身体衛生	子の監督及び事故の危険からの保護、暴力及び性的虐待からの保護	医療上の世話の確保、慢性疾病／障害への対応	子の面倒見

2．子の状態	身体的状態	精神的状態	認知能力の状態	社会行動

3．子との間の相互作用	主たる関係者	家庭内の他の関係者	家庭外の他の関係者

子が生活している家庭共同体に対して、現在行われている援助	少年援助（SGBⅧ）　　生活費の保障（SGBⅡ） 保健援助（SGBⅤ）　　生活費の保障（SGBⅫ） その他（例えば、寄付、債務の清算、療養）

4．資源及び予測	主たる関係者	家庭内の他の関係者
人的資源		
家庭的資源		
社会的資源		
財産的資源		
インフラ的資源		

変化の用意に関する予測	主たる関係者	家庭内の他の関係者	家庭外の他の関係者

5．危険化状態の回避に関する、教育権者若しくは身上配慮権者の、協力の意思	母	父

危険化状態の回避に関する、教育権者若しくは身上配慮権者の、協力の能力	母	父

| ベルリン第2チェックシート | 0歳から3歳未満 |

リスク評価　（評価時点において効力を有する児童保護法施行令を参照）
一つの子の福祉の危険化が 　　　　□　存在しない　　　　　　□　可能性を排除できない　　　　　　□　存在する
本児童については、以下の危険化の状況が存在する 　　　　□　ネグレクト 　　　　□　精神的虐待 　　　　□　身体的虐待 　　　　□　性的虐待 　　　　□　パートナー間の暴力／家庭内暴力 　　　　□　第三者による危険に対する保護の不十分 　　　　□　親の責めに帰すべからざる機能不全（例えば、中毒、精神病） 　　　　□　自主性をめぐる葛藤、文化的対立に起因する自主性をめぐる葛藤 　　　　□　その他

特記事項

| ベルリン第2チェックシート | 0歳から3歳未満 |

援助及び保護の案

危機への介入：
- ☐ SGBⅧ第42条による一時保護
- ☐ 身上配慮権者の承諾による収容
- ☐ 医療専門機関（例えば、小児病院、児童並びに少年精神精神科、KJGD、救急専門医）の介在
- ☐ 危険回避に関する身上配慮権者との合意

家庭裁判所
- ☐ SGBⅧ第8条a3項による手続き喚起
- ☐ ＢＧＢ1666条による処置

ＲＳＤ（地域社会サービス）
- ☐ 家族との話し合い
- ☐ 子との個別の話し合い
- ☐ 学校との連絡
- ☐ 家庭や周辺の潜在資源の活性化
- ☐ 他の機関の介在
- ☐ 別の診断
- ☐ 手続基準の尊重。例えば、性的虐待の場合
- ☐ 事件チームへの注力
- ☐ 現在行われている援助の継続　_____
- ☐ 同僚との相談

　　その他　_____

再提出先　_____

　　ベルリン　_____

少年局

　　ケース責任者たるソーシャルワーカー　_____

　　第2専門職　_____

　　地方組織統一体管理職の閲覧　（評価時点において効力を有する児童保護法施行令を参照）

　　_____

著者紹介

ヨハネス・ミュンダー（Johannes Münder）
　ベルリン工科大学（Technische Universität Berlin）教授
　ドイツ・SOS子ども村（SOS Kinderdorf）理事長（2016年末まで）

バルバラ・ザイデンシュトュッカー（Barbara Seidenstücker）
　東バイエルン工科大学（Ostbayerische Technische Hochschule Regensburg）教授

岩志和一郎（いわし わいちろう）
　早稲田大学法学学術院教授

髙橋由紀子（たかはし ゆきこ）
　帝京大学法学部教授

吉田恒雄（よしだ つねお）
　駿河台大学法学部教授

児童福祉と司法の間の子の福祉
　──ドイツにみる児童虐待防止のための諸力連携

2018年11月15日　初版第1刷発行

編著Ⓒ　岩志和一郎

発行者　吉田俊吾
発行所　尚学社

〒113-0033　東京都文京区本郷1-25-7　電話(03)3818-8784　振替 00100-8-69608
ISBN978-4-86031-154-4　C3032

組版：ACT・AIN／印刷：TOP印刷／製本：松島製本